谨以此书

献给中共党史系走出的莘莘学子；

献给致力于中共党史学科建设的诸位前辈同行；

献给每一位关注关心中共党史、深情热爱中共党史的读者朋友；

献给新时代更加成熟、更加坚定、更加自信的伟大的中国共产党！

中共党史学是中国特色哲学社会科学自主知识体系的底色学科

红色学脉

The Red Intellectual Lineage

中国人民大学中共党史学的溯源与开新

The Origins and Evolution of CPC History Studies at Renmin University of China

王 东 喻 伟 董 昊 蒋慧敏 / 著

北京出版集团
北京人民出版社

中共党史学上的人与事

滕文生

中国人民大学中共党史系1960级系友滕文生会长为本书题词

清凉山陕北公学旧址

成仿吾旧居

陕北公学旧址纪念碑亭

五四运动100周年之际,《人民画报》推出摄影专题"新中国的青年人",图为摄影记者吴宝基1950年拍摄的愉快走出中国人民大学小礼堂(原铁狮子胡同1号)的青年学子们

 何干之
 胡华
 何沁

 杨先材
 王顺生
 杨凤城

中国人民大学中共党史系历任系主任

　　李新　　　　　尚钺　　　　　彭明

　　林茂生　　　　　彦奇

中国人民大学中共党史系早期名师

谢春涛　　　　　　牛军　　　　　　王东

全国中共党史系第一批中共党史专业博士

2019年11月14日，庆祝中华人民共和国成立70周年群众游行中的第一辆主题彩车——"开天辟地"彩车落户中国人民大学，矗立于明德广场中央，成为人大校园的一座新地标

2021年5月1日,在五四运动102周年到来之际,为庆祝中国共产党成立100周年,中国人民大学"红船领航"新生党员先进性熔铸计划成员的青年学子们摆出"100"字样的队形,在明德广场进行了一次特别的红色记忆主题教育活动,以此回望中国人民大学与党和国家同呼吸共命运的奋斗历程

序　言

　　1953 年，我从部队来到中国人民大学中国革命史研究班学习，如今算起来，人生后面六七十年基本都与人大、与党史结缘，再回首，已经恍若隔世，着实是久远的记忆了。我常常感叹，我这风烛残年，记忆似一团浆糊，但每每想到在人大、在党史系的一些事情，便总感觉似乎回到了那一段时光。

　　现在回看，我的人生有两大主题，求学致知和革命奋斗。而这两者结合起来，那便是我与中共党史系一生的不解之缘了。首先，求学致知，从小我非常喜欢阅读，从武侠小说到历史演义再到古典文学名著，从巴金、鲁迅的作品到托尔斯泰、高尔基等的外国文学名著，我没有一个是不喜欢的。然而在我对知识的渴求下，却没有一个安稳的生活让我追求学业。我在抗日战争的烽火硝烟中求贤若渴，但灾祸不断、民不聊生。可以说我的求学路充满了坎坷，但即使这样，我宁愿挨饿也要上学，完成了初中学业后，考上了公费的国立黄河流域水利工程专科学校。我的学校在战乱中屡次搬迁、条件艰苦，但我还是能够从一些报纸杂志上获得外界的信息，我还是能够感受得到国家、民族跳动的脉搏。正是由于《向太阳》《白毛女》这些反抗压迫和表现解放区生活的作品的启迪，我开始参加一些进步活动，比如办壁报，写散文诗、杂文还有短篇小说，力图反映农民苦难，记得当时我写的短篇小说《刘嫂》还曾发表在开封的《中国时报》上。由此，我人生的第二个主题打开了，那就是革命与战斗。当时正值青年的我充满着热烈的革命气息，渡江战役前夕，我接受了参军大动员，更加深受鼓舞，于是我毅然决然地踏上了一条改变人生的道路。之后，我便在解放军中开始了战地记者的生涯，跟随着部队南下辗转于福建的崇山峻岭之间，也曾经参加了赴金门前线、报道部队敌前练兵情况的记者组，和战士们一起摸爬滚打于金门岛附近沿海和大小山登岛之间。在这个经历下，我写了一篇反映部队文化学习生活的短篇小说《死角》，还被发表在《解放前线》上。于是学习与革命这两大主题逐渐交汇，我与人大、与党史的缘分线也逐渐打开。

要说与党史的结缘，还要从我被选中到师政治部做文化干事和理论助理员时候开始。在那里从事理论工作的过程中，由于我的突出表现，被上级所选中，我又作为由部队特选的文化干部到人民大学进行理论学习。这一年刚好是1953年，也是我第一次和人大接触，亲身感受党史魅力的第一年。在这段时间的学习中，我获益匪浅，我想，我一定要把学到的革命史、党史的理论知识在军中传播，这样才不负党和人民以及部队领导对我的重托。这时候，改变我人生的第二个路口又到了，当时教研室的领导认为我的钻研精神和学习天赋都很高，非常适合留下继续深造，希望我能够加入中共党史教学的团队中，为新中国的党史研究教学工作作出贡献。我想，我只是一个学习了两年的小战士，怎么能担当如此大任呢？实在是诚惶诚恐。可是教研室的领导对我说："看看我们学校支援了你们多少，你们也得考虑帮帮我们呀，我们这里很需要你，总不能让我们教出去的好苗子没有一个留下来吧，那以后怎么继续支援你们！"这一番话让我深深意识到了留校任教要承担的万钧重担，但也让我意识到了自己身上不可逃避的责任。战场上，我多少次穿插在炮火中，从未逃避和退缩过，此刻，党和人民要我留下，我更不能逃。于是，就这样我从沙场戎马转入了党史的教学战场中。

学习结束后，我留校任教，开始了在人大的教师生涯，从此便与党史研究结缘。在人民大学研究班两年的学习时，我接受了比较系统的马列主义和中国近代史的教育，特别是加强了有关中国共产党历史的专业学习，由此也开始了我的教书生涯。人大党史系是国内当时唯一的中共党史系，大约在我留校的当年，学校成立了历史系，两年后正式成立中共党史系。在我们系，有何干之、胡华这样的大师在，设有本科、研究生、进修班各种班次，担负着向全国高校输送和培训中共党史教师的任务。后来为了开拓课程建设新领域，加强对毛泽东思想和中国革命经验的研究，在20世纪50年代末的时候，又新开设了工人运动史、党的建设、武装斗争等课程，而我就负责武装斗争课题的研究，但是在既没有现成的东西可鉴，也没有必要的资料情况下，我只有广泛收集资料，后又到军事院校取经，经过一番收集、编整和我的研究，逐步形成了《中国民主革命的武装斗争问题》的课程体系。但是"文化大革命"期间，党史研究无法客观进行，在"文化大革命"结束后，全国开始拨乱反正，我和我的同事一起用历史唯物主义的视角开始对历史作出重新审视，消除"左"的影响，让人们重新看待中共历史，正确认识毛泽东思想。虽然在这个工作中面临着严峻的挑战，但我们顶住了各个方面的压力，我先后编写、主编了《中共党史讲义》《中国共产党史纲》《中国革命史》等教材和专著，就是为了使当时社会的思想逐步从混乱走向清晰贡献自己的力量。之后也针对一些外国人对我国改革开放的疑惑和提出的问题，我与王顺生教授一起编写了《中华人民共和国简史》，80年代末中共党史的研究重心从新中国成立前的时段向社会主义时期转移，共和国史研究方兴未艾，人民大学在全国高校发挥党史学科优势，最早开展国史学科建设。我在全国高校率先开设了《中华人民共和国史》即当代中国史新课程，并招收这一研究方向的博士生。

谈到中共党史的研究，我一直都认为保持着严谨科学的治学态度是非常重要的。概括起来，我的治学原则就是：求严、求实、求是、求新。所谓求严，就是严格要求、严谨学风，坚持以马克思列宁主义为指导原则，坚持历史唯物主义观点；求实就是从实际出发，占有充分的资料，不发空论和违心之论；求是就是对资料进行分析，从中找出规律，得出合乎逻辑的结论；在上述基础上求新、创新。我们既然是研究党史，所以对史料的挖掘也是非常地注重，只有用历史事实说话才能够对历史的把握更加全面，我必须强调在党史学科上要加大建设力度，因为任何一个学科都需要投入需要建设，否则再好的学科也会垮掉，党史学科更是如此。我常对自己的学生说："做人首要一点是实事求是，不说违心的话，不做违心的事，只有这样我们的言行才能经得起历史的检验；错了，真正总结出教训并加以改正。"研究党史的人在长期的党史教学研究工作中，只有坚持党性与科学性的统一，重视党史的科学性、真实性，才能发挥党史以史为鉴、资政育人的作用。

如今，我虽然已经离休多年，但依然时刻关注着我们学科的建设和发展。学校领导经常关心我们老同志，令我深受感动，靳诺、吴付来、齐鹏飞等同志来看望我时，我总不忘跟他们多谈几句我对党史系的一些看法，我常说"党史是咱们人

序　言

大的招牌之一呀，咱们可不能丢了"。前些年，中共党史系并入了马克思主义学院，助力马列主义发展，我很支持，但咱们自己的中共党史也不能就此淹没在学术的海洋中。学校前两年成立了中共党史党建研究院，我很欣慰，作为老一辈的中共党史系走出的教师，有机会看到我们党史系再次发扬光大。但我们中共党史系的历史不能丢了，历史是灵魂，倘若没有下一代的人传承我们老一辈的历史和精神，那么人大的党史系曾经付出过什么，老一辈的学者如何干之、胡华等作出的贡献究竟有多大，这些问题的答案就会被遗忘在岁月中，想想这些，我夜不能寐。胡华的女婿刘涓讯先生这些年呕心沥血，将胡华先生生前的各种手稿和资料整理，出版了一系列纪念胡华先生的书籍，留存了一份关于我们党史系极其珍贵的材料，这很好。可毕竟只是胡华先生一人的，那么我们党史系呢？其他的那些老一辈的学者呢？可能随着时间再度推移，再不会有人想起那些往事，也逐渐忘记那些曾在党史系战斗过的著名学者如戴逸、彭明、彦奇、林茂生等。

当王东找到我，说希望采访一下我，听一听老一辈党史系学者的故事，记录一下老一辈党史人的奋斗之时，我十分高兴。如今年事已高，我的记忆已一团浆糊，也不愿接受什么采访了，但是当听到是与党史系有关的，听到我们党史系要有一本系统记叙其历史的文本之时，我就仿佛浑身充满了力量，和孩子们的聊天也滔滔不绝，每当发现聊太多了之时，我总会拍拍脑袋，然后不好意思地说到"年龄大了，也不知道跟你在胡扯啥"。而孩子们也非常认真地听着，记录着，让我十分感动，仿佛看见了曾经的我，看到了党史系的未来。

王东是胡华老师的学生，也是胡华一生唯一所带的三位博士生之一，他在人大党史系的身份恰好属于那种承前启后的，胡华老师那一辈是中共党史系的开拓者和奠基人，他们这一辈学生如今也都是声名斐然的教授，培养的下一代人也成了党史系的中坚力量。由他来撰写人大党史系的历史，十分具有权威性，也可以充分展现中共党史系一路发展的脉络，客观公正地还原令人向往的党史系的人和事。值此党的百年诞辰之际，这本书的出版可谓意义重大，既向敬爱的党献礼，又向党组织汇报我们人大党史系一路走来的工作情况，同时也告慰党史系的老同志们，有人还记得你们，党和人民也不会忘记你们曾经付出过什么，中共党史系也永远记得曾在这里学习、执教、开拓、奋斗的所有人。

  对这本书，我已经期待很久了，希望在这本书中，能够让我想起过去在党史系的那些年，想起那些熟悉的名字和故事，想起一生为党史研究教学奋斗的历程，祝愿党史系有着更好的明天！

2021 年 7 月 22 日

目　录

导　论 ………………………………………………… 1

引　言 ………………………………………………… 15

第一章　星火：孕育（1937.7—1950.2） ………… 19
　　第一节　革命溯源 ………………………………… 23
　　第二节　热火朝天 ………………………………… 33
　　　　一、方向 ………………………………………… 33
　　　　二、指引 ………………………………………… 35
　　第三节　红色基因 ………………………………… 37

第二章　摇篮：诞生（1950.2—1956.5） ………… 43
　　第一节　话说教研室 ……………………………… 46
　　　　一、万物革新，政教之筹 ……………………… 46
　　　　二、以苏为鉴，研室之成 ……………………… 49
　　　　三、筚路蓝缕，教资之奠 ……………………… 52
　　第二节　细论各种班 ……………………………… 57
　　　　一、教研室初期的研究班 ……………………… 57
　　　　二、马研班中的革命史分班 …………………… 60

三、负有特殊使命的教师研究班 …………………… 73
　　四、学制更长的"党史专业研究生" …………… 75
第三节　再谈那门课 ……………………………………… 80
　　一、理论课的中国造 ………………………………… 80
　　二、函授生的先河教 ………………………………… 82
　　三、专修班的必修课 ………………………………… 84
　　四、夜幕下的校园红 ………………………………… 86

第三章　势起：曲奏（1956.5—1970.10）…………… 89
第一节　一重奏："历史"之名新系开 ………………… 92
　　一、以"历史"之名：立 …………………………… 92
　　二、接"革命"之新：育 …………………………… 95
第二节　二重奏："党史"之建独立来 ………………… 102
　　一、扩建起航：谱新篇 ……………………………… 102
　　二、党史下乡：践躬行 ……………………………… 108
　　三、改制革新：再超越 ……………………………… 112
第三节　三重奏："熔炉"之成钢铁铸 ………………… 117
　　一、"熔炉"已成铸时代钢铁 ……………………… 117
　　二、中国革命为世界之光 …………………………… 120
第四节　小插曲：胡华片段 ……………………………… 125
　　一、片段一：笔耕不辍在人大 ……………………… 125
　　二、片段二：连载校报忆陕公 ……………………… 131
　　三、片段三：千里南下史论合 ……………………… 136
第五节　钻木者 …………………………………………… 140
　　一、何干之：一心"呆"在红教中 ………………… 141
　　二、李新：严谨治学正轨道 ………………………… 143
　　三、尚钺：马克思主义历史观的坚守者 …………… 147
　　四、胡华：陕公讲台的年轻讲师 …………………… 150

第四章　逆境：不屈（1970.10—1978.7） …………… 155
第一节　共赴江西 …………………………………… 158
第二节　党史重建 …………………………………… 162
　　一、北师岁月里的中共党史系 ………………………… 163
　　二、高考恢复后的首届本科生 ………………………… 164
第三节　传承者 ……………………………………… 168
　　一、胡华：开启新的风华 ……………………………… 168
　　二、彭明：一生与人大和党史结缘 …………………… 177
　　三、林茂生：政治思想史之唱 ………………………… 179
　　四、彦奇：民主党派研究的开拓者 …………………… 185
　　五、何沁：接过中共党史系的重担 …………………… 188

第五章　浴火：重生（1978.8—2003.7） …………… 193
第一节　拨乱反正，新的起点 ………………………… 197
　　一、人大复校，扬帆再起航 …………………………… 197
　　二、三大支柱，党史半边天 …………………………… 202
　　三、回归第一课：永远的党史 ………………………… 206
第二节　中共党史，开拓新局 ………………………… 209
　　一、重整物质建设，奠定学科基础 …………………… 209
　　二、开拓研究新路，累累硕果丰收 …………………… 210
　　三、本硕博齐并进，大步走创辉煌 …………………… 213
　　四、服务全国同行，引领时代潮流 …………………… 218
　　五、加强师资建设，团队走向辉煌 …………………… 223
第三节　党史学科，其道大光 ………………………… 225
　　一、党史学史溯源头，学科飞跃成主轴 ……………… 225
　　二、人物研究立首功，传记出版永流传 ……………… 230
　　三、党史学会从此立，春蚕永生不尽丝 ……………… 235
　　四、初步互动出海外，拉开序幕众来朝 ……………… 238

第四节　燃起者…………………………………… 243
　　　一、"长征史"的领跑者：李安葆 ……………… 243
　　　二、军史与两岸研究的大家：张同新 …………… 246
　　　三、沐浴时代光辉　奉献皎皎一生：杨先材 …… 250
　　　四、燃起来的党史之光：滕文生 ………………… 261
　　　五、学科建设的规划师：沙健孙 ………………… 265
　　　六、当代所的党史之歌：朱佳木 ………………… 268
　　　七、党史一学人　编书三十载：王顺生 ………… 271

第六章　启程：再飞行（2003.7—2012.11）………… 281
　　第一节　新世纪的学术成就……………………… 284
　　第二节　绽放！中共党史！……………………… 287
　　　一、独领国关长青竹：黄嘉树 …………………… 287
　　　二、登峰国防石榴花：徐焰 ……………………… 290
　　　三、党史文献向日葵：黄一兵、王均伟 ………… 291
　　第三节　燎原者…………………………………… 294
　　　一、最早的党史博士 ……………………………… 294
　　　二、燎原的第一把火 ……………………………… 301
　　　三、那些漫天的巨火 ……………………………… 304
　　　四、化作蜡炬再燃烧 ……………………………… 309

第七章　新时代：腾飞（2012.11.8—　）…………… 313
　　第一节　腾飞序曲………………………………… 316
　　第二节　迎接新时代……………………………… 318
　　第三节　腾飞在神州……………………………… 324
　　　一、立机构，专研究 ……………………………… 324
　　　二、聚专家，壮师资 ……………………………… 331
　　　三、跨学科，大党史 ……………………………… 336

四、小插曲：迎接百年——"名师大家讲党史" … 340

第四节　撒遍大江南北 … 345
　　一、对口支援：延安大学 … 345
　　二、对口支援：井冈山大学 … 347
　　三、对口支援：湘潭大学 … 349

第五节　党学姓党创一流 … 350
　　一、中国特色：中共党史学 … 350
　　二、世界显学：海外中共学 … 355
　　三、小插曲：建党百年的对外交流 … 361

第六节　走新路再谱新篇 … 363
　　一、学院新立开新局 … 363
　　二、风流人物看今朝 … 367

结　语 … 373

参考文献 … 384
　　一、档案、资料汇编、文集 … 384
　　二、传记、著作、论文集 … 386
　　三、报纸、杂志 … 386

附　录 … 387
　　1. 1977—2016年中共党史系全体本科生名单 … 389
　　2. 1979—2014年中共党史系全体硕士生名单 … 397
　　3. 1984—2013年中共党史系全体博士生名单 … 404

后　记 … 409

导　论

2021年2月20日上午，党史学习教育动员大会在北京隆重召开。中共中央总书记、国家主席、中央军委主席习近平出席会议并发表重要讲话。他强调，在全党开展党史学习教育，是党中央立足党的百年历史新起点、统筹中华民族伟大复兴战略全局和世界百年未有之大变局、为动员全党全国满怀信心投身全面建设社会主义现代化国家而作出的重大决策。全党同志要做到学史明理、学史增信、学史崇德、学史力行，学党史、悟思想、办实事、开新局，以昂扬姿态奋力开启全面建设社会主义现代化国家新征程，以优异成绩迎接建党一百周年。在中国共产党成立一百周年之际，再次掀起了中共党史学习教育的又一波热潮。

回望历史，中国共产党百年岁月，一路走来能够由简而巨，这与其重视对自身历史的研究、反思、总结与教育是有很大关系的。第一个开创性地将中共党史研究与教学上升为全党任务的领导人是毛泽东。毛泽东在1939年《〈共产党人〉发刊词》中提到过："根据马克思列宁主义的理论和中国革命的实践之统一的理解，集中十八年的经验和当前的新鲜经验传达到全党，使党铁一样地巩固起来，而避免历史上曾经犯过的错误——这就是我们的任务。"而关于如何建设党，怎么建设党，要怎样才能建设一个"全国范围的、广大群众性的、思想上政治上组织上完全巩固的布尔什维克化的中国共产党?"要解决这个问题,"只需要考察一下我们党的历史,就会懂得"。之后毛泽东又连续在多篇文稿中提出学习和反思党史的重要性,并在1942年撰写了《如何研究中共党史》,为中共党史研究教学体系的形成,奠定了政治上半壁江山的大局。从此,伴随着中国共产党的成长和发展,中共党史的教学与研究体系也趋向成熟。

以毛泽东同志为核心的党的第一代中央领导集体,重视党史、研究党史、学习党史,将获得的经验吸纳并投入实践,取得了伟大的新民主主义革命、社会主义革命和建设的胜利。以邓小平同志为核心的党的第二代中央领导集体接过了这个重担,继续总结新时期的历史,发展壮大党史团队,开创了中共党史新时期的再度辉煌。邓小平在领导和主持起草《关于建国以来党的若干历史问题的决议》,作过17次重要谈话,付出了极大的心血和智慧。他指出:"要用中国的历史教育青年,青年是党的事业的接班人,学习党史可以铸魂补钙,保持理论清醒和政治坚定。改革开放初期,许多年轻人对改革开放前的中国有一些不解和误会。这是因为很多人不知道我们党的历史,我们是怎样奋斗的,怎样成功的,他们不清楚。"江泽民在论党的建设时,也强调"要努力学习中国近现代历史和党的历史,并通过这种学习努力掌握和发扬中华民族的优良传统和党的优良传统",认为"党在领导革命、建设和改革的过程中,一贯重视历史经验的借鉴和总结"。并且江泽民还重视党史资料的物质建设,在视察中共中央文献研究室时指出"文献研究室是党中央的一个重要部门","研究和编辑出版这些文献,研究老一辈革命家的生平和思想,总结党的历史经验,宣传党的优良传统,可以长久地教育、激励今人和后人,把建设有中国特色的社会主义事业干得更好"。胡锦涛同样十分重视对党的历史的学习和回顾,他在中共中央政治局集体学习时指出,回顾党的奋斗历程,才可以清楚地看出党的发展史,就是在发展的马克思主义指导下带领人民开创事业新局面的历史,"在深刻变化的国际环境中,我们要更加注重用中国历史特别是中国革命史来教育党员干部和人民",并提出了学习中国革命史的三个结合:"与推进马克思主义中国化紧密结合""与加强理想信念教育紧密结合""与加强党的先进性建设紧密结合",进一步深化了对党史、革命史学习教育的理论深度。

"历史是最好的教科书。"自党的十八大以来,以习近平同志为核心的党中央高度重视历史,特别是党史、国史。"学习党史、国史,是我们坚持和发展中国特色社会主义、把党和国家各项事业继续推向前进的必修课。这门功课不仅必修,而且必须修好。"① 党的历史是党的根、党的魂,是中国共产党的源脉,我们只有学好党史、国史,反对历史虚无主义,才能做到知史爱党、知史爱国,做到常怀忧党之心、为党之责、强党之志。为中国人民谋幸福、为中华民族谋复兴是中国共产党矢志不渝的初心和使命,贯穿着党的全部历程和全部斗争中,在不同历史阶段熠熠生辉。重温党的历史,恒守初心使命,每一位党员都要不断增强历史意识,努力学会历史思维,自觉培养历史眼光,从党的历史中获取经验、汲取智慧和力量。捍卫党的百年历史,不仅有利于后辈人更好地认识和把握共产党执政规律、社会主义建设规律、人类社会发展规律,还有利于我们深刻感悟共产党人的初心和使命,不断增强实现中华民族伟大复兴中国梦的信心与决心。习近平总书记指出:"历史就是历史,历史不能任意选择,一个民族的历史是一个民族安身立

---

① 习近平:《学习党史、国史是坚持和发展中国特色社会主义的必修课》,见《论中国共产党历史》,中央文献出版社2021年版,第15—16页。

命的基础"①,"新民主主义革命的胜利成果决不能丢失,社会主义革命和建设的成就决不能否定,改革开放和社会主义现代化建设的方向决不能动摇。这是党和人民在当今世界安身立命、风雨前行的资格。"②

中国共产党走过百年光辉历程,在庆祝百年华诞之际,中共中央在全党开展党史学习教育。习近平总书记在党史学习教育动员大会上深刻阐述了开展党史学习教育的重大意义,深刻阐明了党史学习教育的重点和工作要求,对党史学习教育进行了全面动员和部署,为我们开展好党史学习教育指明了方向,提供了根本遵循。习近平总书记还指出"中国革命历史是最好的营养剂",要"把红色基因传承好,把红色江山世世代代传下去"!传承红色基因,离不开中共党史的教育与学习,而对党史进行更加深入的研究和学习,更是将这份"营养剂"充分利用,来"滋补"中国特色社会主义的伟大事业。习近平总书记的重视,让中共党史的研究与教育步入了最光辉的时代!

古语有云:"灭人之国,必先去其史。"一国之史,与该国共生,资政育民,相辅相成,自古以来未有史衰而国盛者,可见史之举足轻重。国有国之史,党亦有党之史。恩格斯曾经说过,对马克思主义者来说,"历史就是我们的一切,我们比其他任何一个先前的哲学学派,甚至比黑格尔,都更重视历史"③。中国共产党自1921年创立以来,其革命历程跌宕起伏,中国共产党人终于有了历史自觉,开始总结自己的革命历程,

---

① 习近平:《在纪念毛泽东同志诞辰一百二十周年座谈会上的讲话》,见《论中国共产党历史》,中央文献出版社2021年版,第57页。
② 习近平:《在纪念邓小平同志诞辰一百一十周年座谈会上的讲话》,见《论中国共产党历史》,中央文献出版社2021年版,第89页。
③ 《马克思恩格斯全集》第三卷,人民出版社2002年版,第520页。

导 论

从中不断汲取力量，由简而巨。与此同时进行并密不可分的，便是在教育领域开设了中国特色的中共党史（中国革命史）学科，并通过不断的扶持和关怀，使之逐渐成为中国特色社会主义理论体系的重要组成部分。而中共党史作为一门中国特色的学科，也哺育了无数的革命先烈，一路走来，诲人不倦，并且在新时代又继承着更加重大的责任，同时也绽放出更加闪耀的光辉。在这其中，中国人民大学中共党史系就承担了大部分工作，从早期陕北公学的教学体系雏形，到中国人民大学中共党史系之新时期的"熔炉"的建成，再到撒向四海八荒，推动党史教育与研究在全国范围内蓬勃发展为中共党史的教学与宣传撑起半壁江山。

回看历史，早在革命初期，中国共产党革命理论家就不自觉地会通过对过去事件的总结来支撑自己的观点，以此作为党的下一阶段路线执行的依据。自党建立以来，发生的一切事情，都可称之为史，每一段历史都弥足珍贵，可惜早期客观条件的不具备和相关人物的意识缺乏，还是留下了许多遗憾和未解之谜，比如中共一大召开的具体时间和细节、"七一建党节"的由来等问题。在中共党史奠基的工作上，毛泽东居功至伟是无可争议的，《如何研究中共党史》为全党指明了方向；六届七中全会上，中国共产党首次开创了历史决议的方式总结自己的历史，回顾过去，总结经验，奔向未来，在中共党史发展的历史上写下了浓墨重彩的一笔。

1937年陕北公学初创，何干之就奉中共中央调遣来到延安，开始讲授中国革命运动史、中国问题、统一战线等课程。1939年华北联大成立，何干之担任社会科学院院长，继续教授中国革命史，一年后，胡华亦相继在华北联大开始教授中国近代革命运动史。自毛泽东撰写《如何研究中共党史》以来，在党的领导和关怀下，中共党史研究队伍越来越壮大。

1948年8月，华北大学成立，根据中共中央的指示，开设了中共党史和中国新民主主义革命史课程。至此，在革命年代随着党的成长一同孕育的中共党史的教育体系也渐渐有了雏形。

1950年中国人民大学正式命名组建，而与人大同时诞生的还有中国历史和中国革命史教研室，教研室主任由何干之担任。1950—1956年教研室承担起了本校中国革命史课程的教学任务；为新中国培养研究生、中国革命史教师的任务；为马列主义研究班讲授中国革命史的任务；为函授生讲授中国革命史的任务等。随着教研室任务的不断扩大、教员和学生们的不断增多，仅仅立足于一个教研室已无法满足中共党史的教学需求和培养方案。

1956年5月，以"历史"之名，教研室正式立系，系名为历史系，下设中国革命史和马列主义基础两个专业。当年，中共党史专业的本科新生就开始招生。1958年7月，历史系的中国革命史专业和马列主义基础专业分别扩建为中共党史系和马列主义基础系。这一时期，中共党史系除了继续招收四年制本科生外还培养了正规研究生，举办专业进修班，招收以调干生为主的本科班等。1961年中共党史系更名为历史系，下设中共党史教研室、中国工人运动教研室、中国近现代政治思想史教研室、中国历史教研室和世界通史教研室。一直到1966年"文化大革命"之前，中共党史系得到了长足发展，全系教职工最多时达到90余人，何干之在1956年被评为一级教授，为全校仅有的两名一级教授之一，胡华也在当年被评为教授。建系十多年间，共培养四年制或五年制本科毕业生763人，全系在校学生最多时达700余人，为全校少有的大系之一。

1970年10月，中国人民大学停办，中共党史系教职工与全校教职工一起赶赴江西余江五七干校。1973年夏，中共党史系与哲学系、经济系教职工一并划入北京师范大学，参加师大历史系"斗批改"活动。1974年4月，按照原建制恢复中共党史系。粉碎"四人帮"后，1977年恢复高考制度，中共党史系在师大招收中共党史专业本科生，这批学生成为人大复校后毕业的首届本科生。

1978年7月，在邓小平等中共中央领导同志的亲切关怀下，中国人民大学得以恢复。邓小平曾说过，"总结历史是为了开创未来"，而中共党史系的恢复也确实开创了全新的未来。8月中共党史系重新建立，进入了扬帆再度起航的大发展时期。1989年江泽民担任总书记不久就瞻仰了革命摇篮井冈山，他指出："要努力学习中国历史，特别是中国近代历史和党的历史，并通过这种学习，努力掌握和发挥中华民族的优良传统和党的优良传统。"他的这一论述在新的建设时期赋予了中共党史系新的使命，也极大地促进了中共党史系的恢复和发展。1992年中共党史学科迎来了新一轮的大挑战：学科设置的争论，学科意义的探索等问题都成为当时的焦点。经过重重考验和蜕变，中共党史专业最终完成了飞跃，确立了自己独特的学科地位，中共党史系的地位也得到了一定的提高，进而继续迅速向前发展。至1996年中共党史系组织机构不断调整，办系规模不断扩大，教研室由开始的三个增设到六个，学科研究方向也进行了调整，重新确立了实事求是的路线，努力恢复还原历史真实面貌，取得了累累硕果。

2003年中国人民大学又做了一次院系调整，中共党史系主体并入了马克思主义学院，还有一部分划入了国际关系学院。幸运的是，胡锦涛曾在全国党史研究室主任会议上表示"党史研究是党成熟的重要标志"，因此中共党史在全国教育层面依然备受中共中央的支持和重视。

2012年党的十八大前后，习近平总书记围绕党史、国史、改革开放史、社会主义史等问题，发表了一系列重要论述。这些重要论述，充分体现了深刻的历史思维、深远的历史眼光，既为我们深入学习总结党史、国史提供了科学的历史观和方法论，也为我们正确借鉴运用历史，更好地以史鉴今继往开来，继续推进党和国家各项事业，提供了宝贵的科学指引和有力思想武器。中共党史是中国近现代史上最为可歌可泣的篇章，学习党史、国史更是推进党和国家各项事业的必修课，要以史为鉴、更好前进。习近平总书记的这些关于中共党史的重要论述极大地推进了中国人民大学中共党史专业的发展。2017年在中国共产党96周年华诞之际，中国人民大学中共党史党建研究院在北京成立，对加强和推进中共党史党建学科的创新发展，更好地发挥中共党史党建学科育人的重要作用，强化中共党史党建学科的话语权和影响力，都具有非常重要的意义，预示着中共党史系蓬勃旺盛的发展潜力。中共党史党建研究院成立后进一步深化中共党史重大理论、重大事件和重要人物研究，致力于形成具有中国气派、人大特色的中共党史学派；加强党建学科建设，推动学科建设与学术研究共同发展；积极探索中共党史党建研究人才培养和成果转化的新机制，为党的各项工作输送高质量人才。社会各界人士的广泛关注，学界知名学者的认可和鼓励都无不宣示着中共党史在新时代的发展潜能是无穷的。

与中国人民大学中共党史系一同发展的，还有中共党史这门具有中国特色的学科。从延安时期初步设立的中国革命史课程，再到中共中央党校、中国人民大学陆续成立而开设必修的中共党史课程，中共党史作为一门学科随着中共党史系的壮大而不断向前发展。"文革"时期，中共党史学科遭到了巨大打击，失去了史学的本来面貌，从而一度将近凋零。改革开放以来，在邓小平的深切关怀下，在实事求是路线的指导下，中共党史学科渐渐复苏。在接下来学术界的学科大讨论中，中共党史学科突破重重壁垒，终于也成功地走上学术化的道路，彻底作为一门学科被大众学者所接受。中国特色社会主义新时代的到来，则给中共党史学科注入了更加旺盛的生命力，提供了更加充满生机的大环境，中国的现代化崛起之路也给世界以全新的视角，让全世界都重新审视这个正在腾飞的巨龙的历史，中共党史学科的春天正迎面走来！

从陕北公学到华北联大，再到华北大学，最后到新中国成立后的中国人民大学，中共党史领域一批又一批的学者们兢兢业业，刻苦钻研，为中国的中共党史教育奠定了夯实的基础工程，编写出了一份又一份传世的著名教材。从无到有，从粗到精，每一份教材的发展历程都在诉说着中共党史系开创的筚路蓝缕，赞扬着早期无私奉献的伟大先辈们。应高等教育部委托，何干之主编的《中国现代革命史》成为20世纪50年代高校中国革命史课程的主要教材，译成多种文字，发行数百万册，奠定了这一时期中国革命历史的书写范式。胡华主编的《中国新民主主义革命史（初稿）》为新中国诞生而作，是新中国第一本以马列主义、毛泽东思想为指导的中国现代革命史，该书很快就成为全国学习中共党史的基本教材，影响极为广泛，其手稿亦被收藏在国家的珍本文库中。何、胡二人可谓开创了中国新民主主义革命史、中国现代革命史、中共党史等此类专门类断代史研究的先河。何干之所著《中国现代革命史讲义》影响十分深远，其后出版的各类中国革命史、中共党史专著及教科书的基本框架，都可以在此书中找到源头。应胡乔木的指示以及配合全国党史的学习高潮，胡华主编了《中国新民主主义革命史参考资料》，该书在商务印书馆出版，畅销几十万册，所得版税极其丰厚。但作为一名有着责任与担当的党史人，在抗美援朝的大义面前，胡华没有选择中饱私囊，而是与两位参与其中的学生戴逸、彦奇商议之后，毅然决然将丰厚的稿费全部捐献给抗美援朝的国家大业，用于购买战斗机。中共党史系的先辈们用血与汗书写的传奇，也必将在新的时代继续传承下去。

除编写教材之外，人大中共党史系还走出了一大批优秀的校友，他们或在中共党史学术界继续钻研奋斗，或走向党政机关而用自己毕生所学为实现中华民族伟大复兴贡献自己的力量。他们虽然选择的道路不同，但都十分关心中共党史系的院系建设和中共党史专业的学科发展。毕业于华北人民革命大学（后合并入华北大学，并以此为基础组建中国人民大学），曾任中央文献研究室主任的逄先知在87岁高龄时发表文章《〈中国共产党的九十年〉：一部学习和研究中共党史的范本》，认为："党史是一门政治性很强的学科，同时又要求具有高度的科学性，二者必须统一。"曾任第十届全国政协副主席的张怀西在人大校庆80周年时回忆起昔日在中共党史系的求学经历，仍念念不忘何干之、胡华等名师大家的谆谆教诲，他表示，注重自学与讨论、理论与实践相结合的教学方法为他日后的成长打下了深厚的理论基础。此外，还有许多相关领域的专家学者在中国人民大学主办的胡华大讲堂上为师生们讲解与中共党史相关的内容，纵贯古今，横跨中外。

当今时代，中共党史已然成为一门显学，从国内到国外，从机构到民间，中共党史热可谓风靡一时。中国的发展带来的不仅是国际地位的提高，还有许多西方普世理论无法回答的问题：中国为何可以崛起？中华民族为何可以复兴？中国共产党为什么能？被外界所不断攻讦的"一党执政"不仅没有崩溃，反而运作得更好，中国共产党领导的多党合作和民主协商制度在中国的崛起中功不可没；在西方世界，被自由主义所打败的

导 论

社会主义，却在东方这片沃土上、在新时代焕发出更加耀眼的光彩。这些都深深震撼着每一位关注国际问题的学者。曾经信奉"西方中心论"并宣称"历史终结论"的西方学者们，再一次把目光汇聚到东方这片历史悠久的土地上，从中国共产党的历史着手，重新学习和认识中国共产党和它的历史。同时，中共党史在民间的研究成果也硕果颇丰，民间中共党史研究一时间成为热门话题。对于中共党史的研究不再仅限于跟政治有关的机构或者高校，更加开放的视角带来了更深层次的突破。总之，不论民间与机构，亦或国内和国外，中共党史的研究已毫无争议成为全世界的热点。习近平总书记在讲话中指出，我们要讲好中国故事，那就是要了解中共党史，学习中共党史，热爱中共党史。只有这样，才能够把我们中国人自己的奋斗史讲清楚，才能把我们中国特色社会主义最本质的特征理解清楚，在学习中共党史的过程中，树立起正确科学的三观，凝聚一颗颗拳拳爱国之心。

过去对中共党史的相关研究，无不诉说着中共党史的重要性，也确都例证充足，可谓学术巨作，令笔者赞叹。但纵观这些巨作，基本都是从宏大的角度，通过理论的论述去彰显中共党史的重要性。对中共党史的赞扬洋溢于外，却总少了一份对中共党史系的浓浓深情，作者每观中共党史之著作，常感叹于中共党史之魅力与责任巨大，而又怀念过去数十年与中共党史系相伴相生的日子。中共党史系孕育的初期，可谓筚路蓝缕，在开创中共党史研究的事业中，许多学者和先辈都付出了很多，其中最为著名的当数何干之和胡华。笔者有幸成为胡华先生的弟子，跟随恩师多年，深感恩师魅力与气魄。随师数载，亦有幸见证了中共党史系在漂泊良久之后终扎根落地于人大，并且生根发芽、开枝散叶的经过。每每回想起往事，总想著一本关于中共党史系的历史的书，记录下那些为中共党史系开枝散叶、兢兢付出的前辈和同事，记录下那些从中共党史系走出，默默无闻为共和国辛勤耕劳的系友。

  本书共分为七章，引言从中国史学的文化和观念的起源讲起，再到我们中共党史的红色文化以及早期中国共产党的有关党史的言说；第一章的时间线是1937年陕北公学建立到1950年中国人民大学命名组建，记述从陕公到延安掀起来的中共党史热以及中共党史与中国共产党独创的红色文化在中华大地的发扬的关联意义；第二章讲述了自1950年中国人民大学成立一直到1956年历史系立系为止，在这期间承担中共党史教学任务的中国革命史教研室的相关信息，中国革命史研究班的学生们的状态，以及中国革命史这个红色学科的地位；第三章记录了1956—1970年这14年间中共党史系师生勠力同心取得的光辉成就以及中共党史系的钻木者，展现了从历史系到中共党史系再到历史系最后随学校解散的过程中，中共党史系的点点滴滴；第四章以中共党史系的视角记述了中国人民大学师生们在逆境中的不屈精神，展现出他们即使面对逆境，依然为党和人民全心付出的英雄气概，小结了以胡华为主要代表的中共党史系的传承者；第五章讲改革开放之后，人大复校、中共党史复系之后的逐步复兴，以新时期中共党史人为核心视角，讲述了中共党史系面临学科学术性质疑的挑战以及院系调整后的发展状况，学会的建立，海外的交流，这些现代化的学科交流体系都在逐步完善着；第六章是中共党史系再次启程飞行的章节，详细记录了新世纪中共党史人以燎原之势推动中共党史系发展的经过和他们所取得的光辉成就；第七章描绘了新时代下中共党史系腾飞的过程，将从世界的高度，多方的视角，新时代的飞跃来展现中共党史系蓬勃旺盛的生命力，为读者介绍中国人民大学中共党史学科的新发展，中国人民大学与兄弟高校的对口支援以及中共党史研究成为世界显学的经过，还列出了如今

导 论

在中共党史系勤恳耕耘的新一代党史人；后记主要讲笔者著书时的一些小插曲，想要感谢的那些人和单位以及想谈但是还没谈完的那些中共党史的事情。再次回看中共党史系发展的点点滴滴，就好像看到了中国人民大学发展的步步脚印，联想到中国共产党从1921年起，筚路蓝缕开创伟大事业，到如今取得辉煌瞩目成就的不朽传奇！笔者也希望通过阅读此书，可以带给读者同样的感受，再次凝聚起对党和国家的真挚之情。

书从温情出，唯愿从微观的角度，着手于那些前赴后继的中共党史人的经历经过，从不同的侧面展现出中共党史系中共党史人不为人所知的温情一面。笔者采访了滕文生、谢春涛、章百家、李亚飞、张兆本等中共党史系走出的杰出系友，何沁、陈明显等中共党史领域的老一辈学者，吴本丽、何丁萌、柯林谓、胡宁、刘涓迅[①]等对中共党史教育领域有着突出贡献的前辈的后人，记录下了他们对中共党史系、中共党史专业的一片温情，希望展现在书中。也尽可能从每个人对中共党史系发展的贡献和推动，从另一个层面描绘出中共党史学这个摇篮从雏形到成型再到腾飞的历程。

在本书酝酿期间，笔者也曾多次走访，与很多社会各界知名人士交谈，交换意见。大家每谈及中共党史，谈及中共党史的发展，谈及中共党史的未来，都满怀一种深情，无不迫切希望能够见到此书，从而在书中，从中共党史系发展的角度，再次重温革命年代再到如今新时代的辉煌。而笔者也深感肩上责任之重大，愿用全部之精力和心血，灌注在此书之中，不负众人所托，带给读者朋友们一种最佳的阅读感受，书中，尽享阅读之愉快和收获之幸福，阅毕，也有书文尽而意无穷之感。

[①] 吴本丽系中国人民大学第一任校长吴玉章老先生的孙女，何丁萌系何干之的儿子，柯林谓系柯华大使的儿子，胡宁和刘涓迅是胡华的女儿、女婿。

此刻，满怀深情的希望，将此书献给中共党史系走出的莘莘学子；献给致力于中共党史学科建设的诸位前辈同行；献给每一位关注关心中共党史、深情热爱中共党史的读者朋友；更重要的是在强国建设、民族复兴的康庄大道上，希望能够将此书作为给新时代更加成熟、更加坚定、更加自信的伟大的中国共产党的献礼，以表达我的敬佩和热爱之深情。

笔者敬上。

引 言

中共党史学科，是伴随着中国共产党成立与发展而不断孕育与发展的一门学科。它既与中国的马克思主义史学的崛起密不可分，更是中国共产党领导的中国革命的伴生物。这不仅反映出革命时期知识分子运用马克思主义唯物史观解释中共历史的趋向，更代表着中国共产党的早期革命家对于自身历史的认知。马克思主义史学的崛起为更加科学地解释中共党史提供了方法论，而革命斗争的现实需要则推动了早期革命家不自觉地重视起中共党史的论述权和解释权。

在党的早期文献和一些领导人的著作和讲话中，最早使用的是"中国共产党史""中国共产党历史""党的历史""党史""中国党史""中共史"等概念。早期革命家的这些报告言说为研究党的历史成为焦点奠下了一定基础。

1926年初，蔡和森在给莫斯科东方大学中共旅莫支部所作的《中国共产党史的发展（提纲）》报告中，首次以"中国共产党史"为标题，引入了这一概念，在其文中也多次使用了"中国共产党历史""中国共产党的历史""党的历史"等概念。这一报告初步论述了党史研究的指导理论、目的与价值，即以马列主义为指导，为革命斗争而服务。这是最早提出中国共产党历史的报告。

1928年10月，毛泽东在为中共湘赣边界第二次代表大会起草的决议案中也使用过"党的历史"的概念，指出"党的历史很短，独立斗争很少"，是边界各级党组织发展缓慢的一个重要原因。

1929年2月—1930年6月，瞿秋白在莫斯科列宁学院和中国劳动大学讲授党史的大纲，共12讲。题为《中国共产党历史概论》，使用了"中国共产党历史"这一概念，并提出了新的党史分期，对中国共产党产生发展的背景和条件的分析也更加全面。

1930年2月，在李立三主持中共中央工作期间，他作了一份《党史报告》，在报告中主要使用了"党史"这一简称。报告一开头就说："党史对于目前政治路线和革命前途有绝大关系，我们必须有明确的认识。"《党史报告》以党的政治方针的变化为依据，扩充了党史的线索，也更加推动了党史的发展进程。

事实上，直到20世纪30年代中期，虽然研究中共党史已经被全党所重视，但"中共党史"这个概念还没有被大规模使用。有专家通过对业已公开的文献资料的考证认为，时间是1938年，最早使用这个概念的领导人"可能是张闻天"。1938年6月20日，张闻天使用化名"洛甫"，在《解放》第42期上发表《读了〈张国焘敬告国人书〉之后》一文，批驳张国焘的错误思想，其中两次提到"中共党史"这个概念："只要略微知道中国革命史及中共党史的人，就可以知道，张国焘今天的叛变共产主义与共产党，实在不是偶然的"，"全中国全世界一切有良心的人，只要研究一下中国革命史与中共党史，他们就会明白中共历年来牺牲奋斗的历史是与中华民族解放运动史血肉相关的。中共始终把澈底解放中华民族的事业当成自己的神圣的任务。"而同年10月15日，他在中共六届六中全会的报告提纲中再次提到"中共党史"的概念，并建议将

引 言

"中共党史与党的建设"与"列宁主义""政治经济学""中国革命运动史与中国问题"这四门课,作为由中共中央直接办理的高级党校教育的主要课程。

随着毛泽东《如何研究中共党史》一文的出炉,要求全党共同学习、研究中共党史,并提出了中共党史研究的重要要素,"中共党史"这一概念则彻底定格,并广泛出现在党的文献及领导人讲话中。中共党史也逐渐作为一门学科,开始广泛存在于教育之中。最早承担起这个重任的便是中国人民大学的前身——陕北公学,由最早的革命史学家何干之、胡华等人共同推动着其向前发展,星火孕育,终究燎原。

1939年1月17日,毛泽东致何干之的信手迹

第一章

星火：孕育（1937.7—1950.2）

陕北公学开学典礼

陕北公学校舍

华北联合大学（1939年7月—1948年8月）旧址

华北联合大学（1939年7月—1948年8月）旧址

第一章　星火：孕育（1937.7—1950.2）

星星之火，可以燎原。革命的火种，在神州大地上播撒，将中华民族的呐喊传遍四海。红色的基因在延安的土地上播撒，中共党史这门充满中国特色与红色文化的课程也与中国人民大学中共党史系一起，在革命的历史中孕育着。

自1937年7月陕北公学创立起，中共中央就调遣何干之来到延安，在陕北公学开始讲授中国革命运动史、中国问题、统一战线等课程，并先后担任了中国问题研究室主任、社会科学部副主任，由此拉开了以中国共产党为主线、基于马克思唯物史观的历史问题研究的序幕。

1939年夏，华北联合大学成立，何干之担任华北联大社会科学院院长，继续讲授中国革命史。1940年4月1日，华北联大第二期正式上课（半年学制），胡华被选中担任"中国近代革命运动史"教员。从此，胡华亦相继在华北联大讲授中国近代革命运动史，任华北联大教育学院史地系副主任。

1935年的遵义会议和1938年的六届六中全会，分别纠正了王明在土地革命战争后期的"左"倾错误和在抗日战争初期的右倾错误。但是由于各种原因，党并未有机会系统总结前一时期的历史经验，因此很难从思想路线的高度深刻分析犯错误的根源，再加上这时"中国革命史"等课程已经开始在华北联大等展开教学，那么应该怎样看待党的历史上的路线是非的问题，就突出地摆在了党中央面前。

从1940年下半年开始，毛泽东亲自主持收集、编辑和研究党的六大以来的主要历史文献，总结党的历史经验，并酝酿通过全党范围的整风解决党的思想路线问题。1941年9、10月间召开的中共中央政治局扩大会议（又称"九月会议"）决定成立以毛泽东为组长的中央学习组（又称"中央研究组"）。同年底，由毛泽东主持编辑的党内重要文件汇集《六大以来》正式印制，成为整风中高级干部学习党史的主要材料。这些材料成为早期中国共产党历史教学和研究的重要基础。

1942年3月30日，毛泽东在中央学习组作了《如何研究中共党史》的讲话，要求全党共同学习研究中共党史，并提出了中共党史研究的若干重大问题，如研究党史的重要性、基本原则和基本方法等，并提出了划分党史发展阶段的根据，对党史的三个发展阶段作了具体分析，在全党范围内掀起了第一轮中共党史的学习热潮，为中共党史学的创立提供了强大的政治保证，奠定了坚实的理论基础。何干之、胡华等也坚决积极响应，跟随党的领导人，更加明确而坚定地踏上了中共党史学的漫漫开拓之路。

1948年8月，华北大学成立，学校开设了中共党史和中国新民主主义革命史课，何干之、胡华等一面给全校讲授中共党史和中国新民主主义革命史课，一面负责编写教材。这些都为成立正式的教学单位打下了良好的基础。

从延安时代传承的红色基因，是中共党史学科和中国人民大学中共党史系能够迅速发展并经久不衰的重要源泉。这种基因给予了中国革命史、中共党史的师生们更加坚强的意志，更加坚定的决心，更加奋进的精神支撑和坚信中共党史必将绽放的强大信心。

1950年中国人民大学命名组建成立，在校部下设立了直属的中国历史和中国革命史教研室，何干之担任主任，仿照苏联开启了以教研室为基本单位的教学，从此中国人民大学正式开始了系统的中国革命史、中共党史的教学之路。

第一章　星火：孕育（1937.7—1950.2）

第一节　革命溯源

> 要造就一大批人，这些人是革命的先锋队。这些人具有政治远见。这些人充满着斗争精神和牺牲精神。这些人是胸怀坦白的，忠诚的，积极的，与正直的。这些人不谋私利，唯一的为着民族与社会的解放。这些人不怕困难，在困难面前总是坚定的，勇敢向前的。这些人不是狂妄分子，也不是风头主义者，而是脚踏实地富于实际精神的人们。中国要有一大群这样的先锋分子，中国革命的任务就能够顺利的解决！
>
> ——毛泽东

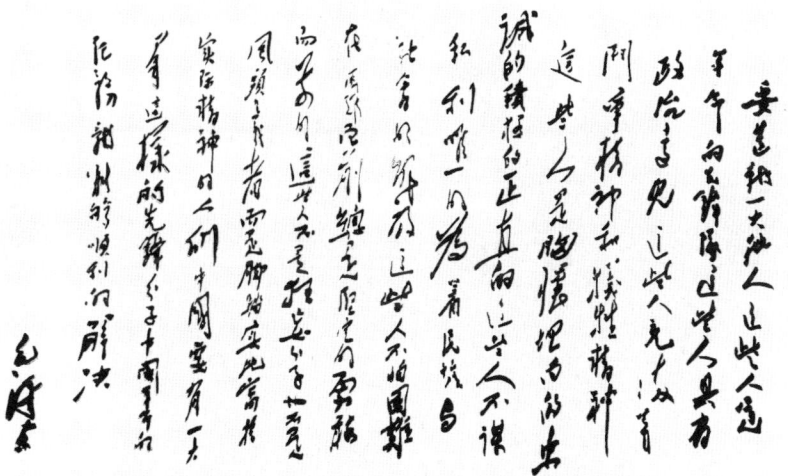

1937年10月23日，毛泽东在陕北公学的照壁和救亡图存室的墙上为陕北公学写下最长的一篇题词。图为陈列在现今中国人民大学博物馆内校史展大厅左侧该题词的"毛体"复原

1937年七七事变以后，为造就成千上万的革命干部，满足抗日民族解放战争的需要，中共中央于1937年7月底决定

创办陕北公学,并于8月任命成仿吾为陕北公学校长兼党组书记。陕北公学实行党团领导下的校长负责制,直属中央组织部、中央宣传部领导,是中共中央直接领导创办的一所革命的大学。在这里培养了无数革命先烈,也诞生了最初的红色基因,形成了具有中国特色的各种学科。

在延安创办陕北公学是中国共产党首次创办公学的尝试,除了办学经验不足之外,还面临理论教员稀缺的困难。于是中共中央打电报给上海党组织,调艾思奇、何干之、周扬、李初梨等同志到延安工作。8月底,何干之等人启程西行,在西安

1937年9月,上海文委负责人率领一批红色文化人奔赴延安,途经西安八路军办事处时与邓颖超合影,前排左起何干之、梁未闻、艾思奇、吴瑛、邓颖超,后排左起周扬、舒群、林基路、李初梨、李云扬、周立波

第一章 星火:孕育(1937.7—1950.2)

八路军办事处受到林伯渠、邓颖超等同志的热情接待。到延安后,毛泽东和李富春等中共中央领导同志很快接见了他们。据何干之回忆,这一次谈话,改变了他的一生。在谈到上海的文化工作时,毛泽东亲切地对他们说:"由上海到延安是经历了两个地区,两个历史时代,希望同志们认真在革命战争中锻炼,用笔和口继续战斗,对革命有所贡献。"何干之对此深受鼓舞,到达延安之后,他就立刻投入工作中,在陕北公学、中共中央党校等开始讲授中国革命运动史、中国问题、统一战线等课程,并先后担任了中国问题研究室主任、社会科学部副主任,拉开了以中国共产党为主线、基于马克思唯物史观的历史问题研究的序幕。从此他走上了一条开疆拓土的新路,和中国革命史、中共党史结下不解之缘。

其实何干之在来到延安之前,就已经开始在中国革命问题的研究中崭露头角。1936—1937年这一年间,何干之先后写了六七本专著,涉及中国古代社会、近代社会、中国经济、国际政治和抗日战争各方面的问题。在这些著作中,何干之总结了1928—1935年间社会科学界关于中国社会性质和中国社会史问题的大论战,论述了中国半封建半殖民地社会性质,批判了托派所谓的中国已是资本主义社会和陶希圣等人所宣扬的中国是什么"先资本主义社会"的种种错误见解,一度成为科学论述中国革命的弄潮儿。在这之后,何干之又进而阐明了中国革命发展的规律性。他说了解中国社会的性质,是为了"确定中国问题的政策"。他在分析中国社会的矛盾和阶级关系的

青年何干之

基础上，论证了中国民主革命不会走法、德、土耳其资产阶级革命的道路，而有自己的特点，即分"两着"进行，"第一着中就准备着第二着的前提"，第一着即民主革命，领导者是工人阶级，革命主体是工农民众，革命政权是"工农民主主义"，是"过渡到社会主义的新的民主革命"。这说明，何干之已经开始初步系统地宣传中国新民主主义革命的基本思想。

何干之到达延安后理论研究热情更加高涨，他在陕北公学、抗日军政大学和中共中央党校同时任课，讲授"中国革命运动史""中国革命问题""唯物辩证法"等课程。其中，在陕公的教学是何干之最重视的经历之一，因为这里的教学不只是面向延安革命青年的，更是面向中国未来的！毛泽东就曾说过："中国不会亡，因为有陕公。"陕北公学不仅撒下星星火种，燃烧起革命的意志之火，同时还孕育着新的火种，为中

何干之（右）与华君武（左）、米谷（中）在延安

第一章 星火：孕育（1937.7—1950.2）

国的未来而熔铸时代钢铁。1938年10月，年仅18岁的胡华奔赴延安，入陕北公学学习。这二位党史学者就此相遇，从此开启了为中共党史学开拓奠基的奋斗一生。也正如胡华先生后来所说的："生就是奋斗！"许许多多的党史学者也和他们一起加入了这项伟大的事业，披肝沥胆，鞠躬尽瘁。

1939年夏，根据抗日战争形势发展的需要，中共中央决定将陕北公学、鲁迅艺术学院、延安工人学校、安吴堡战时青年训练班等四校合并，成立华北联合大学。任命何干之为华北联大社会科学院院长，由他继续讲授中国革命史。1940

华北联大校旗（来源：中国人民大学档案馆）

4月1日，华北联大第二期正式上课（半年学制），胡华被选中，担任了"中国近代革命运动史"教员。从此，胡华亦相继在华北联大讲授中国近代革命运动史，任华北联大教育学院史地系副主任。何干之、胡华等研究和教授的近代革命运动史、中国革命基本问题、新民主主义革命理论与实践等就是如今中共党史学科的前身，他们二人也历经陕北公学、华北联大、华北大学三次沿革，为中国人民大学成立后的中国革命史教研室打下了最坚实的基础，培养了最优秀的师资。

抗战后期，何干之和胡华随华北联大穿过敌人的封锁线，挺进敌后战场去办学，为培养革命干部贡献力量。在晋察冀敌后抗日根据地的艰苦斗争环境中，他们和华北联大师生一道进行反扫荡斗争，坚持教学和科学研究工作。何干之开始密切结合实际，研究边区统一累进税、民主政权的实施和减租减息等问题。而胡华则作为始终坚持在华北联大教学岗位的教员，潜心研究中国近代革命运动，以新民主主义革命的思想理论为指导，讲授中国革命历史。

胡华在讲授中国近代革命运动史中，按照毛泽东的论断，具体讲述了俄国十月社会主义革命和中国的五四运动、中国共产党的成立、大革命、土地革命运动等史实，阐释了《新民主主义论》的基本观点。他明确指出了中国由旧民主主义革命到新民主主义革命的转变；自五四运动以后，中国革命已经是中国工人阶级领导的新民主主义革命；中国革命必须分为新民主主义和社会主义两个阶段；在中国革命的现阶段——新民主主义革命时期，党必须采取既区别于资本主义又区别于社会主义的政治纲领、经济纲领和文化纲领。他强调指出《新民主主义论》解决了中国新民主主义国家建设和准备进行社会

第一章 星火：孕育（1937.7—1950.2）

主义革命的理论问题，从此中国人民有了明确的道路和方向，再不会迷失路途了。

抗日战争胜利后，华北联大迁至张家口，何干之又调回华北联大工作，除教学工作外，还担任《北方文化》和《鲁迅学刊》编委，写了一些战后经济建设和文化建设的文章。1946年全面内战爆发，华北联大转移到冀中束鹿县。何干之任政治学院院长。讲授"新民主主义论解说""思想方法论"等课程。在领导政治学院工作中，贯彻理论联系实际的方针。1946年10月，胡华放弃了随邓拓前往晋察冀日报社的提议，也重返华北联大工作，开始从事中共党史的教学和教材编写工作，准备为新中国的全国性革命史教育揭开新的篇章。他重视对现实问题的研究，1947年开设新课"中国外交史"，出版了《日本投降以来英美帝国主义侵华史》和《日本投降以来中国政局史话》（主编）等著作。

1947年何干之在华北联大讲课（杜科村）

1940年4月，19岁的胡华登上华北联合大学的讲台。图为当时他使用的教学参考书

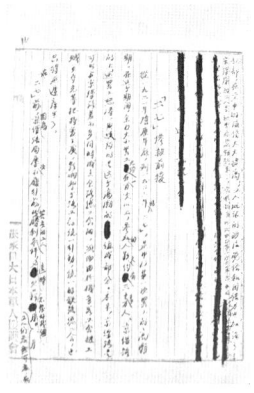

1946年胡华在张家口担任市总工会宣传部长时用战利品写工人运动史

抗日战争中胡华与在敌后一边战斗一边教学的战友孙犁（左）、王炜（中）合影

1947年胡华在华北联合大学出版的史地丛书之一

1947年8月，冀中新华书店出版的胡华等著华北联合大学史地丛书之二

第一章 星火:孕育(1937.7—1950.2)

1945年9月,胡华被派往解放了的张家口市从事工人运动。图为1946年2月,胡华担任张家口市总工会宣传部长时在工人大会上讲话

38年后,1984年胡华重访张家口并为该市讲学

1948年8月，华北大学成立，根据中共中央指示，学校开设中共党史和中国新民主主义革命史课，何干之、胡华等一面给全校讲授中共党史和中国新民主主义革命史课，一面负责编写教材。

1948年胡华（左一）担任华北大学中共党史教学组组长兼校长吴玉章的学术助手，图为他们在河北正定的留影

　　1949年新中国成立后，国内大环境趋于稳定，中国共产党全面执政之后，也迫切需要向全国推广中国革命史、中共党史。于是何干之、胡华二人开始全力以赴，致力于中国革命史、中共党史的研究。

　　革命的溯源，再现了中共党史的星火孕育之传奇，而延安时期传自陕公的红色基因也决定了它的不平凡——这门中国特色的课程注定要在新中国、新时期绽放更加闪耀的光芒！从陕公到人大，从中国革命问题教研室到中共党史系，中国共产党的革命历程与中国人民书写的历史一路同行,见证了中共党史系、中共党史学科孕育的点点滴滴。

第二节 热火朝天

一、方向

1938年秋,《联共(布)党史简明教程》在苏联正式出版。1939年初,该书传入中国,并在不到一年的时间内出现了四种中文译本。其中影响最大的是苏联外文局的版本,由苏联外国文书籍出版局下属中文部的主任谢唯真、张锡畴等负责该书的编辑出版和翻译,同时由任弼时负责监督指导,让该书尽可能符合中国人的阅读习惯。翻译出版工作完成后,由苏联驻中国(重庆)大使馆引进,辗转经过八路军驻重庆等大城市的办事处,传播到延安等抗日根据地。除此之外,还有三个版本:重庆中国出版社出版的是最早的中文译本,由博古校阅,于1939年2、3月在重庆分上、下册出版;延安解放出版社出版的则是延安解放社根据苏联外文局1939年版的重新排版印刷的,也分为上、下两册;同时还有上海启明社的版本,由吴清友翻译,定名为《最新联共党史(1883—1937)》,于1939年7月在上海发行。

其实,在此之前,一些到苏联学习和工作的同志就学习过联共党史,并在一些讲话和文章中使用过"联共党史"的概念。该书出版后,中共中央更加高度重视学习和宣传。

1940年1月,中共中央书记处发出《关于干部学习的指示》,要求将"联共党史"与"马列主义"一起纳入干部学习的课程。随着全党对《联共(布)党史简明教程》的学习和宣传,"联共党史"的概念在党内得到广泛传播,由此影响到把中国共产党的历史简称为"中共党史"也就顺理成章了。

恩格斯在一封通信中曾对概念有一个生动形象的描述："一个事物的概念和它的现实，就像两条渐近线一样，一齐向前延伸，彼此不断接近，但是永远不会相交。两者的这种差别正好是这样一种差别，这种差别使得概念并不无条件地直接就是现实，而现实也不直接就是它自己的概念。"① 概念作为一种思维形式，是对认识对象的特征或本质的一种反映和抽象概括。概念都有内涵和外延，具有严谨性，具有特定内涵，当然也会随着社会历史和人类认识的发展而变化。同时，一些概念也如同一些成语一样，有约定俗成的因素。"中共党史"这一概念，众人皆说，成之于语，含义也不会有歧义，可以继续使用。

对研究党史最为推崇的中共中央领导人当数毛泽东。毛泽东在《改造我们的学习》中指出："研究马克思列宁主义，又应以《苏联共产党（布）历史简要读本》为中心的材料。《苏联共产党（布）历史简要读本》是一百年来全世界共产主义运动的最高综合和总结，是理论和实际结合的典型，在全世界还只有这一个典型。我们看列宁、斯大林他们是如何把马克思主义的普遍真理和苏联革命的具体实践互相结合又从而发展马克思主义的，就可以知道我们在中国是应该如何地工作了。"②

1942年党的整风运动更加掀起了全党学习和研究党史的热潮。毛泽东相继作《整顿党的作风》《反对党八股》《如何研究中共党史》等讲话，号召全党学会应用马克思列宁主义的立场、观点和方法，研究中国的历史，特别是党的历史。号召研究中共党史主要是为了对中国革命经验和教训进行总结与反思，这在客观上使中共党史学科初具雏形。由此，党史研究有了科学的理论、方法和原则，党史资料收集整理也取得很大

---

① 《马克思恩格斯全集》第39卷，人民出版社1974年版，第408页。
② 《毛泽东选集》第三卷，人民出版社1991年版，第802—803页。

第一章 星火：孕育（1937.7—1950.2）

进展，并且涌现出一大批优秀的党史研究成果。

二、指引

随着《如何研究中共党史》的传播，越来越多的学者开始响应中共中央号召，在抗日战争的艰难大后方，早期的革命史家在边战斗的过程中边开始教授中国革命史，紧跟中共中央步伐。

毛泽东的《如何研究中共党史》提出了几个关键性的问题，也让研究党史的学者们得以紧跟其步伐，成功突破中共党史研究的几大困境。毛泽东首先解决的问题是，弄明白为何要研究中共党史，毛泽东指出："这个研究是必须的，如果不把党的历史搞清楚，不把党在历史上所走的路搞清楚，便不能把事情办得更好。这对研究今天的路线政策，加强党内教育，推进各方面的工作，都是必要的。我们要研究哪些是过去的成功和胜利，哪些是失败，前车之覆，后车之鉴。这个工作我们过去没有做过，现在正在开始做。"[①] 毛泽东将中共党史研究的地位无限上升，为中共党史学科的发展做好了政治上的保障，也激发了中共党史领域早期学者的积极性和动力，让他们更有力量投入中共党史学说意识形态领域的战斗中去。

其次，毛泽东确定了党史分期的权威理论，打破了过去的各种早期革命家的分期言说"百家争鸣"的状态，他将中共党史划分为三个大阶段，也为如今的党史研究定下了最终的模式。"按照历史发展的顺序，我们党的历史，我觉得可以分为这样三个阶段：大革命时期是第一个阶段；内战时期是第二个阶段；抗日时期是第三个阶段。中共党史分成这三个阶段，就斗争目标、打击对象、党的政治路线讲，都合乎事实，都说得通。"

毛泽东还提出了新的党史研究方法，即"古今中外法"：

---

① 《毛泽东文集》第二卷，人民出版社1993年版，第399页。

"世界上没有这方面，也就没有那方面。所以有一个'古今'，还有一个'中外'。辛亥革命以来，五四运动、大革命、内战、抗战，这是'古今'。中国的共产党、国民党、农民、地主、工人、资本家和世界上的无产阶级、资产阶级等等，这就是'中外'。我想为了系统地研究中国党史，将来需要编两套材料，一种是党内的，包括国际共产主义运动；一种是党外的，包括帝国主义、地主、资产阶级等。两种材料都按照年月先后编排。两种材料对照起来研究，这就叫做'古今中外法'，也就是历史主义的方法。"毛泽东的"古今中外法"实际上就是马克思主义史观在中国共产党革命历史中的体现，是全面的、发展的历史主义研究方法。

同时，毛泽东将辩证法引入中共党史研究，也为中共党史学科的学术化提供了最权威、最科学的指引。辩证法引入中共党史研究之后，最大的变化就是，在分析历史事件和人物时，采用一分为二的方法。"尤其是对党内历史上出现的失误和犯过错误的某些领导同志，既要指明问题所在，也要对其贡献给予肯定。"例如，对于中共创始人之一的陈独秀，毛泽东一方面肯定他在五四运动和建立中国共产党中所作出的贡献；另一方面也批判了因其右倾机会主义导致大革命失败的严重错误。这就从根本上防止了政治化盖过学术化的党史工具主义，保证了中共党史研究的科学性，也使得研究学者们能够不用瞻前顾后，一心投入红色教学之中。

最后，最具特色的内容就是毛泽东将阶级分析法贯穿中共党史的研究之中，即通过划分阶级，从而找到历史现象背后的规律和根源。毛泽东指明史学研究的服务对象是无产阶级以及属于这个阶级的社会制度，中共党史也不例外。运用阶级视角来考察历史，了解阶级之间的联系和差异，很多历史问题也就迎刃而解了。中共党史是中国共产党的历史，是服务于共产党

第一章 星火:孕育(1937.7—1950.2)

所代表的无产阶级大众的,那就注定要保持革命性、先进性和战斗力,要时刻清醒地认识到自己的立场。

毛泽东的《如何研究中共党史》为延安时期的党史研究指引了最明确的方向,也掀起了一阵阵党史研究的热潮。延安地区成为红色海洋,党史研究也逐渐热火朝天,中共党史学科就在这样一片沃土上孕育着,开始生根、发芽,准备在未来茁壮成长,为这片中华土地遮风挡雨,撑起一面面不倒的红旗。

第三节 红色基因

中国共产党的历史是伟大的红色历史,中共党史的课程是特色的红色课程,中国教育的基因是传奇的红色基因。在延安时期,中国共产党早期创办的中国革命史、新民主主义史等一系列红色的课程为中国教育的生命注入了最优秀的红色基因,使得其能够在中国革命取得胜利后,广泛传播于神州的大地。

在长期的革命实践中,中国共产党人开始认识到总结历史经验、加强党史研究的重要性。尤其是延安时期,中国共产党逐渐走向成熟,长期的斗争经验使得中国共产党党内的高级干部认识到,学习党的历史是克服思想上的盲目性的有效途径,深刻总结党的历史经验教训是保持党的思想统一性的重要途径。因此,学习、研究中共党史成为延安学习运动的一项重要内容。当时中共中央党校、陕北公学、中国人民抗日军事政治大学等党的干部学校,都相继开设"中国革命的基本问题"课程,要求学习讲授中共党史的相关内容。在面临敌军"大扫荡"的艰难时期,华北联大的师生们白天随部队转移和战斗,夜晚依然围在学校老师旁边,认真听老师们讲授新民主主义革命理论与实践的课程,加强自身的党史修养。这种红色基因就在延安时期,深深注入到了每一位学子和教师的灵魂之中。

1948年5月10日,胡华(第二排右四)与华北联大教育学院史地系师生合影照,第二排右七为成仿吾校长

1945年4月20日，党的六届七中全会通过的《关于若干历史问题的决议》（以下简称"第一个历史决议"）是一篇纲领性文献，不仅为七大的召开奠定了基础，而且又为此后夺取新民主主义革命的胜利奠定了坚实基础，对中国共产党和中国革命、建设均产生了重要影响。第一个历史决议首次论述了党的历史问题的路线是非，全面深刻总结了党的历史经验，特别是对六届四中全会至遵义会议期间党的历史及其基本经验和教训作了深刻总结，使全党对建党以来的发展历程有比较正确的认识，开创了我们党用唯物史观分析历史问题的先河。同时，这份决议在把握党的历史的主题主线、主流本质，在科学分析党在探索中经历的错误和曲折，在科学评价历史人物等一系列重大问题上都提供了基本遵循。这对后来的中共党史研究奠定了科学基础。

胡乔木是中国共产党思想文化和宣传战线的杰出领导者，他从1941年起担任毛泽东的秘书，为党中央和毛泽东起草文件，曾被毛泽东主席夸奖："靠乔木，有饭吃。"他曾参与起草《关于若干历史问题的决议》、第一部《中华人民共和国宪法》，主持起草《中国共产党中央委员会关于建国以来党的若干历史问题的决议》等重要文件，他主编的《中国共产党的三十年》是研究中国共产党历史的重要著作。胡乔木被邓小平称为"中共中央第一支笔"。尤其在十一届三中全会后，他先后兼任中共中央毛著编委会办公室主任、中共中央文献研究室主任，把中共党的文献事业推上了一个新的台阶，当之无愧成为党的文献工作的开拓者和奠基人。作为历史的见证人，他的中共党史研究方法对于中共党史研究及其学科发展有着重要的引领作用。

纵观中共党史学科在革命时期的发展脉络，毛泽东的

第一章 星火:孕育(1937.7—1950.2)

《如何研究中共党史》,系统论述了党史研究的对象、研究方法、研究任务和分期等问题;而在中共中央的主持下,《六大以前》《六大以来》《关于若干历史问题的决议》等党史资料的系统整理和出版,则对深入探索各个时期党史问题有极大的启发,为学习和研究中共党史提供了珍贵的历史资料。

中国人民大学荣誉一级教授、马克思主义理论家高放曾深情撰写长文回忆"堪称中国现代史和中共党史学科的重要奠基人和开拓者"的何干之、胡华两位前辈:

> 胡华自1940年开始执教,在长达近半个世纪之中在校内外、国内外有数十万人亲聆过他讲课,有数百万人拜读过他的论著。他与他的老师何干之教授都是中国现代史和中共党史这个专业享有大名盛誉的一代宗师。他们培养了成百成千的专家学者。何干之也是我的老师,1948年秋后在河北正定县华北大学,我被他吸收为由他指导的中国社会史研究组的研究生。当时我偶尔也去听过胡华老师给政治班的学生讲中国新民主主义革命史。长期以来,胡华是我的良师益友。他晚年更是我心灵契合的挚友和密友。他每次与我见面都是推心置腹,言无不尽。[①]

总之,新中国成立前的中共党史研究从研究方向、研究资料、研究人员及课程设置等方面,为中共党史学科基本建设工作奠定了良好基础。红色基因的传承,使得中共党史学科能够在第一时间被全中国的高校师生所接受,延安时期局部实践的成功也为中国共产党全面执政,普及党史爱国教育打下了坚实的基础。

---

① 高放:《革命家、史学家、教育家集一身的胡华》,载《中共党史研究》,2012年第2期。

第二章
摇篮：诞生（1950.2—1956.5）

1948年8月，华北大学成立典礼　　　　1949年10月，华北大学师生参加开国大典

华北大学参加开国大典游行的彩车（来源：中国人民大学档案馆）

第二章 摇篮:诞生(1950.2—1956.5)

1949年12月16日,中央人民政府政务院通过了《关于成立中国人民大学的决定》。1950年2月,在校部设置了直属的中国革命问题研究室,5月改为中国革命理论教研室,8月调整为中国历史与中国革命史教研室。10月3日,以华北大学为基础合并组建的中国人民大学正式开学,成为新中国创办的第一所新型正规大学。

1950—1956年中国革命史教研室的主要任务是:

1. 承担全校的中国革命史课程的教学任务。1950年高等教育部决定在全国高等院校开设中国现代革命史课程,作为新中国大学生的政治理论必修课之一。中国人民大学率先贯彻执行,教学工作遂由中国革命史教研室承担。

2. 培养研究生,为本室和全国高等学校培养中国革命史教师。自1951年起,教研室开始招收一年制、二年制、三年制等不同学制的研究生。

3. 为马列主义研究班讲授中国革命史。1952年8月,根据中共中央宣传部指示,为培养马列主义政治理论课师资,中国人民大学开设马列主义研究班,其中设中国革命史分班。中国革命史教研室除担负中国革命史分班的专业课外,还承担哲学等其他分班的中国革命史课的教学任务,何干之、胡华等亲自为研究班授课。

4. 为全校函授生讲授中国革命史。

1951年7月,学校根据中央人民政府教育部的决定,按国家计划招收和培养研究生。1952年8月,根据中共中央宣传部的指示,为培养马列主义政治理论课师资,学校成立了马列主义研究班,学员与研究生待遇相同,学制一年或两年。同时,还成立研究生班,招收各专业研究生,学制从两年改为三年。1953年5月,学校决定设立教师研究班,招考研究生,为大专院校培养师资,学制两年或三年。

第一节 话说教研室

一、万物革新，政教之筹

新中国成立之后，万物革新，一切都是全新的面貌，亦或是向着新的生机发展着。

马克思曾有过论断："阶级斗争必然导致无产阶级专政；这个专政不过是达到消灭一切阶级和进入无阶级社会的过渡。"① 即在无产阶级取得政权之后，仍需要很长一段时期的过渡阶段，需要在无产阶级保持政权的情况下，完成生产关系、社会思想等逐步的改造。而在这一阶段，意识形态斗争就是最为重要的阶级斗争形式之一，也是能否杜绝革命功亏一篑的关键所在。因此，如何实现全国范围内的思想政治理论的教育成为中国共产党执政之后所面临的亟待解决的问题之一。

此时，全国高等教育的现状是，高等学校205所，学生11.7万人，专任教师仅1.6万人。其中，还包括81所私立学校，21所教会大学。这些教师主要接受的是中国传统文化与西方文化的教育，他们长期工作与生活的高校也以英美大学为样板，因此对马列主义知之甚少。结合当时的实际情况，中国共产党面临着在高校领域内清除帝国主义、封建主义思想影响和培养师资的双重任务。

1950年中国共产党的七届三中全会上，毛泽东在《为争取国家财政经济状况的基本好转而斗争》的报告中，提出"有步骤地谨慎地进行旧有学校教育事业和旧有社会文化教育事业的改革工作，争取一切爱国知识分子为人民服务"② 的主张。在

---

① 《马克思恩格斯文集》第十卷，人民出版社2009年版，第106页。
② 《毛泽东文集》第六卷，人民出版社1999年版，第71页。

第二章 摇篮：诞生（1950.2—1956.5）

中共中央有关政策的指导下，高校政治课教师开始接受系统的理论知识学习。各地先后举办了军政大学、革命大学和各种训练班，利用寒暑假组织高校师生学习社会发展史、历史唯物主义、新民主主义论等课程和时事政策。但这种业余培训不能达到理想效果，教师往往在工作和学习中疲于奔波，几个月的学习也不能满足当时高等学校的政治理论教学。从旧教育向新教育的改革正在进行，高校学生的思想正在经历一个从迷茫徘徊到对新社会制度认同的重大转折，现实呼吁高水平的政治理论教师。

中华人民共和国高等教育部作为在这方面实际执行中共中央决议和承担主要责任的主管部门，对于如何贯彻执行中共中央有关政治理论教育方面的指示也尤为重视。但由于地方差异较大，许多高校缺乏斗争经验，以及一些历史遗留问题的存在、资源调配的不充分等原因，政教领域的效果并没有达到高教部的预期。直至 20 世纪 50 年代中期，政教工作仍然任重道远，在高教部给各个高校的一份发函文件中可见："各高等学校政治理论教研组在教学中对贯彻理论联系实际方针已普遍引起重视。但在执行中，不少学校教师在思想上和实际工作上，尚存在一些问题。为了便于进一步研究如何正确的贯彻这一方针，特印发中国人民大学和北京大学有关报告二份，作为你校政治理论课教员深入探讨的参考……"

而相比其他的高校，中国人民大学从建立起就极为重视政治理论教育。中国人民大学第一任校长吴玉章先生在高等财经教育工作会议上的讲话就强调了政治理论教育的重要性："对学生首先要进行系统的马克思列宁主义的基本理论知识的教育。这主要是通过马列主义基础、政治经济学和辩证唯物论与历史唯物论、中国革命史这四门理论课程的教学来进行。这几门课程在各财经院校都应该作为最重要的课程，不应该有丝毫忽视。"吴玉章校长所提到的中国革命史，就是中国人民大学首创的第四门政治理论课，备受学界关注。

伏案工作中的吴玉章校长与现在中国人民大学校内的吴玉章铜像

新中国成立初期，实行"全面学习苏联"的方针，自中国人民大学成立起，就有苏联专家来校工作并全面移植苏联式的课程，中国人民大学也成为开办马列主义政治理论课程的"工作母机"。对于苏联方面的指示和建议，校方基本全盘接受，但关于是否开设中国革命史课程，校方却与苏联专家发生了争议，对突破苏联高校课程体系，结合自身特点进行课程探索进行了尝试。在 1950 年校方讨论各系开设什么政治课时，苏联专家主张直接采用苏联高校通行的课程体系，按照马克思主义的三个来源，即德国古典哲学、英国政治经济学和法国空想社会主义与三个组成部分，即唯物史观、剩余价值学说和科学社会主义，开设哲学（辩证唯物主义与历史唯物主义）、政治经济学、马列主义基础（联共党史）三门课程，而副校长成仿吾、何干之等人则主张"三加一"方案，开设包括中国革命史在内的四门课程。何干之曾向苏联专家反映中国教员的看法，即中国革命史是马列主义与中国实际相结合的一门课，相当于马列主义与俄国实践相结合的联共党史，所以不仅应当

第二章 摇篮：诞生（1950.2—1956.5）

开设而且更应该强调突出它的位置。尽管苏联专家有不同意见，但因有中国共产党革命时期根据地大学开办同类课程的前例可循，又有从陕北公学、华北联合大学、华北大学以来储备的理论师资基础，中国人民大学于1950年在全国高校率先开设了中国革命史课程。[①] 从此，中国人民大学依托中国革命史教研室和马列主义研究班，将这门中国特色的课程推向历史前进的浪潮。

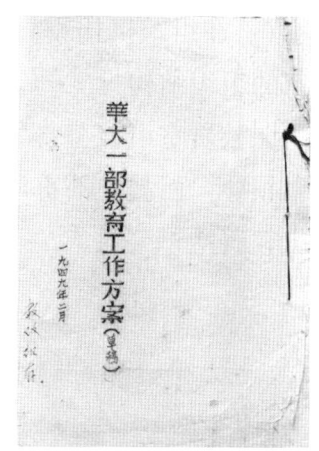

1949年2月，华北大学第一部教学文件

新的中国，新的气象。春风已至，万物革新，在政教工作筹备起步的道路上，中国人民大学再次展现了抗日战争中陕公那样的情怀和担当，接过了中国革命史的重担，并一路同行，发展至今。

二、以苏为鉴，研室之成

虽然苏联模式带给中国的僵化经验，对新中国的发展造成了一定的阻碍，但不可否认，在新中国教育工作的起步上，苏联专家是起到了重要作用的，尤其是在支持扶持刚刚成立的中国人民大学上。

中国人民大学命名组建初期，在教学机构设置上，遵照苏联经验和中国实际相结合的原则，引进了当时苏联的教学组织，采用"卡菲德拉"作为基本教学组织，并翻译为"教研

---

① 参见耿化敏：《中国人民大学与高校中国革命史课程的创设与停开（1950—1957）》，载《党史研究与教学》，2012年第6期。

室"。在组织机构设置上，中国人民大学形成了校—系—教研室的组织结构模式。全校共 41 个教研室，其中 8 个全校性共同课教研室由教务部领导，其余 33 个教研室分属各系，由各系领导。而教务部直属教研室中就包括了中国历史与中国革命史教研室。

北平解放后，1949 年 7 月，胡华（右一）任华北大学第一部第八区队队长时在驻地（和敬公主府旧址）门前与同事留影

1950 年中国人民大学命名组建后，被评为副教授的胡华在校门前留影

建立专门的教研室，是苏联保证教学高度计划性和组织性的重要经验。在学校，教研室是学校教学和科研的基本组织，以教研室的形式把教师按课程组织起来，对一门或数门有密切联系的课程，共同开展教学与科学研究工作。教研室由教研室主任、教研室全体教师、翻译、秘书、干事和其他行政人员、研究生、资料室、实验室和经常的或临时的委员会组成，可以高度发挥集体的力量，充分实现团结合作。查询当年的教学档案，可以获取到当年教研室大致的工作，基本可以分为七大板块：

1. 组织教学工作（讲课、研讨会、实习、实验、辅导、生产实习等),并保证教学质量。

2. 教学方法上的工作,即制定讲授大纲、研讨会计划、试验计划、习题和答案选集等。

3. 编写教材(讲义、参考书、图表等)。

4. 科学研究工作(专题科学研究)。

5. 与企业和政府机关的协作。

6. 提高教师思想理论水平的工作。

7. 培养研究生的工作。

教研室的运作方式是,由教研室主任根据教研室工作计划,组织与领导教研室的集体活动,并督促与帮助每个成员的具体工作,同时,还要根据总的教育计划订出教研室所任课程的讲授内容,讲课与研讨的次数、时数和进度,并检查讲课与研讨的内容和方法,指出优缺点,帮助改进;在每学期初制订教研室会议日程,规定相关教师在会议上的报告。教研室应做的提纲、实习计划、教材图表等都经由主任分配给相关教师,并负责审查,或组织审阅。教研室主任要组织教员按规定的进度表对学生进行辅导,领导学生的自习工作,并检查其成绩;还要经常注意教师在科学质量与思想水平方面的提高,并给予各种协助。所以,基本可以归纳为在教研室主任领导下的各成员分工负责制。

中国人民大学教研室的设立对于高效、规范地组织和开展教学与科研工作,提供了强有力的组织保障,并为国内其他高校提供了开创性经验,成为当时高等教育界学习的模板。而中国革命史作为一门不同于苏联的中国化全新课程,如何实现课程的建设也面临着重大的难题。在早期,教研室基本按照苏联的教育制度、教学方法和教学组织开展。建立专门的教研室,是苏联保证教学高度计划性和组织性的重要经验。中国人民大学成立后，成立了以何干之为主任的中国革命史教研室、以艾思奇为主任的马列主义基础教研室和以宋涛为主任的政治经济学教研室，三大教研室的成立为全国有计划地开设政治理论课程探索了宝贵的经验。

1950年2月，中国人民大学在校部设置了直属的中国革命问题研究室，5月改为中国革命理论教研室，8月调整为中国历史与中国革命史教研室。1951年秋，教研室已有中国革命史教员22人，开设有中国革命史、中国历史和新民主主义（人民民主主义原理）三门课程。随后不久，教研室又分为中国革命史教研室和中国历史教研室，之前革命史教研室的主任何干之和副主任尚钺分别负责两个教研室的工作。直到1956年成立历史系为止，中国革命史教研室都承担着培养理论人才、进行科学研究的重要任务，在中国人民大学马列主义研究班的教学中占据重大比重。

借鉴苏联之经验，结合中国之具情，成中国特色之革命史教研室。作为高教部树立的"学苏"典型，中国人民大学拥有占全校规模三分之一的政治理论专业，而中国革命史教研室也成为和马列主义基础、哲学、政治经济学并列的四大理论教研室之一，地位极其显赫，被誉为"四大名旦"。

三、筚路蓝缕，教资之奠

早在中国人民大学中国革命史教研室成立之前，从陕北公学到华北联大再到华北大学，都已在中国革命史的教学研究方面拥有了雄厚的资料和教参，只是其中大部分还处于个人的讲稿和手稿的阶段，并没有面向全社会，比如胡华后来出版的《中国近代革命史讲话》就是之前的讲稿整理所得。

第二章 摇篮：诞生（1950.2—1956.5）

前面讲到教研室成立后的一个基本任务就是编写教材（讲义、参考书、图表等），因此，自教研室成立起，在主任何干之的领导下，就开始了对之前的教学资料进行系统整理出版的工作。1950—1956 年这段时间里，教研室在教材建设、科学研究和资料收集工作上取得了显著的成就。

1950 年 3 月，人民出版社出版了胡华编著的《中国新民主主义革命史》（初稿），累计印数达 230 多万册，并出版了日文、朝鲜文、维吾尔文、哈萨克文等译本。当时，全国刚刚解放不久，从老解放区到新解放区，从工人农民到知识分子，从新中国的青年知识分子到长期生活在旧社会的老知识分子，都迫切需要了解中国革命的过程。《中国新民主主义革命史》（初稿）的问世，正是满足了这种需要，回答了大家脑子里长期存在的问题。该书是新中国正式出版的第一本中国革命史教材，先是作为中学政治课本使用，后来经过中宣部部长陆定一的肯定而推广成为高校教材，在整个学界影响都颇为巨大，为之后的革命史奠定了一定的基础。

胡华著《中国新民主主义革命史》（初稿）出版，在 20 世纪 50 年代曾连印 13 版次，并出版多语种译本

1951年在胡华主持下，他带领戴逸、彦奇编辑出版了《中国新民主主义革命史参考资料》，由商务印书馆出版，为全国各高等院校和各级党校普遍采用，影响十分广泛。《中国新民主主义革命史参考资料》是胡华按照中共中央领导的建议，将编写《中国新民主主义革命史》（初稿）过程中搜集到的史料汇编而成的。该书是新中国成立后，第一部有关中共党史和中国革命史的参考资料。书中编入了中国共产党中央委员会的一些文件、毛泽东的著作、重要的历史文献、史实的档案记录等丰富的史料，对当时的党史研究提供了极大的帮助，甚至许多成名的历史学教授都要依靠这个来进行研究。《中国新民主主义革命史参考资料》的问世在一定程度上填补了党史研究领域的资料空白，一时风靡全国，发行量突破百万册。这一时间，全国大后方正开展轰轰烈烈的抗美援朝运动，胡华、戴逸、彦奇三人也毅然决定把所得的全部稿费都捐赠给前线，就这样，带着万千民众学习革命史热情的稿酬又转化为了前线战斗的物质力量。时至今日，这也成为记录历史瞬间的一个缩影，生动还原了当年全国上下一心支援抗美援朝运动的史实，也使得伟大的抗美援朝精神更直观地呈现给大家。

在胡乔木、邓拓、田家英等关心支持下，胡华率领戴逸、彦奇编选了《中国新民主主义革命史参考资料》，三人将丰厚的稿费全部捐献，为抗美援朝志愿军购置战斗机

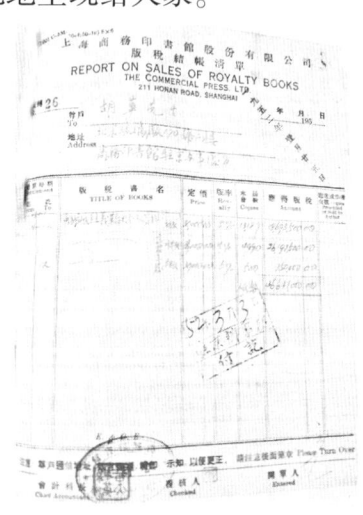

1952年1月25日，《新民主主义革命史参考资料》的版税结算清单

第二章 摇篮：诞生（1950.2—1956.5）

在华北大学和中国人民大学建校初期，戴逸（右）、彦奇（左）经常于胡华授课时协助板书

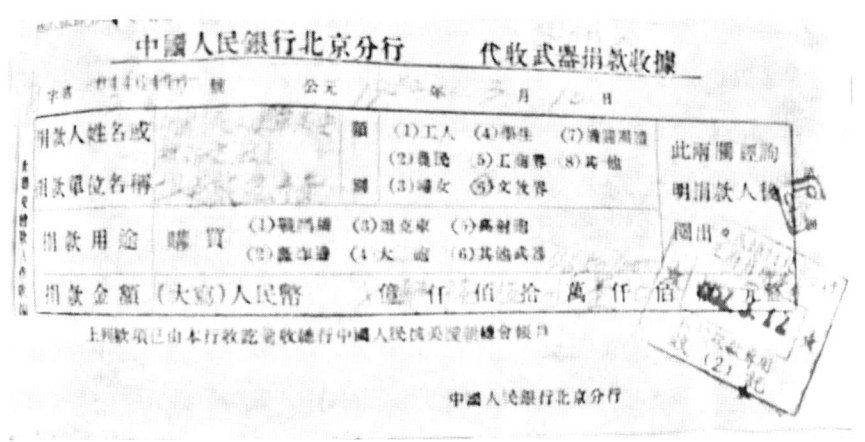

胡华、戴逸、彦奇将丰厚的版税悉数捐给中国人民志愿军购买战斗机。图为1952年3月12日中国人民银行北京分行代收武器捐款收据之一

1955年何干之主编的《中国现代革命史讲义》由高等教育出版社出版，并由高等教育部定为全国高等学校教材。至

1959年这部教材三次修订再版，发行上百万册，成为20世纪50年代高校中国革命史课程的主要教材，并被译成英、俄、越等国文字，在国外发行。该书初稿在编写过程中，曾参照中国人民大学中国革命史教研室的提纲和讲义，并陆续印发给全国高校用作教学参考。在此基础上，1954年12月何干之主编的《中国现代革命史讲义（初稿）》由高等教育出版社出版，作为高校内部试用教材。取名为"讲义"，意谓用作教学参考，尚不是成熟的著作。该书于1956年再版，1957年第一次修订时改名为《中国现代革命史》，1958、1959、1960年连续三次再版。1964年何干之应国家外文出版社要求以1959年版为基础再次修订，后因"文革"爆发而未能翻译成英文出版。1985年该书经何干之的夫人刘炼，据其遗留手稿加以校订后，由上海人民出版社出了最后一版。与其他三门政治理论课程翻译苏联教材或专家讲义相比，《中国现代革命史》是当时唯一一本结合中国实际自编的政治理论教材，为后来同类教材和中共党史教材的编写提供了框架。在那个年代，何干之的这部著作可算得上革命史的巅峰之作，更在某种意义上奠定了这一时期中国革命历史的书写范式。

与此同时，除了编写教材，教研室的资料收集工作也取得了较大的进展。这一阶段，在何干之、胡华等人的带领下，教研室十分重视资料收集工作，不仅积累了陕公以来解放区的报刊资料，而且在琉璃厂等旧书刊市场寻觅、购置了大批解放前国统区出版的报刊图书资料，如《东方杂志》《国闻周报》等，为日后的教学、科研工作提供了丰富的文字资料。这些报刊图书后来由学校图书馆统一收藏，供全校师生使用。

在五六十年代，中国人民大学曾依托中共党史系（中国

第二章 摇篮：诞生（1950.2—1956.5）

革命史教研室）的资料室举办过数次小型的历史资料陈列展，其重要资料来源就是中共党史系的资料室。这些陈列和展览颇有影响力，它的每一次举办，都会有中宣部、教育部的领导甚至革命老前辈前来参观，在胡华教授的日记中都有所记载。在这里，参观者可以看到革命时期的各种文档、刊物、资料等等，观毕无不对之赞不绝口，感慨万千。那时，中国革命博物馆尚未落成，而中央档案馆又不对外开放，因此唯一的距离历史最近的资料开放地，就是中国人民大学中共党史系的资料室陈列展，以至于全国著名的历史学教授来北京开会之时，都会专程赶赴中国人民大学，到中共党史系的资料室看一看，感受史实资料近在眼前的独特魅力。中国人民大学也因此成为历史学者尤其是党史学者心中的圣地，而学校收集和保存珍贵独特的历史资料的传统由此形成并延续至今。著名的家书博物馆如今依旧矗立在人大校园内，传承着学校在史料收集方面的光荣与辉煌。

一个学科的开创必然是筚路蓝缕的，但先辈们凭借义无反顾的决心和勇往直前的精神，最终为中国革命史和中共党史打下了良好的基础，不仅在属于他们的年代散发着万丈光芒，而且到今天也依然熠熠生辉。

第二节 细论各种班

一、教研室初期的研究班

中国人民大学是党和国家领导人极为重视的模范高校，是新中国第一所新型正规大学，在其成立之日，中央人民政府副主席朱德、刘少奇等领导人都出席了开学典礼。中共中央曾明确指示,以后新中国的高校都要按照中国人民大学的样子来办。因此,中国人民大学自然要在百废待兴的新中国教育界扛起一面大旗。而研究生教育就是新中国教育复兴的一大难题,教育资源是否充足,是否能够支撑起系统的研究生教育在当时备受瞩目。

所幸的是,中国人民大学不负众望,建校伊始就实行了研究生制度,根据中共中央的指示,开始招收研究生。至1950年4月,学校已招收了140名研究生。这些研究生分别由负责的校部直属教研室或者所在的系代管,其中1950年第一批研究生中,由中国革命史教研室负责管理的共有五位,他们是人大成立最早的中国革命史研究生。

"1950—1952中国革命史研究班"是中国革命史教研室成立初期所负责的第一个研究班,只招收了五位同学,是教研室的第一次尝试,但同时也非常成功。虽然研究班的学制只有两年,但由于生源都很优秀,都是久经考验的坚定的马列主义、共产主义战士,所以这五位研究生后来也都纷纷投入到建设新中国的洪流之中,贡献了他们的力量。

这五位第一批中国革命史研究生分别是张喜林、杨秀华、满笛、常东人、刘杨民。由于时间过于久远,他们具体的信息已经无法还原了。在1996年党史系同学录的统计中还可见到的是,张喜林毕业后选择了从政之路,曾任中国全国供销合作总社某司司长。杨秀华、常东人、刘杨民投入教育界,其中杨秀华去了对外经济贸易大学,并在之后为学校的复兴和发展作出了重要的贡献,担任学校的党委副书记、宣传部部长;常东人在中共中央党校党史教研部担任教授,还参与了中共中央党校出版社出版的《中国共产党历史大辞典》;刘杨民则响应国家西部大开发战略,前往大西北,为支援建设西部高校而贡献

第二章 摇篮：诞生（1950.2—1956.5）

自己的力量，曾任西北工业大学的某院副院长。第一批中国革命史研究班的研究生在全校一百多名研究生中，只是星星点点，但他们走入社会，开始为国家建设发光发热之时，便诠释了何为"星星之火"，如何"可以燎原"，将使命扛在肩上，把自己所学的中国革命史传播四方。

随着高等教育领域工作的逐渐恢复，国家对高校思政教师的需求日益增多。为尽快满足国家对大批高校教师的需要，中国人民大学根据中共中央确定的方针，从1950年底开始在校内抽调政治、专业水平较高的干部和学生220人，并吸收全国各大专院校进步教授、讲师、助教100余人作为研究生，制订了苏联先进经验与中国实际情况相结合的教育计划，在各教研室领导下进行系统学习和培养，并由研究部负责组织研究生的招生和培养等工作。

1951年2月3日，《人民日报》以《中国人民大学是怎样培养研究生的》为题，对学校的研究生培养工作做了专题报道，以推动和引导全国的研究生教育工作。文中对中国人民大学招收的研究生进行了详细的说明："研究生的学习期限，根据目前的需要，暂定为两年。部分校外研究人员由于特殊的原因，学习期限缩短为一年，学习期满后，仍回到各地大学院校工作。"可见，中国人民大学在这时承担了巨大的责任，要以一校之力为全国的高校服务。而如此大的教研量，即使是全国首屈一指的中国人民大学也无法全面、全方位地进行培养。所以，中共中央对研究生的要求主要集中在思想政治教育领域。"中国人民大学的研究生，由于很多均已经受过高等教育，有的并经过长期革命斗争的锻炼，因而对他们进行教育，主要目的是进一步提高政治理论。"在《人民日报》中所提到的政治理论，主要就是马列主义、政治经济学和中国革命史。

在第一届研究班成功招生之后，中国革命史教研室在第二年按照新的教学计划又继续接收培养了 48 位"1951.9—1953.7 的中国革命史教研室研究生"，学制为两年。在这一批研究生中，绝大多数都走向了教学岗位，师范类高校如天津师范大学、辽宁师范大学、西北师范大学等，综合类高校如北京大学、武汉大学、中央民族大学、吉林大学等，当然也还有很多选择留在母校中国人民大学；另外一部分则加入了国家的研究性行政单位或事业单位，如中国社会科学院哲学所、河南省社会科学院历史所、吉林省社会科学院日本研究所、新疆维吾尔自治区党委党史研究室等。

选择留在中国人民大学的研究生中，有后来中共党史系的林茂生教授、曹建明教授、戴知贤教授和卢冕持副教授；也有加入戴逸教授所领衔的清史所的林铁军教授、袁定中研究员；还有的前往支援其他系所，如马列所的辛仲勤研究员，哲学系的乔长禄教授、姚中原教授；校刊编审部的总编辑，主编各册校史系列图书的刘葆观也是这一期的中国革命史研究班毕业。

马列室、马列所、马列部、党建教研部、干训部、政法系、政治系、历史系、党史系……中国革命史教研室所培养的早期的研究生在毕业之后，如一颗颗种子，随春风吹拂，撒遍祖国的大地！

二、马研班中的革命史分班

1951 年 7 月，中国人民大学根据中央人民政府教育部的决定，按国家计划招收和培养研究生。1952 年 8 月，根据中共中央宣传部的指示，为培养马列主义政治理论课师资，学

第二章 摇篮：诞生（1950.2—1956.5）

校决定成立马列主义研究班，学员与研究生待遇相同，学制一年或两年，其中设中国革命史分班。同年9月1日，中共中央又发出《关于培养高等、中等学校马克思列宁主义理论师资的指示》，提出"提高政治理论课程的教学水平是学校思想建设工作的中心环节"。至此，成立马列主义研究班的任务便迫在眉睫，学校更加快了相关程序的具体实施。

1952年秋季开始，马列主义研究班招收了第一期学员，共300名，学习期限为1—2年，以最快的时间，用以解决一部分高校政治理论课的师资急缺的问题。同时，学校决定选拔优秀党团员担任政治理论课助教或助理，逐渐培养其成为新的政治理论课教师，并认为"这是现阶段培养政治理论师资最有效的方法之一"。这样，中国人民大学就再次承担起了新的使命——为全国高等学校培养优秀政治理论师资。

如果说对于中国人民大学而言，这个使命是党和人民所赋予其的重大考验，那么马列主义研究班的班主任人选问题，亦是对学校领导班子的一个严峻挑战，这个极为重要的担子便是由中国人民大学原党委书记、副校长张腾霄一力扛起的。张腾霄老书记是一位工作非常严谨认真的人，马列主义研究班一成立，他就用极大的力量投入工作，从教学计划的草拟制订到教学环节的具体实施，他都作了精心的安排。他的努力和付出，成功地完成了时代所赋予的使命，让马研班的光辉永远闪耀在了历史的长河中。

马列主义研究班的性质是马列主义理论教育的短期培训班，任务是为高等学校培养政治理论师资。在"教学与实践相联系，苏联经验与中国情况相结合"的总方针下，研究班系统学习理论、密切联系实际，从1952年创办，到1958年撤销，历时六年多时间，培养出了一大批政治理论人才。

研究班的教学遵循"独立思考，自由争辩"的方法，课堂讨论占据了研究班教学时间的三分之二。讨论的主要任务是训练学生深刻地领会与综合所研究材料的能力，提高他们口头和文字的表达能力，通过系统发言、报告和写论文来阐述自己的思想。研究班的课堂讨论内容主要有两个：一是研究已经讲过的课程提纲基本题目；二是研究马克思列宁主义的基本经典著作、中国共产党和中央人民政府的主要领导者著作。课堂讨论的方式主要有两种：一是由教师组织并领导学生进行有争论的座谈会；二是听取和讨论学生的报告或发言。学生在课堂讨论之前要预先自习，阅读相关的参考书目并做笔记，教师在辅导过程中，通过检查学生的笔记和摘要来检查学生对课堂讨论的准备情况。在课堂讨论的时候，学生表现的是否积极、报告或发言的质量如何以及对所讨论问题的了解透彻程度，都会被登记在成绩记分册上。一些同学在课堂讨论中不太积极，对自己所学知识比较疑惑，还需要在学期结束或者学年结束的时候按照课堂讨论或研究的全部题目进行补充检查。这样的教学方案是张腾霄亲自制订，亲自抓落实的，极大地锻炼了研究班学员的思考和学习能力。

在马列主义研究班的中国革命史分班，是其中重要的组成部分。在对研究班进行教学实践的过程中，中国革命史教研室也得到了很好的发展。例如何干之在中国革命史教研室工作期间，不仅为研究生讲授中国革命史课程，还为全国高等学校必修的中国革命史课程编写了《中国现代革命史讲义》，并且用

第二章 摇篮：诞生（1950.2—1956.5）

三年多的时间建立起了一支中国现代革命史的教师队伍。1951年秋，中国革命史教研室有36人，行政干部1人，研究生100人，资料员4人。其中，除了中国革命史专任教员教授何干之外，还有副教授胡华、王大刚，讲师龚谷今、刘经宇、冯拾，助教王淇、戴鹿鸣、彦奇、彭明等，以及后来加入历史学院的高放、戴逸等。

中国人民大学的马列主义研究班，在苏联专家的指导下形成了以马列主义基础、中国革命史和政治经济学为框架的基本体系，对之后的高校思想政治的教育改革和教学工作产生了深远的影响。

除此之外，研究班所培养的新中国第一批专业的马列主义师资，毕业后分配到全国各个高校，在工作岗位上成为高校政治理论教育的中坚力量，有效地传播了马列主义和党的执政理念。从新中国成立到1957年，短短八年间，高等学校、干部学校、党校和各地讲师团的政治理论课程教员队伍，由不足200人发展到大约25000人。在这些人中，马列主义研究班共培养师资2434人，其中研究生2320人，分布在全国200多所高等院校担任教学工作。他们不仅在全国各地广泛传播了马克思主义，也在新中国百废待兴、百业待举的情况下，为高等学校的课程改革和政治理论教学作出了巨大的贡献。这些从研究班走出去的学子们，有一部分人成为各院校党委开展政治思想工作的有力助手，有一部分人在教学岗位上把马列主义的基本理论知识传授给青年学生，还有一部分人成长为政治理论界和自身研究领域的知名学者，比如李秀林、陈先达、庄福龄、黄顺基、吴树青、郑必坚、黄枬森、钱逊、张汉青、钱冬生、李景鹏等。

1953年7月1日，中国人民大学中国革命史教研室研究生毕业纪念，前排中者为何干之

1954年7月，中国人民大学马克思列宁主义研究班研究生毕业纪念合影

  这里我们自档案资料和《中共党史系同学录》中选取了马列主义研究班中国革命史分班的部分毕业生，在此进行一个简单的展示。① 由于时间久远，能力有限，仅罗列了可找到的部分，欢迎各位系友前辈批评指正。

---

① 这里毕业生的所有顺序均参照《中共党史系同学录》进行排列。

第二章 摇篮：诞生（1950.2—1956.5）

1957年中国人民大学马列主义研究班中国革命史分班全体毕业同学留念

1952年9月—1953年7月的马研班中国革命史分班（一年制）毕业生约为**125人**，毕业后留在高校任职的约为**80人**，如肖超然、刘家泉、赵时雨、杨树先等人，其中杨云若留在了中国人民大学中共党史系；约有**6人**去往研究所任职，如尚民轩、陈民、王秀鑫等人；还有一定的人选择留在出版单位、党校、党和政府机构等，如谭宗伋、翁仲二、田福庭等人。这届毕业生奔向祖国各地，在各自岗位上发光发热。

以下为部分毕业生简介：

谭宗伋，1931年9月生，四川万泉人。1948年以同等学力考入四川大学，1952年毕业留校任教，后送入中国人民大学马列主义研究班学习，专攻中国现代史，1953年毕业后分配重庆大学任教。曾任助教、讲师、副教授、教研室主任，校务委员会委员、校刊总编等职。1978年由中共中央组织部调入中共中央党校。历任副教授、教授、党校师资规划组成员、党史职称评审组成员、研究生指导小组成员、党史教研部二室副主任。曾兼职在中共中央党史研究室从事研究工作，并在北京大学、清华大学兼课。后担任重庆大学客座教授，以及《北京党史研究》的顾问。多次出席国际学术讨论会和全国学术讨论会，并在大会上发言，反应良好。同时他还参与中共中央党校、北京大学、中国人民大学的硕士、博士学位论文评定与答辩。谭教授从教40多年，学生遍及大江南北，还有许多在国外也取得了不小的成就。合著有《彻底否定文化大革命》《十年后的评说》，主编《中华人民共和国实录》（后改为《共和国史记》），是《干部廉政读本》《审案大全》《办案大全》的编委和撰稿人。发表数十篇论文，多数刊在《红旗》等全国性刊物上，研究成果获国内外多位专家学者肯定。同时为了向广大青年传授党史知识，也曾在中央电视台、十多个省市讲课。获得国务院颁发的政府特殊津贴。

翁仲二，中共中央党校教授，享受政府特殊津贴。

杨云若，女，1932年6月生，江苏武进人。她在1949年考入清华大学中国文学系。在院系调整后，于1952年来到中国人民大学马列主义研究班中国革命史分班学习，1953年毕业。毕业后，选择在中国人民大学中共党史系任教，1988年被评定教授职称。任教和学习的数十年来，杨云若教授在法学、政治学、马克思主义理论教育领域从事教学和科研。20世纪70年代后期，中共党史面临着一项重要的研究环节，也是当时中共党史方面的薄弱环节——共产国际和中国革命的关系，在苦心孤诣的研究和分析之后，她组织编译和出版了与此专题有关的中外文资料150万字左右，1988年出版《共产国际和中国革命》专著，1995年出版《中国革命对外关系》专著，为这个难题提供了很多有用的分析方向，培养这个方向的硕士研究生和访问学者20余人。鉴于杨云若教授在这个专题

第二章 摇篮：诞生（1950.2—1956.5）

中研究功底之深厚和所作出的贡献，1983年以来，她一直担任全国中共党史学会共产国际和中国革命关系研究领导小组成员、学术委员会委员。在1994年获中国人民大学研究生院颁发"优秀研究生导师"荣誉证书，同年又获得享受国务院专家津贴待遇。

刘家泉，1929年1月生，广东广州人。1952年毕业于北京外国语学院后又在中国人民大学读研究班。历任北京外国语大学社会科学部副教授、教授，后还担任了北京高等学校高级职称评委会专家组评审委员，宋庆龄基金会理事、特约研究员。曾应邀到日本、德国、美国及中国香港、台湾地区进行讲学和学术访问，在访问期间对于孙中山、宋庆龄和香港经济有了更深层次的研究，于是在1964年开始发表作品，著有专著、论文、教材等200多万字。其研究方向为孙中山、宋庆龄、香港经济等，个人专著有《宋庆龄传》，此为中国出版的第一本《宋庆龄传》，曾获全国优秀图书奖、首届传记文学奖、上海全国图书金钥匙奖等三项大奖；其余研究方向的作品还有《宋庆龄流亡海外岁月》《香港沧桑与腾飞》《孙中山与香港》等。在学术贡献上发表了大量学术论文和文章，其中有多篇在《人民日报》上整版刊载，如《宋庆龄与大革命时期的妇女运动》、《宋庆龄与第二次国共合作的实现》、《廖承志与抗日民族统一战线》、《宋庆龄与保卫中国同盟》（获纪念中国共产党七十周年优秀论文一等奖）等。1992年享受政府特殊津贴。

赵时雨，清华大学教授。

杨树先，清华大学教授。

尚明轩，河南许昌人，1925年10月27日生。1948年毕业于北京师范大学历史系后又就读于中国人民大学中国革命史研究班。在攻读完中国革命史后，1956年到近代史研究所研究中国近代史的问题。在1992年被聘为特约研究员,又兼任中国宋庆龄基金会理事、河南大学名誉教授等。除此之外,他还前后担任中国社会科学院近代史研究所研究员,兼任北京大学孙中山思想国际研究中心顾问、中国宋庆龄基金会理事及其研究中心顾问、民革中央孙中山研究会顾问、广东惠州市廖仲恺何香凝研究会名誉会长、中国辛亥革命研究会顾问等,为近代史的研究贡献了不少的心血。

陈民,毕业后于中国社会科学院近代史研究所工作。

田福庭,1983—1990年间,任河北省保定市市长。

1953年9月—1955年7月的马研班中国革命史分班(二年制) 毕业生约为98人,毕业后留在高校任职的约为50人,如贺允清、殷汝祥、余子道等人;约有15人在机关单位任职,如李敬轩、任镇、蒋乐年等人;还有一定的人选择留在出版单位、党校、高级中学等,如陈锦华、何进、汪治等人。

以下为部分毕业生简介:

殷汝祥,南开大学经济学教授。

贺允清,北京师范大学哲学社会学院教授。

余子道,1952年7月毕业于复旦大学新闻系后,在中国人民大学的中国革命史研究班继续攻读。1955年毕业后,他在复旦大学从事教育工作和史学研究40余年,曾任该校历史系主任等职。在教学教研期间,培养的研究生成绩卓著,15年来指导中国近现代硕士研究生和美国、日本、苏联高级进修生共达25人。30多年来致力于社会科学研究,学术生涯广涉历史、军事、政治、伦理等领域,先后发表论著250余万字,出版有《长城风云录》《抵抗与妥协的两重奏》等专著,主编《汪精卫汉奸政权的兴亡》等论集和多卷本《汪伪政权资料选编》,发表

《中国革命战争与毛泽东军事哲学》《中国正面战场对日战略的演变》等论文110余篇，其中不少论文见解独到、论述精当、富有创见，在国内外史学界获得好评。

1954年9月—1956年7月的马研班中国革命班（二年制）毕业生约为122人，毕业后留在高校任职的人数超过一半（67人），其中7人留在了中国人民大学工作，李良志、清庆瑞、屈动、胡银漫、黄文贞留在了中国人民大学中共党史系任教；约有10人在机关单位、党校任职，如席宣、蒋丽音、黄逢更、胡毅夫等人；还有一定的人选择留在部队、出版社、高级中学等，如麦学勤、张启承等人。

以下为部分毕业生简介：

李良志，中国人民大学中共党史系教授，1928年10月生于湖南省常德市汉寿县。先后就读于湖南大学、武汉大学中文系，1954年毕业后被保送至中国人民大学马列主义研究班中国革命史分班学习，1956年秋留校任教。曾任中国人民抗日战争纪念馆的兼职研究员，北京地方党史研究会特约顾问，中国抗日战争史学会、北京抗日战争研究会、西安事变研究会理事。长期以来，李良志教授热心于马列主义政治理论课的教学工作。他讲授中共党史、中国革命史、抗日战争史、抗日民族统一战线专题等课程，史料翔实，观点新颖，理论联系实际，注意教书育人，深受同学们的好评。从1981年起，李良志教授以较多的精力从事科研，硕果累累。他先后撰写、主编的学术著作有《度尽劫波兄弟在——战时国共关系》、《烽火江南话奇冤——新四军与皖南事变》、《国共合作的历史与展望》（合著）、《伟大的胜利》（合编）、《抗日战争时期的文化教育》（合编）、《全民抗战，气壮山河》（合编）、《同盟抗战，赢得胜利》（合编）、

《中国革命史》（合著）。经他审校出版的外国译著有日本池田诚等的《抗日战争与中国民众》，美国福尔曼的《北行漫记》。在这期间他发表的学术论文达50余篇。李良志教授的著述在国外也颇有影响。日本、美国的史学杂志先后刊载过他的近10篇论文译文；朝鲜、韩国的学者介绍过他的学术观点。1989年秋和1995年春，他应苏联科学院远东研究所、日本大阪外国语大学亚细亚研究会、日本关西地区中国现代史研究会的邀请，先后在莫斯科、大阪、神户、奈良、东京等地作学术访问。

清庆瑞，中国人民大学中共党史系教授。曾同胡华、李安葆一起帮助成仿吾进行有关长征亲历者口述历史的采访记录，通过查阅文献档案，参与整理撰写《记叛徒张国焘》书稿。此外，还与胡华一同为成老的遗作——《一面历史的镜子——〈记叛徒张国焘〉》撰写了书评。主编《抗战时期的经济》等著作。

席宣，中共中央党史研究室研究员。自1954年起一直从事党史教学和研究工作，是著名的"文革"史研究专家。曾撰写《中国共产党的七十年》一书中"文化大革命"部分。与人合著《新中国史略》《二十世纪中国史纲》《中国共产党七十年讲座》等书。发表过《关于"文化大革命"起因的探讨》《关于"无产阶级专政下继续革命的理论"》《"文化大革命"和平均主义》《"文化大革命"始末》等文章20余篇。1993年离休。

王光，北京舞蹈学院第一任党委书记。这里值得一提的是，和王光同时担任北京舞蹈学院院长的是陈锦清。陈锦清是我国著名的舞蹈教育家，毕业于延安鲁艺戏剧系。在新中国成立后，任中央戏剧学院舞蹈团副团长，1978—1984年她担任北京舞蹈学院首任院长，此时她正是与王光搭班，一人管舞蹈教育，一人管思政教育，两人配合一同推动北京舞蹈学院发展。

第二章 摇篮：诞生（1950.2—1956.5）

1955 年 9 月—1957 年 7 月的马研班中国革命史研究班（二年制）毕业生约为 137 人，毕业后留在高校任职的人数达 **113 人**，如钱冬生、李倩文、王隐等人；约有 **5 人**在机关单位、党校任职，如张中、黄美复、苗幕瞬等人；还有一定的人选择留在出版社、高级中学等，如杨麒等人。

以下为部分毕业生简介：

张中，中共中央党校教授，曾任中共中央党校副校长。

钱冬生，1932 年出生。1950 年入大连工学院（现大连理工大学）化工系学习，1955—1957 年在中国人民大学马列主义研究班中国革命史分班。此后长期在大连工学院工作，历任大连工学院党委副书记、党委书记等职。1990 年 8 月，调任复旦大学党委书记。

1953 年 9 月—1956 年 7 月的马研班中国革命史分班（三年制）毕业生约为 40 人，毕业后留在高校任职的人数约为 **29 人**，其中 **6 人**留在了中国人民大学工作，王一帆、桑咸之、郭超伦、王家勋、黄文安留在了中国人民大学党史系任教；约有 **2 人**在机关单位、党校任职，如阿尤拉、张培森等人；还有一定的人选择留在研究所等，如傅东明、魏金玉等人。

以下为部分毕业生简介：

桑咸之，中国人民大学中共党史系教授。著有《中国近代政治思想史》等书。

郭超伦，中国人民大学中共党史系教授。著有《中国现代史资料选辑 第三册 1927—1931》等书。

王家勋，1930 年生，天津人。毕业后留校，历任助教、讲师、副教授、教授。曾任中共党史系中国革命史教研室副主任、主任。北京市中共党史学会理事。主编《中国革命史新编》（档案出版社 1986 年版），参与编写《中共党史专题电视教材》（陕西人民出版社1983年版）及摄制电教片工作、《中国共产党史纲》（北京大学出版社1986年版）、《中国革命史人物辞典》（北京出版社1991年版）等。1982年任中央电大中共党史课程主讲教师，所讲课程在中央电大第一届音像教材评比中获佳作奖。

张培森，1931年生，江苏镇江人。1958年中国人民大学中共党史专业研究生毕业，先后在中国人民大学、北京大学从事中共党史的教学和研究。自1980年起，投入对张闻天的人物研究中，励精数年，取得了不菲的成就。曾任中共中央党史研究室张闻天选集传记组组长、研究员。主持编辑了《张闻天选集》《张闻天研究文集》等。

1956年9月至1959年7月的马研班中共党史研究班（三年制）毕业生约为72人，毕业后留在高校任职的人数约为60人，其中4人留在了中国人民大学工作，程璇、张恒、余致力、邓琴涛留在了中国人民大学中共党史系任教；约有6人在机关单位、党校任职，如黄高谦、万冈、方孔木、李仲英等人；还有一定的人选择留在研究所等，如熊尚厚、朱信泉等人。

以下为部分毕业生简介：

余致力，女，1948年入党，毕业后选择留校工作，曾任中国人民大学党委宣传部部长。

万冈，1956年秋入北京，来到中国人民大学马列主义研究班中国革命史分班学习。1959年转入中国革命博物馆工作，长期致力于陈列研究和藏品征集保管业务活动，在1987年评为研究馆员。1984—1991年七年的时间里，担任中国革命博物馆副馆长，曾被国务院评为有突出贡献的专家，享受政府特殊津贴。

黄高谦，1931年5月出生于安徽歙县，毕业后前往中国革命博物馆工作，曾任中国革命博物馆代理馆长、研究馆员，是中国革命博物馆已故正高职称专家。

方孔木，浙江淳安县人。1959年中国人民大学中共党史研究生毕业。1958年在研究生期间就被借调到中国革命博物馆从事相关工作，1961年正式调入博物馆，后担任陈列部主任，1987年评为研究员。

朱信泉，1959年毕业于马列主义研究班中国革命史分班，后担任中国社会科学院近代史研究所研究员、副编审。

三、负有特殊使命的教师研究班

1952年5月，为了应对当下中国革命史理论课师资紧缺的现状，同时进一步提升学校自身青年教员的理论水平。学校决定设立教师研究班，招考研究生，为大专院校培养师资，学制两年或三年。

1952年9月，三年制中国革命史教师研究班正式上课，至1955年7月毕业，毕业生约为56人。毕业后留在高校任职的人数达一半以上，其余毕业生基本选择在机关单位、党校、研究所等地方任职。教师研究班旨在培养马列主义政治理论课师资，因此教研室在组织教学中，强调认真读书，读马列原著；注重学生的自修和课堂讨论，保证了毕业生具有相当扎实、深厚的理论功底。

在毕业后，其中一部分人如李安葆等人留在教研室工作，成为中国人民大学中共党史系发展的一批中坚力量；另一部分则走向四方，化作蜡炬，为照亮全国而发光发热。这些被输送到全国各高等院校的毕业生日渐成为中国革命史、中国近现代史教学、研究的骨干，在之后的思想政治理论课中发挥重要作用。

以下为部分著名的毕业生简介：

李安葆，中国人民大学中共党史系教授、国内著名的长征史研究权威之一。1930年出生于江苏省张家港市。1955年7月，中国人民大学中国革命史研究生（教师进修班）毕业。毕业后，李安葆选择留在中国革命史教研室工作，一直到中国人民大学解散。1972年7月，中共党史系在北京师范大学以历史系之名复系，李安葆也随之回到了党史研究的教学岗位上。1978年9月，中国人民大学党史系复系，李安葆终于回到了思念已久的故地。在新的物质条件和教学环境下，他更加全力投入教学研究领域，主要为研究生讲授"土地革命战争专题研究""毛泽东思想研究"等课。他还结合教学活动，参与编写了《中共党史专题讲义》《毛泽东思想研究教学大纲》等教材，并积极开展科研工作。后专心从事于长征史的研究，主要著作有《长征史》《鲁迅与中国现代史》《长征诗话》《红军五次反"围剿"史话》《女红军长征记》《20世纪人类的奇迹》《长征路上：毛泽东和他的战友们》等。同时发表学术论文60余篇。

冯蕙，1931年3月出生于四川省成都市，毕业于中国人民大学，原中共中央文献研究室室务委员、编审，中国中共文献研究会名誉理事。1956年起，冯蕙被借调到中央政治研究室党史组工作，1962年正式调入该室。在此期间，曾参加了《毛泽东选集》1—3卷的注释校订和《刘少奇选集》的注释工作，并参加《中国史稿》和《中共党史大事记》等书的编写工作。1966年她调往中央马列主义研究院党史组。1981年5月，冯蕙又调入中央文献研究室，继续从事毛泽东著作的编辑和其生平思想研究工作，并先后担任了研究员、文稿小组组长等。1983年9月，冯蕙作为中直机关代表，参加了中国妇女第五次全国代表大会。1984年10月，任毛泽东著作和生平研究组副组长。1987年1月，被评为编审。1988年4月，任中央文献研究室室务委员。1992年开始享受国务院颁发的政府特殊津贴。2000年2月退休。

四、学制更长的"党史专业研究生"

1954年7月，学校一、二、三年制的政治理论和其他专业（包括马列主义研究班）研究生，共有1158人先后毕业。其中除部分留校外，有767人先后在全国210所高等学校担任马克思列宁主义理论课程和有关专业的主讲教师以及教研室的正、副主任。到1955年9月，在校研究生已达1219人，其中马列主义研究班研究生844人。

为了继续提高研究生的质量，适应高等教育日益发展的要求，学校于1953年开始采用苏联培养研究生的办法，按苏联研究生学制，招收导师制副博士研究生。根据要求，要把他们培养成为既能承担教学工作，又能进行科学研究工作的干部。他们学习的期限一般为四年，在这期间除所学哲学、俄文为共同课外，其他主要是专业课。学习专业课的方法是在科学指导员（导师）的指导下，主要依靠研究生自己独立钻研。

与此同时，学校初步尝试培养的专业研究生还要从事教学实习和毕业论文的写作工作。一般来说，学校为他们配备的导师是双导师，一位是苏联专家（1957年，起在中国人民大学的苏联专家陆续撤走，就由中央有关部门的领导人担任校外导师），另一位是本校有名望的教师。随着国家对教师科学研究水平要求的日益提高，以后学校逐步把这种培养方法作为培养研究生的主要方法。学校先后共招收1953年、1954年和1956年三届导师制副博士研究生，不过因1958年国内反资产阶级法权，没有正式颁发学位证书。

中共党史作为中国人民大学的招牌专业，也与时俱进，于1954年招收了一届四年制的正式研究生。相比于之前研究生班、马列主义研究班和教师进修班等特殊的培养方式，这次四年制的专业研究生培养可以说是党史教学的首创,是第一次长时间"马拉松"式的人才培养。这次的专业研究生教学实践也更加完善了中共党史教学的体系运作,证明了党史专业不只有为适应社会发展而速成的研究班,还有沉浸在研究中,不断为党史教学而突破的专业培养。

此后,学校的导师制研究生也开始发展,更扩宽和完善了专业研究生的培养体系,除了在学制上突破外,在教学上也取得了更大的进展。1961年9月—1966年1月,中共党史研究生(导师制)共有五人,胡华亲自带领他们学习调研考察,指导他们进行中共党史的教学和研究,这五人分别是陈威、程振声、宁培芬、吴智棠、吴荣宣。他们是中共党史系第一批由专业全职导师所带领的现代化、专业化研究生,在胡华的精心栽培下,也都取得了不菲的成就。

其中陈威于1987年9月调中共中央顾问委员会任编辑室主任,1992年2月任中顾委副秘书长,协助中顾委常务副主任薄一波工作班子主持相关著作的编写工作。先后参与和主持了《七十年奋斗与思考》《若干重大决策与事件的回顾》《薄一波文选》的编辑和审定工作。1995年他调任中共中央党史研究室副主任,1999—2000年主持中共中央党史研究室工作。曾任中共党史学会常务副会长。主持的《中国共产党新时期历史大事记》《中国共产党简史》等获"五个一工程"奖。

程振声于1966年1月调入中共中央马列主义研究院从事理论研究工作。1973年12月,调入国务院政工小组工作。1979年9月—1989年3月,担任李先念秘书。其间于1984年11月兼任国务院办公厅外事组副组长,1987年7月兼任国务院办公厅正局级政务专员。1991年6月,任国务院外事办公室副主任。1992年7月—1996年6月,任中华人民共和国驻土库曼斯坦特命全权大使。

第二章 摇篮：诞生（1950.2—1956.5）

宁培芬则去了人民日报理论部，担任主任编辑，同时也是学界著名的历史学家。

吴智棠先后在党政机关、高校、党校工作。曾应邀到中共中央文献研究室参加编辑出版《刘少奇选集》上卷，在《人民日报》（理论版、海外版）、《红旗》杂志、《教学与研究》等国家级报刊发表论文多篇；曾主编和筹划《从邓小平到江泽民领导的中国》一书，被评为全国优秀畅销书和广东省党校系统优秀著作二等奖；参编影响中国20世纪历史进程的孙中山、毛泽东、邓小平《三巨人说》，并独立主编第二册《毛泽东说：中国人民站起来了》，这套书获广东省"五个一工程"奖和全国优秀国家图书奖。1999年7月，吴智棠应邀到人民大会堂参加新中国成立50周年高层论坛。他先后在山东大学和广西大学等任教，兼任南开大学台湾经济研究所和中国管理科学研究院的研究员，如今是广东省委党校的教授。还曾兼任过广东省海外联谊会常务理事、广东粤台交流促进会理事、广东统一战线研究会及台湾研究会的副秘书长、广州市越秀区台属联谊会副会长、中国现代史学会理事等。

吴荣宣是作为第二批调干生考入中国人民大学历史系中国革命史专业的。后跟随胡华导师读硕士，毕业后留在中国人民大学中共党史系任教，如今是中共党史系荣休教授，从事中共党史和中美关系方面的教学研究工作。

以下是四年制党史专业研究生的相关简介。

1954年9月—1958年7月党史专业正规研究生（四年制）毕业生为83人，毕业后留在高校任职的人数约为31人，如尹福庭；约有22人在机关单位、党校任职，如王振合、夏传新等人；还有一定的人选择留在研究所、出版社等。

以下为部分毕业生简介①：

陈诗惠，毕业后于中共中央党校党史教研部继续从事党史相关的工作，教授职称。

杨先材，原中共中央党史研究室室务委员、二室主任、教授。

周琳，四川成都人，曾任四川省社会科学院党委书记，四川省人大常委，教授。1950年2月参加工作，1952年11月加入中国共产党。1954年9月—1956年6月，在中共中央第七中级党校接受马列基础理论教育。1960年9月—1963年8月，中国人民大学历史系党史专业研究生毕业。1975年底任中共四川省委党校副校长，1979—1983年任省委第二党校副校长、校长。1989年5月，评为教授。后调任四川省社会科学院党委书记、硕士生导师，兼任《社会科学研究》杂志主编。1993年2月，当选为第八届四川省人大常委会委员。长期从事党史党建和科学社会主义理论教研工作，在培训县级党政干部和宣传理论人才、指导研究生等方面作了贡献，曾主持国家和省社会科学重点课题的研究，发表论文109篇，出版专著13部。主持研究的《马克思主义领导思想史纲》（求实出版社1985年版）、《政法干部晋升资格考试研究》（中共中央党校出版社1989年版）获四川省社科优秀成果二等奖，《刘少奇建党思想》（四川人民出版社1995年版）、《反腐廉政通鉴》（人民法院出版社1997年版），另获省、市级社科优秀成果三等奖及其他奖多项。1993年10月起享受政府特殊津贴。

余忠泉，中央社会主义学院教研室主任。曾发表《马克思"宗教是人民的鸦片"辩》《统一战线中坚持原则性和灵活

---

① 这里按照《中共党史系同学录》顺序排列。

第二章 摇篮：诞生（1950.2—1956.5）

性的统一》《以人为本：人民是社会和国家的主人——学习中共十六届四中全会精神的体会》《从蒋介石的败因中我们看到了什么？》《新民主主义统一战线的策略》等文章。

张培林，曾任中共河北省委宣传部副部长。

尹福庭，1963年中国人民大学历史系中共党史专业研究生毕业。历任中共北京市委党校、中共北京东城区委党校教员。1979年调中国人民大学清史研究所工作，并担任硕士研究生的指导工作。1983—1990年还曾先后兼任清史研究所副所长、党总支书记。在校外，曾任北京太平天国历史研究会常务理事、副会长。侧重研究太平天国史以及李鸿章、曾国藩等历史人物。曾任由北京太平天国历史研究会主编的《太平天国学刊》编委，另任"中国城市史丛书编委会"编委，并先后参加了一些国家级大型丛书和工具书的撰稿工作。

饶凤翥，江苏洪泽人，1934年9月出生。1954年5月加入中国共产党。先后任甘肃省合作局干事、辅导员；甘肃省合作干部学校辅导员；1959年任甘肃财经学院马列教研室教员；1963年任中共甘肃省委宣传部理论处干事；1970年任甘肃省革命委员会政治部组织组干事；后历任中共甘肃省委组织部干事、副处长、党政干部处处长、副部长等；1986年任甘肃省民政厅厅长、党组副书记、书记；1991年4月，任中共甘肃省委常委、纪律检查委员会书记；甘肃省第八届人大常委会副主任、党组成员；1960年9月—1963年8月、1968年10月—1969年12月，分别在中国人民大学中共党史研究班学习、在甘肃省红旗山"五七"干校劳动。2004年3月退休，是中国共产党十四届中央纪委委员。2009年7月16日，饶凤翥因病逝世，人民网发布讣告，称他"立场坚定，旗帜鲜明，敢于坚持真理，敢于抵制不正之风，表现了一个共产党员的优秀品质"。

陈昭铭，新疆财经学院政治经济学教授，原新疆财经学院党委书记。新疆哲学社会科学规划领导小组成员、全国高等财经院校政治经济学研究会副会长、新疆老教授协会常务理事。1994年获全国高等学校政治思想工作卓越奖。

第三节　再谈那门课

一、理论课的中国造

中国人民大学的中国革命史教研室在早期除了培养中国革命史相关的高级师资，还承担着中国革命史作为思想政治理论课的教学。

新中国成立初期，中国共产党接管了旧中国原有的200余所公立高等学校和接受帝国主义津贴的数十所教会大学。这些学校几乎都诞生于资本主义迅速发展的民国时期，又在国民党统治下持续了数十年，资产阶级的教育思想十分浓厚，甚至还有封建的残余。在新民主主义革命刚刚完成，无产阶级刚刚取得政权的新社会，教育事业是关乎未来的大事，这些大学都亟需经过清理整顿，除了完成对学生管理制度和教育制度的改革以便更好地适应新的国内环境，还需要加强对学生的思想政治教育工作，这样才能培养共产主义的接班人，健全为人民大众服务的教育体系。因此，中国共产党采取的一项重要措施便是在全国建立起系统的思想政治教育体制，要求各个高校开设马克思列宁主义理论课程进行思想改造。

1952年10月，高等教育部规定，各高等学校按年级次序分别开设"新民主主义论""政治经济学""辩证唯物论与历史唯物论"三门思想政治理论课程。1953年高等学校院系调

第二章 摇篮:诞生(1950.2—1956.5)

整后进行教学改革,正式规定开设"新民主主义论""马列主义基础""政治经济学""辩证唯物论与历史唯物论"四门马列主义理论课。这里的"新民主主义论"的课程内容,就是中国共产党领导的新民主主义革命的实践与理论,在理论方面主要学习毛泽东思想,而在实践层面就是学习中国革命史。

6月17日,为了更好地适应教学内容,提高学生兴趣,增强对课程的学习和理解,高教部决定将"新民主主义论"一律改为"中国革命史",其教学目的是"系统地讲授毛泽东思想的基础知识,使学生认识中国政治的发展规律,了解中国革命的基本问题和中国共产党的总路线、总政策"[①]。至此,中国革命史作为思想政治理论课的重要一环得到正式确立。

与此同时,中国革命史课程在中国人民大学甚至北京市其他教学机构的教育范围也愈发广泛,该课程的主要授课范围是在夜大学与夜校、函授班、专修班等。因此,中国革命史教研室承担起了解决新中国成立初期思想政治教育领域师资严重不足的重担,为培养高校思政课教师提供源源不断的教学支持。

新中国的高校思政课程体系是来源于苏联的课程体系,比如对马克思主义的三个部分的继承和学习,然而中国革命史这门课程确是中国特色的思政课程,在老一辈先驱何干之等人的竭力争取下,中国革命史这门"中国造"的理论课正式诞生,从此一路哺育着在新中国逐渐成长起来的下一代,代代相传,诉说着中国共产党的革命故事。

在今天,曾经的"中国革命史"逐渐演变为"中国近现代史纲要",以它丰富的历史内容吸引着高校的学生,在中国近现代的历史中探索,感受中国共产党领导人民进行革命的艰

---

① 教育部社会科学司组编:《普通高校思想政治理论课文献选编(1949—2008)》,中国人民大学出版社2008年版,第13、16页。

辛和伟大，加强了学生们的爱国主义教育和坚持四项基本原则教育。红色基因，中国制造，革命史歌，代代相传。

二、函授生的先河教

早期的中国革命史的思想政治教育主要在三大教育方式中实行，其中十分重要的一块就是对函授生的培养。

函授教育作为一种重要的教育形式，在教育资源有限的情况下为人才培养发挥了重要作用。在高等教育领域。中国人民大学是新中国最早开展函授教育的高校，享有宿高的声望和地位。查阅中国人民大学档案馆馆藏档案，可以找到一份珍贵的报告。1951年10月12日，为创办函授教育，吴玉章校长，胡锡奎、成仿吾副校长联名致函中共中央办公厅负责人胡乔木、中共中央组织部部长安子文、教育部副部长钱俊瑞，报告有关函授教育的设想和规划，并请他们转呈刘少奇。11月5日，刘少奇对此报告作出批示，指示可在京津及其他城市的若干机关先行试办，待有经验后，再发指示，函授部亦从缓办，先行试办。这份档案应该说对中国人民大学函授教育具有奠基意义，而由于中国人民大学函授教育的地位和影响，这份文件对整个高教领域的函授教育都具有重大意义。

报告提到，在此之前，1951年6月，吴玉章校长，胡锡奎、成仿吾副校长曾联名向中共中央和教育部提出在中国人民大学创办函授教育的请示报告，已获得中央同意。而这份报告是"与熟悉函授教育的苏联专家协商并由函授教育筹委会提出"的具体方案。由此可以看到，由于当时新中国刚刚建立，正处于全面向苏联学习的阶段，而苏联对函授高等教育非常重视，在20世纪二三十年代已经取得长足的发展，新中国成立后大力发展的函授高等教育在一定程度上也是学习苏联的产物。

第二章 摇篮：诞生（1950.2—1956.5）

在函授教育启动之后，最重要的几门必修教学中就有中国革命史这门课程。上面提到，中国共产党早期的教育实践有很大一部分借鉴于苏联，因此，苏联对函授教育的重视也被中国共产党所学习。函授教育本身就是为了加速培养人才的，和全日制相比，学生所受教育的时间本来就并不长，对于函授教育的必修课程的拟定就显得尤为重要，这里就需要提到一位对中国人民大学函授教育作出重要贡献的人——李培之。

李培之也是中国共产党的"老革命干部"了，1932年就已经是上海沪东区党组织的主要负责人之一。新中国成立后，她当选为第一届全国政协委员，并先后在最高人民法院、全国妇联工作。1950年春，她调入中国人民大学，任校党组成员、教务部副部长、专修科主任。1955年7月，任校党组成员、函授部部长，从此开始主管专抓学校极为重要的一部分教育工作——函授教育。1956年10月，中国人民大学实行党委领导下的校长负责制后，任校党委常委、监委书记、函授部部长。1959年3月起，兼任校务委员会副主任委员。同年4月，任中国人民大学党委副书记、副校长兼函授部部长。1959年12月，在函授部的基础上，成立了函授学院，继续兼任函授学院院长。一直到1965年，她调任中央监察委员会，15年间，李培之为中国人民大学的函授教育作出了极大贡献。

在教学工作中，李培之很尊重苏联专家的意见，但又不完全以他们的意见作为开展工作的唯一准则。她经常讲，苏联专家都是诚心诚意把教学工作做好，但他们不了解或很少了解中国的情况，我们要积极提出自己的意见，经过共同的研究，使我们的教学工作做得更好。这一点尤其体现在函授教育中设置中国革命史这一门必修课上。在建校初期，不少教研室都有苏联专家，不少课程由苏联专家讲课。李培之十分注意选拔和培养青年教师，让他们向苏联专家学习，用最短的时间掌握课程内容和讲授方法。她常常这样说，专家不能跟你一辈子，要用最快的速度、最好的方法，把自己变成专家。而对于中国土生土长的特色学科——中国革命史，李培之则认为，中国革命史教研室更应该承担起主要责任，充分发挥教师的主观能动性，结合苏联经验和中国实际，把这门学科开创性地研究好，再传授给学员，以便函授教育在广范围培养新中国建设的人才的同时，更是坚定不移地培养"又红又专"的人才，即为无产阶级和人民大众服务的人才。"教育要为无产阶级的政治服务，教育与劳动生产相结合"的方针要坚定不移地执行，中国革命史这门必修课就必须修好。

在李培之等人的领导下，中国人民大学函授教育迅速发展、巩固、提高。到1965年，中国人民大学函授教育办学地区从初创阶段三个省、直辖市三个教学点，发展到北京、天津、山西、河北、内蒙古、辽宁、山东、江苏、上海九个省、自治区、直辖市近40个教学点，在校的函授、夜校生发展到8495人。而对函授生所开的必修教育之先河——中国革命史，也随着函授教育的发展而传播，洒遍大江南北。

函授教育中的中国革命史和中共党史课程的教学进一步推动了中国人民大学中共党史学科的教学实践，让该门课程更加面向社会、面向人民、面向新中国的现代化进程。同时，也为大众化高等教育的思政课程体系提供了参考。

三、专修班的必修课

中国人民大学专修科是在新中国成立初期迫切需要社会主义建设人才的情况下开办的。

早在1949年12月16日的《关于成立中国人民大学的决

第二章 摇篮：诞生（1950.2—1956.5）

定》中，有关负责人就已提出要在中国人民大学设立专修班："专修班暂设：（一）经济计划、（二）财政信用借贷、（三）贸易、（四）合作社、（五）工厂管理、（六）结计、（七）外交、（八）教育、（九）法律等班。"同时，为了满足新中国对于建设人才迫切需要的现状，中国人民大学的专修班学制要设置得比较短，"学习期限暂定六个月"。

中国人民大学第一份招生简章中这样表述："中央人民政府政务院为进行新中国的建设工作，决定设立中国人民大学，培养各方面所需要的建设干部。中国人民大学内分本科及专修班两部分。"由此可见，在为新中国培养建设人才的目标上，中国人民大学的专修科和本科具有同等重要作用。

本科教学的培养是一个漫长的过程，旨在通过全日制的学习外加劳动生产实践的锻炼，经过数年时间，最终将青年学生们打造成社会主义社会的优秀建设者。而专修科的教学则是一个速成的过程，专修科的对象大部分都是已经有一定知识底蕴的社会工作者，他们不仅是无产阶级的知识分子群体，更是参与了新中国建设的实践者。他们所需要接受强化训练的是，在新的条件下，如何更加适应社会主义社会的建设。因此，需要进一步提升其专业能力和思想教育，而面对国家迫切需要人才的现状，学制也只好暂定为六个月。在这一时期，专修科学生的培养方案的提出，可以说为缓解新中国成立初期相关行业建设人才捉襟见肘的局面提供了一个切实可行的解决方案。

1950年4月11日，中国人民大学第三次校务会议通过了《关于专修科招生的决定》，专修科招收第一期新生400人，准备于9月1日开课。

第一期专修科的教学计划规定，各专修班课程有11—14门不等，"马列主义基础""政治经济学""人民民主原理"

"中国革命史""中华人民共和国经济政策"这五门课程，是所有专修班都须开设的理论基础课。对于专修班课程的教学，苏联专家在其中起到了巨大的作用，尤其在与思想政治教育有关的必修课程中。因为有苏联专家的缘故，专修班的教学计划都以中俄两种语言制订，其使用的业务教材大部分也由苏联专家编写，唯一的例外，就是"中国革命史"这一课程。作为中国土生土长的思想政治课程，"中国革命史"采取的教材是学校自己负责，由早期成立的中国革命史教研室承担，具体使用的是胡华所编的《中国新民主主义革命史（初稿）》，之后又由教研室补充了许多参考资料和辅导书。

专修班虽然教学时限较短，但受众却很广泛，本科生和专修班学生这两个不同的群体分别进行中国革命史、中共党史的教学，极大地丰富了早期中国革命史教研室的实践经验，为之后发展为中共党史系，从而在教学领域更上一层楼，打下了师资方面的基础，中国革命史教研室的教员也在上述的各种教学活动中逐渐成长起来。

四、夜幕下的校园红

建校伊始，时值新中国成立之初，迫切需要大量管理干部和各行各业的建设人才，也迫切需要提高干部的政治理论水平。在此形势下，中国人民大学决定成立马克思列宁主义夜大学与夜校，开展干部在职业余学习教育。中国人民大学也成为新中国最早开设马克思列宁主义夜大学与夜校的高校之一。

1950年9月11日，学校召开第二十次校行政会议，讨论干部的政治教育问题，会议形成决议，决定成立马克思列宁主义夜大学与夜校。这也就是我们常说的"夜校红"。

1950年9月19日，马克思列宁主义夜大学与夜校开始上

第二章 摇篮:诞生(1950.2—1956.5)

课,主要讲授政治经济学、马列主义基础、哲学和中共党史等理论课程。值得一提的是,在夜校所教授的红色课程是中共党史理论课,而不再是"中国革命史",在当时对于具体的界限可能划分并不明确,毕竟中共党史的主要部分还是中国革命史,但中共党史的课程却已经开始向外拓展,对于中国共产党自身的理论探索和组织建设有了一定的突破。在后期,夜校的中共党史课程还逐步扩宽到社会主义建设的有关重要专题讲解上,更进一步发展起来。

中国人民大学作为当时高教部所看好的样板高校,其高度重视马克思列宁主义夜大学与夜校的相关工作,在社会上也引起了相当大的影响。有关档案显示,中国人民大学首期夜大学学员600余人,夜校学员700余人,其中包括中央各部门、北京市委及所属各区在职干部400余人。在夜幕下的北京,中国人民大学的中共党史教育开始散发出刺破黑夜的红光。

1953年10月,学校在职干部参加夜大学、夜校学习的有1218人,中央和北京市各机关团体参加学习的有824人,共计2042人,另有旁听生104人。

1956年,根据北京市委的指示,为进一步培养政治理论教育工作干部和政治工作干部,9月15日,马克思列宁主义夜大学举行招生考试,在北京录取400余名考生,于10月22日开始上课。

1959年4月,随着夜校的人数逐渐增多,规模不断扩大,学员群体也逐渐开始分化,为了更深入地进行马列主义教学,更高效地为党政机关培养高素质的人才干部,夜大学开始分设高级班和普通班,学员分别达到800人和250人。1960年夜大学停办当年,学员达到2200,其中中国人民大学教师干部300人,北京各单位干部1900人。夜校成为了马列主义政治理论教育的摇篮。

为了强化夜校中"中共党史"课程的教学,胡华也曾多次亲自前往课堂听课,为教员指出相应的问题所在,哪怕夜校的课程很晚,他也一直默默坚守着。据中共党史系教授李良志回忆,有一次胡华在深夜专门来到他的课堂门口驻足倾听,对他的教学优点表扬了之后,又语重心长地指出了他的问题:"你理论方面讲得多,而史实讲得不够。党史课,应该有丰富的史料、史实才动听,才能印证理论,才能吸引学生注意。理论离开了史实,就会论得空洞、枯燥乏味。你以后要多注意史论结合,以史带论,论从史出。史料的积累是一个过程,不是几天、十天半月就有功效的,要坚持多看多记,日积月累;对原始档案,第一手史料,尤其要重视。另外,还要学会做卡片,卡片要经常整理,要有科学分类,不然不好利用。"[①] 李良志教授对此受益匪浅,并之后一直坚持"史论结合"的研究方法,最终也成为中共党史系的一代名师。

总之,在新中国成立初期,以中国人民大学中国革命史教研室为主体的教学单位在中国革命史、中共党史的课程奠基领域发挥了重要的作用,从"中国制造"的理论课程的开拓之举,到函授教育的先河之教,从专修科培养的必修课程,到夜校里熠熠生辉的闪闪红星,中国革命史、中共党史的课程不断发展完善,中国革命史教研室的教员们也不断丰富其教学实践。中国革命史教研室很好地完成了历史赋予其的使命,为新中国初期的建设培养了无数的优秀人才,也极大地推动了中共党史党建相关学科的雏形的形成,前辈们筚路蓝缕,为学科和学系奠基,令后学晚辈钦佩不已。

---

① 陈威、杨凤城主编:《追思史学家胡华》,中国民主法制出版社 2011 年版,第 192 页。

第三章

势起：曲奏（1956.5—1970.10）

中国人民大学老校区（张自忠路3号院）旧址

第三章　势起：曲奏（1956.5—1970.10）

1956年为了适应中共党史教学的需要，满足当时国内的教育需要，学校以中国革命史教研室和马列主义基础教研室为基础，以"历史"之名，正式立系，何干之任历史系主任，胡华任中国革命史教研室主任，当年还招收了第一届中国革命史本科新生。

1958年历史系的中国革命史专业扩建为中共党史系，正式成为一个独立的教学系，之后又历经了扩建、增设教研室，中共党史系正式起航。其间，中共党史系还按照学校要求，组织学生下乡实践，也收获颇丰。在系领导指导下，又多次改革、调整，不断超越，最终使中共党史系得到了稳定长足的发展。

在中共党史系这个"熔炉"诞生之后，为新中国的中共党史教学理论不断铸就新的时代钢铁，以最高的教学配置和资源，全力为社会主义建设而服务。

本章还插曲了胡华老师在人大执教期间的三件小事情，表达对老师教导之恩的一片深情。最后总结了以何干之为主，李新、尚钺为辅，胡华为承接的钻木者，分别为每位先辈立个小传，记录他们为开创中共党史系筚路蓝缕的经过。另外还附了当年历史档案中的图片，以飨读者。

第一节　一重奏："历史"之名新系开

一、以"历史"之名：立

如果说"中国人民站起来了"是新中国成立的历史性巨变，那么中国人民大学则是新中国教育领域最大的特色。作为新中国成立后的第一所高等教育学府，受教育部的委托，自1952年起，中国人民大学就开始有计划地培养相关的高层次师资，到1956年历史系成立前期，中国革命史教研室累计培养了300多名毕业生。这300多名毕业生大多数都选择留在教育领域，成为高校政治理论课教师，为"中国革命史"的开枝散叶贡献他们的一份份力量，这里也被称为"中国革命史理论师资的摇篮"。

1955年初，中共中央根据全国的教育大形势作出明确判断，要求中国人民大学为全国高校培养马列及一般社科师资和研究人才，为财政、经济、政治、法律各部门培养和提高建设骨干。学校经过开会讨论之后，决定适应时代和社会发展，成立关于哲学、经济、历史三大人文领域的教学系，以响应教育部的要求，继续为国家培养这些领域需要的优秀人才。1956年5月22日，学校正式成立哲学系、经济系、历史系。校部直属的四个政治理论教研室分别划归新成立的哲学系、经济系、历史系领导。原历史档案系改名为档案系，原经济系改名为计划统计系。这是人大组建后首次较大的系、科调整。经此调整之后，中国人民大学拥有经济、计划统计、工业经济、农业经济、财政信用、贸易经济、哲学、历史、档案、新闻、法律11系。历史系就这么成为人大11系的一员，并且是11

第三章 势起:曲奏(1956.5—1970.10)

中数一数二的大系。

以"历史"之名,建恢宏之系。1956年5月,中国人民大学正式成立了历史系,旗下两大专业正是之前的两大研究班——马列主义基础和中国革命史。一般高校历史系的设置都是"古今中外"四大支柱,而中国人民大学的历史系下设两大专业:一为中国革命史专业,就是如今中共党史的前身;一为马列主义基础专业,后来发展为国际共产主义运动专业。从这两大专业的设置,我们可以感受到那个年代,中国人民大学办学者对于历史系的独特理解方式。从现代的角度看,我们自然不可否认历史系和传统历史学的伟岸光辉,但在那个时代,中国人民大学全新的历史系的设置是在冷战时代,在新中国成立初期的一种积极的探索和尝试,是希望将科学的马克思主义凝聚在中国革命史的研究之中,开辟一条不同于以往的史学之路。而后来,中国革命史(中共党史)专业也扩建为中共党史系,两条大路分轨而行,历史系渐渐回归传统史学的大轨,中共党史系则依然作为独树一帜的中国人民大学的特色,传承下来,薪火不断。

历史系成立后,由延安时代的老革命家、曾任中国革命史教研室主任的何干之出任主任,为历史系的成立打下了振奋人心的第一战。1954年高等教育出版社出版了何干之的《中国现代革命史讲义(初稿)》,叙述从1919年五四运动到1952年间的历史,该书一经出版便被高教部正式规定为全国高等学校教材。到1956年,累计印160万册,可以说几乎所有的高校学生都知道何干之的鼎鼎大

《中国现代革命史讲义(初稿)》书影

名。当时的中国人民大学才刚刚起步，仅有两位一级教授，人称"二何"，一位是被毛泽东誉为"全国第一流的法律学家"——何思敬，而另一位就是中国共产党历史学的开山鼻祖——何干之。

1965年何干之（前排左一）与学者们在吴玉章（前排中）家里交流时合影

同样的，因为一本《中国新民主主义革命史（初稿）》而在全国高教领域出名的，还有刚刚而立之年的胡华教授。此时的胡华刚刚35岁，然而年纪轻轻的他已经是在学子眼中能编

第三章 势起：曲奏（1956.5—1970.10）

著全国大、中学校通用教材的大学者了。在与中国人民大学原中共党史系教授陈明显的访谈中，他提到自己之所以在高中就下决心要研究历史，就是受胡华的影响：他高二政治课用的教材就是胡华的《中国新民主主义革命史（初稿）》，从那个时候就对历史，尤其是党史产生了非常浓厚的兴趣。

1956年9月，历史系党总支成立，代号第四党总支。刘经宇担任历史系党总支书记，李中秋、高庆永担任副书记。至此，历史系的党团工作也正式起步，成为全校17个总支中的一员，在培养优秀的革命史人才的同时，也在党的组织工作中发挥重要的作用。

1956年对于中共党史系的很多人来说注定是不平凡的一年。这年，中共党史系的前身历史系正式成立，何干之出任历史系主任，而胡华也在当年被评为教授。这年，历史系迎来了第一批本科新生，其中中国革命史专业的本科新生也注定了将来会有着不平凡的命运，在未来和中共党史系、中共党史学科就此结下不解之缘。其中，浙江省委原书记李泽民就是于1956年从苍溪中学考入中国人民大学的，1960年从人大毕业后也选择留校任教，成为当年建系后的第一批毕业生，后来又调任沈阳农学院、沈阳市委宣传部等，成为改革开放的先锋人物，在担任浙江省委书记的十多年里，为浙江的繁荣发展付出了无数心血，作出了巨大贡献，深受当地人民爱戴。

二、接"革命"之新：育

历史系正式成立了，它以锐不可当的恢宏之势在中国人民大学这片沃土上蓬勃地发展起来。学校为历史系配备的师资理所当然地决定了其无穷的发展潜力，但最终能够让全社会认可的，能够检验真理的唯一标准，还是从这所众望所归的圣殿走出去的莘莘学子。优秀的师资是历史系的现在，而在这里求学的后生则是历史系的未来，是中国人民大学的未来，更是新中国的未来。历史系的专门化如何分设？以什么样的面貌迎接第一批本科新生？如何为他们制订最佳的培养方案？怎样为他们安排更加科学的教学计划？等等，这些都是亟待解决的问题。为此，历史系筹备小组、学校教务甚至教育部都极为关注，多次进行了讨论研究。

其中，单就历史系如何分化这个问题，各方就进行了很多轮讨论。从当时的档案中，我们可以略窥一二。当时主要的观点大约有四个派别，原文整理如下：

李新同志的意见：历史系的马列主义专业和中国革命史专业可以合并为一个专业，可以分设三个专门化，即马列主义专门化、中国革命史专门化、中国近代史专门化。

胡华同志的意见：历史系分设三个专业，即中国通史专业、中国革命史专业、马列主义基础专业。

高教部胡沙同志的意见：历史系的原来专业合并为一个专业，分设三个专门化，即中国史专门化、亚洲史专门化、世界史专门化。

刘经宇、王万军统一的意见：同意将二个专业合并。我们同意李新同志提出的意见，分设马列主义、中国革命史、中国近代史三个专门化比较适宜。

……

相关系的专门化如何设置需要进一步研究，高教部刘子哉同志认为专门化不要分得太细，分得太细学生出校就要改行。

通过上述记录，我们可以看到，教育部、学校对新成立的

第三章 势起：曲奏（1956.5—1970.10）

历史系的重视，对于该系旗下如何划分都是经过了多次讨论的，而历史系专门化的最终确定也是最终大家达成一致的结果，也就是后来的两大专业——马列主义基础和中国革命史。

为了迎接这一代革命新人，教育部、学校、历史系都做足了准备，都立志为新中国的建设贡献出自己的一份力量。而新生们则也以一种蓬勃奋发的状态，怀揣远大理想和报国之志踏上了新的征程。

1956年的秋天，对很多人来说都是难忘的，那是硕果累累的时节，历史系经过不断地酝酿和筹备，终于迎来了翘首以盼的第一批本科新生。他们是这里的新鲜种子，注定要在这里生根发芽：要么迈步走向神州，播种四海八荒；要么原地张开双臂，撑起一片阴凉。

8月31日，历史系举行了隆重的成立典礼和迎新大会。双喜临门，全系大庆，学子们和老师们欢聚一堂。中国社会科学出版社原总编辑王俊义在追忆胡华老师的时候，还特意提到了胡华老师在这一天的讲话，那慷慨激昂的陈词，展现出令全体学子折服的人格魅力。王俊义回忆中写道："他讲话时，不温不火，声调不高不低，语速不紧不慢，却充满坚定性和说服力。言传身教，诚恳亲切，使人大有'听君一席话，胜读十年书'之感。从此，我就投身胡师名下，成为他一名正式注册的学生。"王俊义的言语中充满了对能够成为胡华老师的弟子的骄傲之情，在他们看来，这是中共党史（中国革命史）的荣光，亦是每一位学子的荣光！

而关于胡华当时的演讲内容，王俊义也记得十分清楚，胡华对选择了历史系、选择了中国革命史专业的本科新生们，提出了三点要求和注意事项。首先，要求每位选了历史学科中国革命史专业的同学都要树立牢固的专业思想，要认清时代赋予的任务，谨记自己担负的使命；其次，还要明确历史学科特别是中国革命史专业是有着很强党性的学科,每位有志者一定要认真学习和掌握马克思主义的锐利武器,有较为扎实的理论基础;最后,历史学科是一门具体的学科,如果要学习和研究历史,一定要掌握大量材料,养成一个能独立思考、自由讨论、虚心好学的优良学风。这三点要求可谓对之后整个中国革命史专业的新生们都产生了深远的影响,甚至整个历史系亦受益无穷。讲毕,台下掌声雷动,经久不息,能够联想到,那正是学生们对一位风华正茂的却已经是党史大家的老师表达出发自内心的敬佩与爱戴。

迎新和毕业的典礼可以算作对一届本科生而言最重要的两件大典了。毕业典礼更多的是学有所成的结业轻松和对美好明天的无限憧憬,而迎新典礼则是充满了对未来学习生涯的期待和紧张。正式典礼结束后,同学们则七嘴八舌,纷纷讨论着,好奇将来的生活究竟会是什么样的?会学哪些课程?又是哪些老师具体授这些课程呢?当然,作为中国革命史专业的头号"偶像明星",很多学生也都在期待着,什么时候可以再次聆听那位年轻的胡华老师的讲授呢?

中国革命史专业的教学计划,也是精心讨论最终确定的,光教学修改意见,档案中就可以找到很多份。最后可见的档案中,还是放弃了最初的五年制设想,按照"多快好省地为国家培养社会主义建设的人才"的目标改为四年制。同时为了贯彻"教育为工人阶级的政治服务,教学与生产劳动相结合"的教育方针,把培养目标定为了党史宣传员。

1957年的四年制本科教学计划大致内容如下:整个培养方案授课共14门。其中六门基础课:中国古代史、中国近代史、世界古代史、外国语、体育(包括军事训练)、逻辑学。四门理论课:共产主义教育、哲学、政治经济学、国际共运史。中国

第三章 势起：曲奏（1956.5—1970.10）

共产党有关的专业课程四门：中共党史、中国现代史专题讲授、中国工人运动史、中国各民主党派史专题讲授。以及加选课两门：古代汉语和现代汉语。教学计划还对假期、劳动和学习的时间比例作出了规定：1957年新生自第二学期4月开始，需先后参加十三陵、建筑工地和大办工厂劳动共两个半月。第二、三、四学年对假期、劳动和学习的安排介于"1/3/8"和"1/2/9"之间。三年共152周，假期11周，劳动28周，学习113周。

在授课的具体安排上，前两年学的主要是政治理论课和专业基础课，诸如哲学、政治经济学、国际共产主义运动史等，还有中国古代史、中国近代史、世界古代史、世界中世纪史等，这些课都要选读经典作家的原著。与此同时，学生们还要进行下乡劳动实践活动，即半工半读的学习方式，这也正是当时最大的特色。后两年的教学安排主要是与中共党史有关的专业课教学，也正是后两年，历史系的第一届本科生才真正接触到中国人民大学历史系（中共党史系）独树一帜、一枝独秀的教学地位。

在这些专题课程中，最主要的有两门专业课，其中一门便是何干之主任讲授的"中国革命和建设的若干问题"。何老讲课有很高的理论深度和很强的逻辑性，又有深刻敏锐的洞察力。他在讲课中既深刻总结党在领导中国革命过程中取得的成功经验，也认真总结曾经犯过的"左"倾、右倾错误的历史教训，尤其强调在革命和建设中都应实事求是，遵循客观规律，切忌主观急躁、盲目超越。这些具有针对性的金玉良言，本应看作是给正在高呼"大跃进"跨步进入共产主义的头脑已经发热的全党上下开出的一服清醒剂。岂料，在随后即在全国开展的"反对彭德怀右倾机会主义反党集团"的斗争中，被视为离经叛道的罪证，被诬陷为"攻击大跃进""反对三面红旗"，甚至为此而被剥夺了讲党史课的权利，不得不到哲学社会科学学部近代史研究所去编写中华民国史。正如胡华老师在《悼念干之同志》中深情回忆："师友过从三十年，何胡休戚总相连……空有雄心编党史，岂无壮志辨忠奸。"

1969年12月24日，胡华写《悼念干之同志》诗

第三章 势起：曲奏（1956.5—1970.10）

　　另一门则是"中国革命史专题"这门专业课，由胡华老师领衔，并由彭明、王淇、何东等名家分别讲各个专题。据王俊义回忆，他印象最深刻的一堂课便是胡华老师为专题开课所授的"引言部分"：一堂引言课程，胡华老师从早晨讲到了中午，又从中午讲到下午，再从下午讲到晚上，一连讲了八九个小时，从建党初期一直讲到遵义会议确立毛泽东在全党的领导地位，内容十分丰富，涉及问题很多，其中包括对陈独秀的评论等。讲课完全避免了通常讲政治课那种抽象空洞的八股调，兼或照本宣科、人云亦云的教条腔的讲课方式；而是以和声细语娓娓道来，如话家常，如数家珍，富有情趣，颇引人入胜。胡华老师在课堂上通过对大量第一手珍贵史料的描述，而后得出相应的结论，并发表独到的见解。听课的学生们丝毫不感到枯燥无味，反之却如饮甘露。因此，虽然一节课从早讲到晚，持续了好几个小时，但没人感到疲劳无味，讲者全力贯注，出神入化；听者倾心静听，聚精会神，课堂上除了沙沙的翻纸页记笔记的声音外，全然鸦雀无声。"台上一分钟，台下十年功。"一堂精彩的讲课，是胡华老师多年苦心研究的结晶，不知耗费了多少心血。而中国革命史教研室的教员们也都以胡华老师为榜样，有的甚至都是胡华老师在陕公时期的学生，他们都向着胡华老师学习，将自身完全奉献给教研室和党史教学。1956年，中国革命史教研室的胡华被聘为教授，戴知贤、林茂生、宫永康、戴鹿鸣晋升为讲师。此时教研室拥有教授一名，副教授一名，讲师12名，助教12名。这在全校的教研室中，都属一流师资。在他们的共同努力下，为历史系的这第一届本科生勾画出了精彩的中共党史世界，引导他们走向了光明的学术之路。

另外,还想多说的是,在 1959 年胡华老师为历史系本科生授课的那段时间内,他的大部分时间,却是因为肝病而在医院里住院治疗,讲课之所以安排得那样紧凑,就是为抢时间而透支体力、带病为学生们上课。这是何等诲人不倦、认真负责的高尚情操!

第二节 二重奏:"党史"之建独立来

一、扩建起航:谱新篇

1958 年 7 月 1 日,历史系的马列主义基础和中共党史这两个专业分别扩建为马列主义基础系和中共党史系,由原来的两个系属学科正式成为独立的教学单位。与此同时,之前开设的马列主义研究班中的马列主义基础分班和革命史分班也分别并入了这两个系。

1959 年 5 月 18 日,中共党史系总结了《中共党史系教员力量的详细情况》,中共党史教研室现有教员人数 30 人:其中,教授、副教授 5 人、讲师 5 人、教员及助教 20 人,教员及助教中尚有 9 人未正式担任讲授任务。而这一学期的教学负担主要分为四个部分:

1. 在本系担任中共党史专业课讲授工作。
2. 在外系进行中共党史教学工作。
3. 函授:该学期共开设函授课堂三个,配备教员两人。
4. 其他工作:五人参加中央政治研究室的编写工作,一人参加北京党史的编写工作,以上六人均不能同时兼任校内教学工作,此种校外任务与计划有关,有协作的意义,必不可少。

第三章 势起：曲奏（1956.5—1970.10）

1958年12月3日，中共党史系总支主编的《红专报》复刊
（来源：中国人民大学档案馆）

其中，还记载了中国工人运动史教研室，该教研室先只有教员三人，而课程也尚在建设中，所以除应付正常教学任务外，尚需有足够力量从事课程建设，所以请求增加人手。

中国工人运动史教研室是中共党史系扩建之后建立的教研室，极大地丰富了中共党史研究的领域。人事处于1959年12月制的教研室教师、干部名单中可见，彦奇以讲师的身份担任教研室副主任，实际上主要负责教研室的相关工作，另教研室还有王家勋（讲师）、张培森、程璇三位年轻教师，彦奇此时年仅33岁。教研室由彦奇带头创新，进行中国工人运动史研究，并主编了《中国工人运动史讲义》，彦老后来回忆道："我这一辈子有两次重大的学术创新。一次是民主党派史的突破，另一次则是带头研究工人运动史。当时我任中国工人运动史教研室主任，教研室总共只有三个人，我们到各地采访，抄录了几千万字的资料，仅用了两年就推出了工运史课程，我还编了《中国工人运动史讲义》。这在当时党史学界引起很大震动。……"而当时的那些年轻教员，后来也都成果斐然了，比如张培森，担任过中共中央党史研究室组长一职。他于1958年在中国人民大学中共党史专业研究生毕业后，先后在中国人民大学、北京大学从事中共党史的教学和研究。1980年起进行张闻天研究，曾任中共中央党史研究室张闻天选集传记组组长、研究员，主持编辑了《张闻天选集》《张闻天研究文集》等。

与此同时，系内还合并了中国现代史教研室，该教研室由李新担任教研室主任，拥有彭明、路尔铭、冷超、林铁重、桑咸之五位讲师。1960年中国近现代政治思想史教研室也成立了，进一步壮大了中共党史系的力量。

第三章　势起：曲奏（1956.5—1970.10）

1959年1月，中共党史系拟订了《研究班、本科中共党史专业教学进度计划》，其中中共党史课共学习两个半学期，具体安排则分为三部分。第一部分共28周，主要学习党的建立和第一、二次国内革命战争时期，而这一时期又大体划为五段。要求学生可根据情况组织自学，系里只规定各个班每周的总体学习时间（包括课堂教学和自学时间）：研究班一年级每周定为两天，本科三年级每周定为两天半。第二部分共学习22周，主要学习抗战时期和第三次国内革命战争时期。同时对过渡时期进行初步了解，做一个预科学习。第三部分共8周，对之前做一个总结，完成过渡时期的教学任务。中共党史专题的讲授是全系教学最精华的部分，也是最吸引学生的部分，关于专题的讲授，每个专题的时长均以三小时为原则，具体情况可由执行教学的教员灵活安排。原则上，将专题的讲授放在学生们自学、讨论之后，力求达到最佳学习效果，提高同学们主动思考思辨的能力。同时根据实际教学情况，如果该专题可以不作解答报告环节，那么原定的讲授时间则改为自学。最后，为了与时代俱进，系里还开设了现代史专题，有关中国现代史专题讲授时间包括在中共党史课的学习时间内，在第一学期共讲授六次，每次时长也暂定为三小时。

1959年11月1日，在第一次修订的《1959—1964学年教学计划》中，明确提出了中共党史专业的培养目标是理论师资和科学研究人才，年限则希望定为五年班，主要分为六个部分：课堂教学、考试、劳动、思想鉴定、生产实习和社会调查、毕业论文。这一届本科生一共要进行四次社会调查，持续时长分别是4、6、4、15个周。与此同时还要进行五次劳动，劳动时长分别为7、4、5、4、5个周。相关的档案原图展示如下。

1959—1964学年教育计划（中共党史专业）

（来源：中国人民大学档案馆）

第三章 势起：曲奏（1956.5—1970.10）

1961年6月，中共党史系更名为历史系后，又根据新的历史背景，制订了《历史系中共党史专业本科教学方案》。方案规定，中共党史专业的基本任务，是培养中共党史的教学、研究和宣传人才。重心由科研为主转向了宣传为主，也是为了适应当时背景的需要。其中，方案还要求毕业生达到以下标准：

1. 具有爱国主义和国际主义精神：愿为社会主义、共产主义事业奋斗；通过马克思列宁主义、毛泽东著作的学习和一定的体力劳动，实际工作的锻炼，努力树立工人阶级的阶级观点、群众观点、劳动观点、辩证唯物主义观点。

2. 熟读毛泽东同志的著作和马克思、恩格斯、列宁、斯大林的有关经典著作，理解中国共产党的路线、政策和主要经验。具有研究中国革命和建设问题所必需的基础知识。

3. 能初步运用马克思主义的观点、方法研究理论问题和实际问题。

4. 具有较好的写作能力；学一种外国文，达到能阅读社会科学书籍的程度。

5. 有健全的体魄。

1964年8月，中共党史系培养方案再次进行了调整。中共党史专业的基本任务变成了培养中共党史——毛泽东思想的宣传员。在学习期间，引导学生结合实际学习马克思列宁主义、毛泽东思想，使之成为又红又专的革命接班人。毕业生要求的第一条就是：坚决拥护中国共产党，为社会主义、共产主义事业奋斗到底；在国内阶级斗争和反对帝国主义、现代修正主义的斗争中站稳立场；通过学习马克思列宁主义、毛泽东思想与参加阶级斗争和生产斗争，不断地努力改造思想。树立阶级观点、群众观点、劳动观点和辩证唯物主义观点。

对于中国人民大学中共党史系而言，坚决维护中共中央的权威，执行中共中央的决议，贯彻民主集中制，把党的思想传播给宇内，是之义不容辞的责任，并且在这个过程中，何干之、胡华等也尽力做到了科学、客观，对过"左"的行为进行了批评和抵制，甚至因此而受到错误的批判，他们这种伟大的精神到现在也是值得我们学习的！

二、党史下乡：践躬行

将学习与生产生活实践相结合，是那个时代最大的特色，中国人民大学作为全国的样板高校，充分贯彻落实这一指导思想，引导学生在实践中成长。中共党史系作为又红又专的社会主义特色高地，在实践过程中，也是有着不一样的精彩。这里选取了整理的一册比较典型的党史系相关档案，希望为读者再现那年那时那些事。

根据档案记载，12月5日下午，党史系石维夫、麦农两位同志汇报了某一期的党史系学生在乡下的劳动、学习和科学研究等方面的情况。

参与本次实践的学生群体是本科二、三年级及研究班的学生，一共468人，他们于开学前后分别下放到香山、西山。在党史系教职工的领导下，国庆节后基本上贯彻了半工半读的方针，即上午学习、下午劳动、晚上参加群众辩论或做社会工作。当然，在突击生产时，则停止学习，全力投入生产建设中。本次实践一共暂停过三次，每次停课大约三到五天，停课的内容则于之后补上。

在课程方面，这次带下去的课有两门，分别是社会主义教育和国际共产主义运动史。同学们在劳动方面绝大多数都是积

第三章 势起：曲奏（1956.5—1970.10）

历史系本科中共党史专业工读时间计划表（一）（五年制）

工读项目 \ 学期周数	第一学期	第二学期	第三学期	第四学期	第五学期	第六学期	第七学期	第八学期	第九学期	第十学期	合计	百分比
入学教育	1										1	
上课	19	13	12	20		13	17	21			115	
考试	2	1	2	2		1	1	1			10	
学术批判								4			4	
理论学习												
总结										10	10	
毕业论文										15	15	
毕业鉴定										1	1	
读 小计	22	14	14	22		14	18	26		26	151	63
校内工业劳动		12				4					16	6.7
校外工业劳动												
农业劳动或农村四清				4	22	12		8			46	19.2
当兵			8								8	3.3
社会调查									14		14	5.8
												2.1
分散劳动											5	2.1
工 小计		12	8	4	22	12	4		22		89	37
合计	22	26	22	26	22	26	22	26	22	26	240	

注：分散劳动。每两周安排半天。五年累计为五周。因为分散劳动占用读的时间。因此，在上课时间中减去五周。

1965年8月，中共党史专业半工半读教学方案（草案）中的时间计划表

（来源：中国人民大学档案馆）

极的，劳动热情也很高，在此次实践期间，还一度出现了一些积极分子，系里评选了十几个，进行了表彰。同时老师们也着力强调了，同学们要在劳动过程中自觉地进行思想改造，不要出现单纯地为劳动而劳动的思想，要在劳动中成长起来。当然也有少数人对劳动有抵触情绪，认为劳动学不到什么东西，在经过师生们共同努力，对他们进行教育、辩论，引导他们学习后，其态度也有所端正。

  学习的高潮是共产主义教育环节。最初，不少人对家庭、分配制度等有些糊涂的看法，思想较混乱。这时，何干之做了动员报告，强调大胆暴露思想，解除顾虑，这样才能充分解决问题。于是为了进一步澄清一些糊涂思想，全系开展了一场别开生面的辩论会，集中辩论了供给制问题和家庭问题这两大难题。在供给制问题上有人认为生活会降低，即吃亏论；有人认为这样做没有奔头了，没有了物质刺激，买手表、收音机都不自由了。在家庭问题上，有些女同志对母爱特别重视，怕实行供给制后报不了恩；有人认为以后父母与子女之间感情没有了；有人说："以后生孩子就等于生了一个同志"；又有人说："小孩一生就送托儿所，以后孩子只能认得阿姨，不认得母亲了"；等等。在通过一系列的辩论会后，学生们的这些问题基本上都得到了解决，从思想上接受了一次深入的马克思主义改造与洗礼。这次辩论会是何干之亲自做的思想动员工作，又经过了中共党史系教职工们的充分组织和准备，取得了十分理想的效果。会上大家畅所欲言，自由地发表自己的意见，之后又能虚心请教学习，对于一些错误思想的批判也是以理服人，充分发扬了民主的精神，同时也在每一位学子内心深处种下了这样一颗求真务实的种子。教书育人，授人以渔，这次学习对中共党史系的每一位学子都留下了深远的

第三章 势起：曲奏（1956.5—1970.10）

影响。

在科学研究方面，系里指导的原则是从实际出发，以研究公社的实际问题为中心，人人动手，走群众路线的办法。为此，中共党史系建立了科学研究指导小组，设组长、副组长，拟定了提纲，分四方面：（1）所有制问题；（2）分配问题；（3）共产主义教育；（4）生活福利等问题。原定计划是于11月底搜集完材料，12月完成初稿。根据同学们选的题目，系里归纳了六个主要问题，也就是系里主要抓的六个问题，这六个题目是：（1）人民内部矛盾问题；（2）所有制问题；（3）积累与消费问题；（4）办好托儿所的问题；（5）食堂问题；（6）分配问题。之后党史系师生们组成了专题小组，开始制定提纲，收集资料。到该档案的汇报时间为止，分配问题已基本上完成了初稿，人民内部矛盾问题也接近尾声，其余的题目大约在12月份可以完成。

对于此次实践活动，石维夫、麦农深有体会，他们认为科学研究工作必须与当前的政治运动密切结合，研究的题目不能脱离现实的东西，另外还必须参加搞社会工作，通过工作才能密切与当地干部、群众的关系，从而便于收集资料和了解实际情况。如研究食堂问题时，首先是帮助社里建食堂，从办食堂的过程中来发现存在的问题，其次也可以找几种不同类型的食堂进行研究。另外，下去应该带哪些课程，即下乡搞半工半读究竟应该读什么，最初在思想上是不明确的。实际上，带下去的课程必须与当地的政治运动、生产运动密切结合，实践证明共产主义教育这门课严密结合了当前的公社化运动，因此同学学习的热情很高，收效也大。相反，像国际共产主义运动史这门课程则不能与当前的政治运动紧密结合，因此学习效果不好。有学生后来反映说"学这门课是半读半困"，因而建议打破应该学几门课的规定，而应结合农村当前的政治思想运动去学习理论。

总体上，这次半工半读的教学实践是非常成功的，尤其在那个年代，着实非常不易。当然，也有一些不可忽视的问题，其中最主要的问题还是当地的干部和群众对半工半读了解不够，在他们看来学生的学习就是休息，有偷懒的嫌疑，因此有时会要求停止学习，突击生产。对原定的教学计划产生了一定不利的影响。其次就是学生们对社会工作不够重视，有的偷懒耍滑，甚至出现了包办代替的现象。最后，就是上面两位老师在汇报中提到的，此次带下去的国际共产主义运动史与当时的政治运动结合不起来，学习收效甚少。

尽管有以上这些问题，但中共党史系此次半工半读无疑是成功教学的典范，不管是学习的过程，辩论的精神还是结束后的总结，都推动着学校半工半读实践的进步。此处用笔记录之，再次表达对中共党史系先辈们的敬意！

三、改制革新：再超越

1959年12月4日，中国共产党中国人民大学委员会根据中共中央理论小组的原则指示，向教育部党组提交的文件中规定：学校的性质仍属于哲学社会科学性质的综合大学。对学生的培养目标则不同于延安时期的教育大方针，将提高放在了第一位，同时兼提高与普及为一体，以"为全国各高等学校培养政治理论师资"为主，并为科学研究部门培养一批科学研究人才以及为国家培养部分新闻、政法干部，在有条件的专业里，培养一部分的社会科学中的"尖端"人才。

为此，学校的招生也作出了相应的调整，未来招生规模将经常保持在校学员 8000 人左右。同时主流的教学分为本科班、研究班、特别班三种。以本科及研究生教学并重，辅之以"搞尖端"的特别班。学校之后的工作重心也得到明确，当视实际条件致力于如何逐渐把重点转移到研究班，并扩大特别班的教学。对于这三种班级的生源，本科生方面，学校希望适当招收一部分高中毕业生，其余招收青年干部及工人，学制定为五年；研究班则主要招收大学毕业生与助教、理论工作干部，学制定为三年；而特别班的招生目标是具有相当理论水平和政治锻炼的中高级干部，学制为一年。

此处的改革考量的雏形则是源于中国人民大学的理论四系的教学实践，在 1959 年一份名为《请示陆定一同志拟适当改变我校政治理论各系学制和招生办法》的档案中，可以找到相关的线索。

1958 年中国人民大学政治理论各系为适应全国"大跃进"形势的需要，计划招收 1000 人，实际招收 866 人，其中绝大多数都是具有几年以上群众工作经验的党员干部，他们大多数都政治条件较好，而少数则文化条件相对较低。其中特别班 322 人，研究班 360 人，本科班 184 人。特别班的比重还是很大的，但学制太短，成效不高，因此，校方开会讨论之后给出了新的建议：打算取消一年制的特别班，研究班则招 400 人，学制改为二年制。教学目的是培养和提高高等学校的政治理论课助教，学员则主要招收已经在岗的高等学校政治课助教，党政军民学机关的党员理论干部，高等学校毕业的党员干部等，其中马列主义基础系、哲学系、经济学系、中共党史系各 100 人。

对于本科班，则招收具有三年以上群众工作经验的，相当于高中毕业水平的党员干部，学制由三年改为四年，以提高培养质量，一共拟招收450人，其中哲学系150人，其他三系各100人。招生推荐的事项由各省市委和中央各部门依据上述条件保送并进行政治审查，一轮筛选之后，再由中国人民大学进行甄别考试。与此同时，校方还根据当前的实践情况建议，是否可以允许招收10%—20%高中毕业的优秀党员入学，这些人年轻有为，毕业后亦可作为国家统一分配的机动力量。

关于劳动时间方面，则规定研究生每年劳动一个月，本科按照"一二九"规定（即休息一个月、劳动二个月、学习九个月），每年需劳动两个月，并且社会调查的时间另行安排，为此进一步深入贯彻半工半读的方针，让社会主义的教育和劳动生产实践相结合，培育时代新人。

1958年中共党史系响应学校工作，招收了一届三年制的以调干生为主的本科班。调干生班级里大多数都是当时极其优秀的党政军干部，并且具有强烈的党史情怀，他们大多数也为中共党史奉献了一生，在未来，成为中共党史领域的大家，引领着新一代的潮流。

1958年和1960年，中共党史系又分别招收了一年制与一年半制的特别班，主要为党培训来自县一级的在职干部，强化他们的中共党史意识，提高其中共党史方面的专业知识，便于其更好地理解中共中央的指示和政策。在1958年的特别班中，学生们课时尽而意无穷，普遍感到年限太短，尤其到了秋天劳动的时候，大多数时间都花在了劳动生产实践上，静下来读书学习深思的时间较少，他们主动希望延长学制至一年半毕业，在中共党史系多停留半年，多学习强化自身的本领。要知道当时特别班的学生不是现在我们所了解的一般意义上的学生，大多数都是地方的在职干部、领导，他们不贪图享乐，不在

第三章 势起：曲奏（1956.5—1970.10）

乎职权，却更愿在中国人民大学的中共党史系过他们的学生生活，这种求知若渴的精神和伟大的家国情怀实在令人钦佩，也从另一个侧面反映出了中共党史系自身的实力和魅力。1959年学校在给教育部党组的建议中，提议取消特别班而扩招研究班、本科班，并且考虑本科班是否可以由三年制改为四年制，满足学生们的求知精神，更好地培养社会主义建设的人才。然而，国内的形势是复杂的，"大跃进"的旗帜不能动摇，因此最后也没有完全按照校方的建议进行改革，即取消特别班的培养，但即使这样，1960年中共党史系的特别班也得以成功延长学制，达到了一年半，满足了中共党史系学生们和老师们的要求，领导对中共党史系的重视也可见一斑。

1960年中共党史系还制订了《中共党史系在农村、工厂建立基地计划》，其中提到，为了贯彻党的教育方针，并适应当前文化革命的需要，在农村工厂建立基地，使师生劳动锻炼与参加实际斗争经常化、制度化已成为十分必要。因此，中共党史系除定期派遣师生赴学校基地进行锻炼外（在校基地中选择了北新桥城市人民公社和石景山钢铁厂）并以顺义农村人民公社和长辛店机车车辆厂为系下放基地。本科共锻炼五个学年，依次安排是校内工厂、农村人民公社、城市人民公社、校外工厂，根据需要临时确定。研究班共锻炼三个学年，分别是农村人民公社、校外工厂或城市人民公社以及根据需要临时确定。中共党史系在锻炼自身学员的同时，也为下放基地的建设作出了贡献，该年为了响应支持当地的要求，还为石景山钢铁厂举办了一年制的工人学习班，为当地的工人们提供中共党史的教育和普及，他们以身作则，影响细微处，可谓润物细无声。

1960年3月，中共党史系师生赴河北省藁城县开展一般社会调查项目登记表

（来源：中国人民大学档案馆）

常规的特别班、研究班、本科班的不断改革，函授教育的起步到发展，工人学习班的开办，中国人民大学中共党史系在社会主义建设的新时期，不断革新并超越自我，完成了党和人民交付的使命！为党写史，为人民写史，为历史写史，为新民主主义革命的伟大胜利，为社会主义建设的闪耀辉煌！

第三节　三重奏："熔炉"之成钢铁铸

一、"熔炉"已成铸时代钢铁

胡华老师一生给自己定了四个座右铭，其中排在第一的，便是毛泽东给陕公的题词：

> 要造就一大批人，这些人是革命的先锋队。这些人具有政治远见。这些人充满着斗争精神和牺牲精神。这些人是胸怀坦白的，忠诚的，积极的，与正直的。这些人不谋私利，唯一的为着民族与社会的解放。这些人不怕困难，在困难面前总是坚定的，勇敢向前的。这些人不是狂妄分子，也不是风头主义者，而是脚踏实地富于实际精神的人们。中国要有一大群这样的先锋分子，中国革命的任务就能够顺利的解决。

这是毛泽东于 1937 年 10 月 23 日为陕北公学写下的题词，也是他给陕北公学的历次题词中最长的一篇。它写在陕北公学的照壁和救亡图存室的墙上，凝结着毛泽东对陕北公学的亲切关怀和对陕公学员的殷切期望。在毛泽东看来，革命就是一个大熔炉，需要令之能够锻造出无坚不摧的钢铁，从而继续为新中国的伟大革命撑起一片天。而在革命的过程中，如何能将这生铁锻造成党需要的、人民需要的、革命需要的精钢，就需要握住青年一代的教育。在克服了种种困难之后，陕北公学和抗日军政大学这两所革命圣地的教育机构终于千呼万唤始出来。之后，陕公和抗大，一文一武，承担起了熔炉的重要使命，也当然不负使命，为新民主主义革命的伟大胜利作出了不朽的贡献。

自1950年中国人民大学命名组建以来，从早期的革命史教研室开始孕育，到1956年以历史系之名实际上确立，再到1958年中共党史系正式登场，这一新时期的熔炉终于在中国人民大学铸就完成。

自三大改造完成之后，中国共产党正式向世界宣告，中华人民共和国已经步入了社会主义社会，完成了人类历史上最伟大的壮举！在这一时期，很多中国共产党党员在思想上有所动摇，精神上有所懈怠，加上国际形势风云激荡，国内反动派也并不安分，之后的自然灾害更是令国内形势雪上加霜。大鸣大放期间，就曾出现了很多攻击中国共产党和社会主义制度的言论，之后甚至有人妄言要取消中国革命史，取消中共党史的学习，并称之为学阀作风和教条主义。所谓和平年代也有激荡的风云，意识形态的斗争时刻不曾停止，合法性的问题也关乎存亡，中国革命史的学习绝不能中断，中共党史的教育也绝不能向敌对势力低头。所幸未雨绸缪，此刻熔炉已成。在新的时期，革命之钢亦要铸就出新的辉煌！

中共党史系这所熔炉不仅为学生们配备了最优秀的师资，最顶级的党史专家甚至是开山鼻祖；而且还为学子们提供了得

第三章　势起：曲奏（1956.5—1970.10）

天独厚的学习环境，不管是在可提供研究的史料方面，还是在靠近中央而接触真实的层面，都是在现在看来远远无法企及的高度。势起而曲奏，党史系这所新熔炉揭开了为社会主义建设铸就起新的长城的新的一页。

在1959—1960年第一学期的教学中，中共党史系先后邀请了18位校外同志前来为学生作专题报告。他们大多数都是亲身经历过那段历史的老革命家、著名将领，有的甚至已经是党和国家的领导人了。他们要么是日理万机、公务繁杂，要么已经淡去身与名，很少再与外界接触了，可看到是来自中国人民大学尤其是中共党史系的邀请，也都欣然接受，以此表达他们对中国人民大学，对中共党史教育的大力支持。抗日战争时期的整风运动和延安文艺座谈会两个专题是由康生和周扬分别前来做的报告；后来任外交部副部长的章文晋为中共党史系学子讲授旧政协的若干问题，而接下来淮海战役和平津战役更是邀请到了亲历战争的指挥员——粟裕大将和刘亚楼上将亲自前来讲述那段历史；过渡时期的讲座则直接由国家经济领域的领导人、著名专家姚依林等前来为学生讲授工业化改造的若干问题，以及由曾担任中国人民志愿军副政委兼政治部主任的甘泗淇上将前来为中共党史系学子还原抗美援朝的点点滴滴。

回望中共党史系的成长历史，当之无愧可以用"得天独厚"四个字来形容，但凡历史的研究，总讲究从史出发。而与这些见证者的大规模频繁交流，尤其是邀请到了最了解那段历史甚至亲身参与实践的领导人、将领来为学生作报告，十分难得！

1959—1960 学年第一学期中共党史系请校外同志做专题报告计划

（来源：中国人民大学档案馆）

二、中国革命为世界之光

中华人民共和国的成立，在人类社会发展史上具有重大意义，是"十月革命以后一个带世界性的大胜利"，是"第二次世界大战以后最重大的政治事件，对国际局势和世界人民斗争的发展具有深刻的久远的影响"，具有伟大的世界意义，影响

第三章 势起：曲奏（1956.5—1970.10）

了世界历史发展进程，开启了人类历史发展新阶段。而中国新民主主义革命的胜利，亦是让世界政党所瞩目。共产主义兄弟政党和第三世界发展中国家都纷纷派遣留学生来赴华学习，主要就是奔赴中国人民大学，学习中国革命史，学习中国革命成功的经验。

中国人民大学自命名组建以来接收的最早两批留学生分别于1952年和1953年入学，这两批一共十人，其中研究生七人，本科生三人，均为男生。按照国籍来划分，他们分别是：

> 波兰留学生四人，分别是施乐文、董伯若、路爱德、柯来曼，均为研究生，其中施乐文、董伯若就读于革命史教研室，路爱德就读于外贸教研室，柯来曼就读于外交系；
>
> 匈牙利留学生两人，分别是尤山度、戴伯纲，均为研究生，尤山度就读于革命史教研室，戴伯纲就读于政治经济学教研室；
>
> 保加利亚留学生两人，分别是李希孟、毛多恕，其中李希孟是研究生，就读于政治经济学教研室，毛多恕是本科生，就读于外交系；
>
> 罗马尼亚留学生一人，廖宁，本科生，就读于贸易系；
>
> 印度尼西亚留学生一人，安满，本科生，就读于法律系。

据中国人民大学档案馆所编《人大·档案·记忆》中所述，馆藏档案中有份1953年8月28日撰写的《关于外国来华留学生的工作情况综合报告》（档号：1953 - KY11 - B - 11.0006），该报告对这十名外国留学生的在校学习、生活情况作了比较详细的描述。

这十人中，除了保加利亚留学生毛多恕为插班生外，其余均是从一年级起，按照学校既定的教学计划进行学习，只有俄文、数学等个别课程因其程度已符合学校的标准，才准予免修。对七名研究生而言，分为两种培养方式：一种是学习期限为三年，第一学年集中学习政治理论，第二学年进入教研室学习专业知识；另一种则只研究一门专业，并以自修为主，学校为每人都制订了一个研究提纲和计划，同时对他们有专人指导，到一定阶段作学习报告和进行考试。

对这十名留学生来说，最大的困难还是语言问题。他们中文程度各异，有的留学生中文较好，困难较少；有的中文较差，学习中遇到不少困难。来自东欧的九名留学生入校前还在北京大学中国语文专业专修班学习过一到两年。由于中文程度不够，有的本科生中文课听不懂，课堂讨论不能发言，或照提纲宣讲也念不成句；有的研究生看书较慢，效率低。针对这种情况，依照高教部的指示，学校积极组织他们进行中文学习。开始时，规定留学生每人每周用六小时学习中文，由各有关教研室派教师指导。后来，每三人一组，由国文教研室派教师给他们订出计划，进行讲授和辅导。为帮助留学生学习中文，1953年学校专门印发了《关于帮助留学生学好中文》的校长令，提出了四点要求：第一，各系、研究室应指定国文好的固定教员或助教专门系统地帮助留学生学习中文；第二，各专业课有关教研室应派教员给留学生进行辅导，帮助他们了解专业内容，指导他们撰写发言提纲，以便在专业课学习中提高中文水平；第三，以上两项教员所用时间均为额内劳务时间，由各教研室调整分配；第四，除上述办法外，各系、教研室、年级研究生班仍应适当组织同学课外帮助留学生学习中文。

在最早的这一批留学生中，我们可以发现，十名留学生中有三人都是就读于革命史教研室。如果说那个时候中国有什么

第三章 势起：曲奏（1956.5—1970.10）

最吸引外邦，就是中国革命成功的宝贵经验，即中国共产党为什么可以带领中国人民取得成功？而且这还是因为那个时候研究生才能接触到中国革命史的学习，在后来，以历史之名，成立教学系之后，中国革命史（中共党史）的本科生也出现了外国友人的身影。

上面提到的印尼留学生安满，于 1952 年进入中国人民大学法律系本科学习，1956 年他本科毕业，仍希望留在人大继续学习，这时候的他便毅然选择了刚刚成立的历史系，转入了历史系中的马列主义基础研究班学习。1959 年暑假安满毕业，同年 11 月，他带着不舍和深情返回国家。在馆藏档案里，历史系对安满的评价是：学习上，他能按照学习计划完成学习任务；生活上，认真遵守学校各项制度；政治思想上，总体上是要求进步的；实践经历上，安满担任了印尼在华留学生会的副主席，经常组织印尼留学生讨论相关问题。他还积极参与世界青年联欢会活动，曾访问朝鲜。安满与印尼驻华大使馆关系密切，经常参加大使馆活动。1956 年印尼总统苏加诺访华，安满在印尼大使馆看到了毛泽东接见苏加诺的照片，便将照片用相框装裱，作为礼品赠予中国人民大学，原件在中国人民大学的档案馆保存至今。这幅照片既体现了安满对母校的感情，也再现了中印两国人民的友谊。

培养留学生对于刚刚命名组建不久的中国人民大学来说是一项十分陌生的工作，学校也在不断摸索经验。学校对于首次开展留学生工作一年来的情况进行了分析，总结出几条经验，比如：在教学上，留学生入学开始就必须按学校制订的计划和制度进行，需免修的课程，应在学生入系或教研室后，由系主任或教研室主任组织进行考试。成绩合格者，报校长批准后，可以获得免修资格，一般不收插班生；留学生与本国学生不同，有些特殊事务需要有一个机构来办理。学校先将职责明确到各个单位，教学方面由教务部、研究生部分别负责本科生和研究生，生活方面统一由行政事务部负责。在这一基础上，学校成立留学生工作小组，负责留学生事务的联络管理。

在留学生管理制度问题上，学校一直建议高教部制定《留学生管理办法》，以便各单位可以遵循。1954年高教部出台了《人民民主国家留学生管理办法》，对留学生的学习、生活等诸多方面都作了细致而具体的规定。学校立即将此管理办法转发到学校涉及留学生的各部门，要求遵照实行。

随着留学生交换工作的不断开展，中国人民大学接收的留学生不断增加。截至1954年8月31日，学校共接收来自人民民主国家的留学生42名，其中波兰4人、匈牙利2人、保加利亚2人、罗马尼亚1人、捷克斯洛伐克3人、越南30人。除上述来自社会主义阵营国家的留学生之外，学校还有印尼籍学生1人、美籍学生11人、英籍学生1人，在校外国留学生总数达到55人，这些留学生分布在外交、贸易、俄文、政治经济学、中国革命史、法律等专业。其中，绝大多数的社会主义阵营国家的留学生，都选择了历史系、中共党史系、中国革命史专业的学习。

随着历史系的发展壮大，来自越南、老挝、马里等国家的留学生和进修生，也在1958年之后，陆续来到中国人民大学中共党史系学习中国革命的经验。同时，中共党史系在为前来求学的留学生们准备精神盛宴的同时，亦为他们安排了实践课程，由中共党史系的教员带领他们前往井冈山、延安等革命老区，实地感受当年中国革命的点点滴滴。留学生们都深深感受到了中国革命成功的来之不易，也被中国革命者的伟大精神所感动，同时也更加坚定了他们的理想和信念，将中国革命的经验传播四方。中国人民大学的中共党史系理所当然地成为世界红色革命的圣所，随着中国的强势崛起，更加深深影响着世界。弦歌不辍，勿忘初心，中共党史系要为红色而歌唱！中国革命要为世界之光！

第四节　小插曲：胡华片段

三重奏已完，然冰弦未断，意更无穷，故拟插曲一节，记胡华先生在人大执教著书的经历。

一、片段一：笔耕不辍在人大

每当回忆起在人大的求学生涯，脑海中就一定会浮现出我的恩师——胡华老师，他是那样有魅力，在中共党史学科建设的每一个领域都散发着无尽的光和热，永远闪耀。

1950年那时的胡华老师只有29岁，风华正茂，岁月正好。我仍记得曾见的一张那时胡华老师在学校门口的合影，不到而立之年的他已经是副教授了，与校门合影，反而有点像刚毕业的学生。也是在那一年，胡华老师开始了他不平凡的教授生涯，除了课上教书育人，课下与同学们交流研讨，休息时间还要加班加点，为新中国的革命史教材奠下坚实之基，在人大的这些年，用笔耕不辍来形容实在是一点也不为过。

这年的3月，一部新中国的史学巨作正式诞生了，这同时也是胡华老师的成名之作——《中国新民主主义革命史（初稿)》。那时，人民出版社还未重建，该书还是由北京的新华书店出版的第一版。全书一共约 20 万字，在记叙革命史实的同时还引论出共产党自身的成长历程。以翔实的史料作为论述基石，用新颖的观点点缀史识，流畅的文笔让每一位读者都能够畅读整书。它成为当时全国广大干部和青年学生的首选图书，学校将之作为授课教材，学者将其作为研究材料，甚至一般的读书爱好者都会人手一本。该书成为名副其实的大众读物，却又以深度的理论知识传递着中共党史的光辉，1951 年人民出版社成立后，很快就归这家国家政治书籍出版机构印刷发行。

说到这本对胡华老师和中共党史学都极其重要的书，还想多说一点，那就是这本书与革命同生，记录革命于实践，展现中共党史于世人的诞生历史。1948 年华北联大与北方大学合并成立华北大学。中共中央决定开设"中共党史"课程，胡华老师担任了中共党史教学组的组长。他讲授的"新民主主义理论和历史"，成为学校的主要课程，并培养了一大批革命青年和随军南下干部。北平解放后，华北大学搬迁进城，胡华老师的课堂也扩大到党政机关、团体、部队和其他院校，成为当时最受欢迎的政治课之一。当时有这么一句话："听了胡华老师的课，使我们看到了新中国的未来。"这足以见得那一节节中共党史课带给革命同志们的震撼和希望。新中国成立后，为了弥补新中国成立之初理论学习和思政教学领域的不足，胡华老师废寝忘食，连续披星戴月，最终在几个月的时间内，把长期积累的史料和讲稿，整理修改，最终编著成《中国新民主主义革命史》。后来据毛泽东的秘书、胡华老师的同学田家英回忆，当时毛主席看过这本书之后特别开心，称赞写得很好，能在这么短的时间拿出这

第三章 势起：曲奏（1956.5—1970.10）

样的著作很不容易，同时也亲自为此书作下批示，说"以后我们还要不断完善，就暂定为初稿"，这也是此书一直到后面十几版都还延续括号内初稿二字的缘由。由此，这本中共党史的新民主主义革命史奠基之作就此诞生，成为传世精品。

此书一出，老师的名气已斐然神州大地，成为当时史学界数一数二的风流人物。南开大学著名史学家、曾任国务院学位委员会历史学科评议组第二、三届成员的魏宏运教授在《缅怀胡华教授》中回忆道："我是从事于中国现代史教学的。我使用的教材，就是胡华著的《中国新民主主义革命史》（初稿）。据我记忆，20世纪五六十年代，全国大中学校及广大干部，均以此著作为教材。胡华和何干之是党史研究的开路先锋人物，他们把革命历史知识，传播四方，无不受到学界称赞。"魏老几乎和老师是同一时代的人，他比老师只不过差了几个年头，然则却依然是在老师所著之书中逐步成长起来的。更甚于在当时所有的战犯和新解放区的政要都要接受对该书的学习，清朝末代皇帝溥仪在《我的前半生》一书中也有所提及，他也曾接受过这本书的学习，并且每天都要看好几遍。老师所著对新中国教育、社会、文化等方面的影响之大盖如此。虽然老师那时已是风姿卓绝的青年学者，但为新中国的史学教育而不断著书，为中共党史的传播而笔耕不辍似乎是他一生的写照。刚刚完成了《中国新民主主义革命史》（初稿）的他，很快又一头扎进了新的战场。

1951年初夏，苏联方面拟编写一部苏联大百科全书，由苏联科学院主要负责，其中十卷本的《世界通史》包括了中国的部分，因此提议中国史部分由中国史学家自己编写。尽管说是如此，可来人却提供了一份提纲，先入为主，要求中国史学家按照此提纲撰写。当时，范文澜、翦伯赞、陈垣、向达、邵循正等看过苏联所写的提纲后，进行了讨论，对很多地方都持有不同看法，特别是把魏晋作为中国封建社会的开端，因此拒绝使用苏联所提供的提纲。经过商讨，苏方最终同意由中国方面自拟提纲撰写。1951年秋天，由郭沫若会长和范文澜副会长邀请北大、清华、燕京、师大、辅仁、人大等校的十余位中国史学家、教授开会，就提纲和编写方式方法进行讨论。最终议定全书为十四五万字，古代四万字左右，近代三万字左右，现代五万字左右。书的内容要反映中国史学界多数专家的基本观点和最新研究成果。又推定翦伯赞、邵循正、胡华三人分别负责古代、近代和现代三部分的撰写工作。三位作者中，翦伯赞先生是著名的马克思主义史学家，中国马克思主义历史学的主要奠基人之一，时任北京大学历史系教授兼系主任，后兼任北大副校长，分工编写中国古代史部分；邵循正先生，是著名的蒙古史专家和中国近代史专家，原任清华大学历史系教授兼系主任，1952年全国高校院系调整后，任北京大学历史系教授兼中国近现代史教学研究室主任，分工编写中国近代史部分；胡华老师以中国人民大学副教授（1956年升为教授）、中国革命史青年专家的身份，与两位享誉国内外的前辈名家合作编书，并独当一面分工编写中国现代史部分，为史学界同仁刮目相看。

　　1953年经过两年时间的努力，《中国历史概要》终于要基本定稿，可苏方突然变卦，不接受我们的稿件，仍准备用苏方原拟提纲，由苏联学者自己编写。面对苏联的临时突变，政务院总理周恩来下了重要指示：我们中国人自己的历史，我们中国人自己也要出版！不一定非要依托别国！在新中国成立后

第三章 势起:曲奏(1956.5—1970.10)

1956—2009年,胡华与翦伯赞、邵循正合著的、各种版本的《中国历史概要》

1980年知识出版社重版的《中国历史概要》书影

2009年1月,《中国历史概要》由北京大学出版社再版

为适应国内外广大读者的需要,也确实应出版这样一本由马克思主义理论作为指导的、内容基本正确的、简明扼要的中国通史。于是书稿再经修订,内容最终定为自上古开始,止于1954年,全书共11.5万字。当时国内的形势,主要是在青少年中、在社会上,缺少一本这样的读物。当然,更严重的是,欧美有关中国历史的教科书或社会读物,都是由欧美的资产阶级学者或思想反动的学者编写的,史实错误百出,观点反动;东南亚各国或欧美华人学校所用的中国史教材,多是由中国台湾或日本学者编写的,观点和史实亦存在严重错误。《中国历史概要》一书在这些方面发挥着正本清源的重要作用。1956年2月,这本书由人民出版社出版中文(汉字)第1版,此后又多次重印,由民族出版社译成朝鲜文、维吾尔文、哈萨克文出版;外文出版社又译成德文、法文、英文相继出版,并对国外大量发行。外文本深受国外广大读者的欢迎,不久即告脱销,国际书店还多次要求再版。外文出版社还着手译成印尼文和世界语本,准备出版。日本学者则译成日文在日本出版。如果说《中国新民主主义革命史(初稿)》的出版,让老师成为享誉华夏的知名学者,那么《中国历史概要》则让老师斐然中外,在刚刚而立之年,成为全世界的著名人物!

"笔耕不辍"这个词,真可谓老师在人大执教期间最真实的写照,老师后来又继续伏案多年,《中国新民主主义革命史

胡华主编的《中国社会主义革命和建设史讲义》书影

(初稿）参考资料》《中国革命史讲义》《中国社会主义革命和建设史讲义》等一系列史学著作相继问世，以及后来的《中共党史人物传》等书中其他部分都有相应的提及，这里就不再赘述了。每每想到老师房间深夜不熄的灯，以及他每况愈下的身体，泪水便开始浸润眼眶。老师为了新中国的史学界开疆拓土，为了中共党史的学科建设开天辟地，用他骄傲的青春，笔耕不辍，在历史长河中书写了伟大的篇章，令我等后辈敬佩不已！老师他早已离我们远去了，但他永远是我们中共党史人学习的榜样，永远是我们中共党史学界不朽的丰碑！

二、片段二：连载校报忆陕公

"欲知大道，必先为史。"校史对于学校的重要性，如同国史之于国家。没有国史，国家就会缺少根基，失去灵魂；没有校史，学校亦无从寻觅其精神故乡，无法从中获得经验，汲取力量。校史研究和校史工作，毫无疑问是一项"承上启下，继往开来，服务当代，有益后世"的重要的文化工程。中国人民大学对校史的重视由来已久，可以追溯到吴玉章校长时期。

1964年1月17日，吴玉章校长在校报上刊登了《大家都来写校史》的文章，提出了中国人民大学自陕北公学时期起，经历的三个大历史阶段：神圣的抗日民族解放战争，伟大的人民解放战争，伟大的社会主义革命和社会主义建设时期，要在这三个时期中回顾一贯的优良传统和光荣作风。继承它以共产主义精神教育人民的传统；继承它为革命战争与阶级斗争服务的传统；继承它教育与劳动相结合的传统；继承它艰苦奋斗和勤俭办学的传统；继承它刻苦钻研和勤奋攻读的学风。把校史

胡华为《中国历史概要》1980年再版写的"后记"手稿

当年关怀这本书的郭老、范老，参加讨论定书的侯外庐、
吕振羽、翦伯赞同志均已故去。在这十几位学者作者同志中，
最年幼的。老成凋谢，众芳摇落，史学界老一代
史家通义越请马列、基础雄厚、久经历练、才艺秋挺
卓著，是越来越少了。他们留下的空白，是难以添补的。
为人民的事业鞠躬尽瘁，鞠躬尽力而写、地战斗、尖锐地斗，
是多么大的损失！也更激起我们，尚有一代学如追逐大
力于创新。

翦老生前就对[古]革命、古代史部分有一个仔细
修改的设想，强修金回忆说翦老遗稿少找出来，
翦老修改稿做这加仔细和认真，睛遗墨而悼念，
更敛神绪！翦老一丝不苟的治学精神，永远是我们
及进专学楷模！这部分，现由张传玺同志
另外整理。近代史部分由陈庆华同志整理。现代史
部分由林代修订。

因为原本方是"概要"性质，当年写作时字数限制
很严，三五年事，数个革，着写不详。故全书没，还遗
大，亟今改进补正。

胡华 1979年11月25

作为向青年学生进行阶级教育的一部好教材,并把它作为"传家宝"代代相传,教育后代。

为响应吴玉章校长的号召,胡华老师于1964年3月12日、21日、28日在《中国人民大学校报》连载发表了《陕北公学校风回忆》一文,以亲身感受讲述了陕北公学的办学方针、历史、成就和革命传统作风。见报的文章题目是胡华老师应报社之邀,用隶书体亲笔书写的。

胡华老师在第一篇文章中,首先提出的就是"坚定正确的政治方向",指出这是陕北公学校风的最大特色。而所指的政治方向,就是革命的方向、无产阶级的方向、共产主义的方向。陕公被称为"革命的熔炉",从全国各地经历种种艰险辛苦来到陕北公学学习的革命青年,在这座革命熔炉中被冶炼锻铸,使之更加革命化,使之无产阶级化和共产主义化。经过四个月、半年或一年的学习,这些自觉地投入革命怀抱的青年,

1964年3月12日,胡华发表的回忆陕北公学校史校风的文章

第三章 势起：曲奏（1956.5—1970.10）

不少人树立了明确的共产主义人生观，参加了光荣的中国共产党，其他有许多人也在毕业后的实际工作锻炼中先后入了党。20多年来，陕公的绝大多数同学都成了党和革命事业的骨干；其中有不少同学已在那些残酷斗争的日子里英勇牺牲了，他们的坚定的政治立场和革命精神，却永生在人民的记忆之中。

第二篇文章中，胡华老师回忆了在陕公时期"艰苦朴素的工作作风"。胡华老师指出陕北是我国著名的穷苦地方。在"全国人心归延安"的情况下，那里会集了来自全国各地的大量的优秀革命干部，供给的困难是可想而知的。但是，由于大家继承和发扬了中国共产党一贯的艰苦奋斗、勤俭节约的优良传统，他们不仅对艰苦生活安之若素，而且以此为荣、以此为乐。通过在陕公的实践中，完成了一个阶级向另一个阶级的深刻变化。这对刚刚加入人大大家庭的新同学也有着很大的触动。

最后，胡华老师为大家解释了校歌中"忠诚、团结、紧张、活泼"的实践来源。用自己的回忆，再次为同学们展现了陕北公学当年的传统和风貌。

陕公提倡忠诚，首先就是要求对革命、对祖国解放事业抱无限的忠诚，决不动摇、决不妥协投降。这是培养革命者的最根本的政治品质问题，是培养共产主义的人生观问题。陕公绝大多数同学后来在激烈的民族斗争和阶级斗争中表现了赤胆忠心、坚定不屈的气概，不少同学英勇地为革命为祖国解放洒流了自己的鲜血，证明没有辜负党和学校的号召和培养。

陕公提倡团结，由于大家政治一致、思想一致、上下一致，同志们都推心置腹，整个陕公团结得像一个革命的大家庭一样,形成了人和人之间亲密无间的崭新道德风尚。

陕公提倡紧张,口号是"战斗的学习""战斗的生活"。革命的形势是紧张的,时代的发展是飞速的,因此,要求同学们的学习、工作、生活……也是战斗化的、雷厉风行的,而不是松松懈懈、疲疲沓沓的。陕公的同学们在当时,是真正做到了"战斗的学习"。

陕公提倡活泼,在陕公、延安以至于整个陕甘宁边区,呈现着一派朝气勃勃、生龙活虎、活泼愉快的气象。在革命的熔炉里,共产主义的远大理想,革命的精神,使人胸怀豁达、无忧无虑,使人永远乐观、永远年轻。延安有"青年城"之称,在中共中央任职的吴老、林老、徐老等革命老前辈,被称为"老青年"。在这里有如拨开云雾见青天的感觉,可以自由地呼吸。

胡华老师用满满的文字,书写起当年的陕公深情,将陕公的传统、风貌、精神再一次传递给已经在北京落地生根的中国人民大学的学子们,为全体人大人又上了一课,告诉他们,弦歌不辍,勿忘初心,陕公精神,永垂不朽!

三、片段三:千里南下史论合

如果说胡华老师在中共党史学界开疆拓土、笔耕不辍,在物质方面,给学界留下的一部部史学巨著是撑起学界一片天的骨骼和躯干,那么老师以身作则、史论结合的史学精神,则为中共党史的研究注入了永不枯竭的血液,升华了它的灵魂。在对待中共党史学科的科研与学习上,老师竭力主张论从史出、史论结合的思想,不仅每逢课上必耳提面命,课下也躬身实践,老师的言传身教让整个中国人民大学的历史系(中共党史系)散发出不一样的活力。在那个年代,老

第三章 势起：曲奏（1956.5—1970.10）

师独自扛起一门大旗，成为坚守中共党史初心阵地的核心力量。

1964年为了以身作则，践行史论结合的精神，老师决定亲自带着他所指导的研究生南下考察，实地取材，为求史料，不惜千里之远。3月20日，老师和他指导的五位中共党史研究生陈威、程振声、吴荣宣、吴智棠、宁培芬以及学术助手段榜元，组成了中国人民大学历史系中共党史调查实习七人小组，开启了为时三个月左右的南方调研之路。此行的主要任务有三：一是调查收集党史资料，充实中共党史系的资料建设；二是与各地的高校交流党史教学与研究的经验，推动兄弟院校的中共党史教研室建设；三是带着在读的研究生们进行一次实践实习工作，带领他们走访革命史迹，重温革命年代。

调研小组首站在广州。3月23日，小组正式开始调研工作。广州地区是孙中山进行革命斗争的发祥地，也是第一次国内革命战争时期党的活动比较活跃和集中的地方。胡华老师带领小组成员参观了黄花岗七十二烈士墓、农民运动讲习所、省港大罢工发生地、虎门、黄埔军校校址、中山大学等广东革命的旧址，听取广东地方中共党史研究负责人的介绍，并且采访了罗明、区孟觉、甘来等革命老前辈，获得大革命时期的一批珍贵史料，完成了南下调研的第一站，在广东省收获的资料共约500万字。

4月3日，小组到达第二站——湖南长沙。老师曾在1938年奔赴延安时经过长沙，当时前途未卜却毅然奔赴革命圣地的热血青年，如今已是新中国享誉中外的著名学者了，故地重游，怎么能不叫人触景生情？老师向学生们讲述了他投奔延安的这段艰辛经历，教导他们不忘当初的理想和信念，将革命精

1964年4月，胡华（前排中）率所带研究生南下考察实习之韶山合影

神永远留存。在长沙，小组主要考察了毛泽东的革命活动。他们参观了韶山毛主席故居、毛主席青年时期纵论天下大事的第一师范学校和岳麓书院等。每到一处，小组成员都会仔细听、认真记，将看到的史实和书本上的史论结合起来，培养"史论结合"的科研精神和素养。在湖南省收集的资料档案约300万字。

调研小组的第三站是湖北武汉。在武汉，经当地有关组织和领导同意，老师率小组成员参观了当年毛泽东主办的中央农民运动讲习所旧址，以及"二七"罢工纪念馆，详细了解了施洋烈士的事迹。在这之后，老师还带领学生访问了历史上有过革命功劳又犯过分裂主义错误的罗章龙。罗章龙被开除出党后没有投敌叛变，后长期从事教学工作，当时是以湖北某大学教授的身份接受老师一行的来访的。对于罗章龙，老师丝毫没有在意其敏感的身份，更不担心与之接触可能为自己带来的负

第三章 势起：曲奏（1956.5—1970.10）

面影响，而是以一种求真务实的科研精神，把与罗章龙的访谈当作一次难得的搜集口述资料的机会，这种态度和气魄也深深打动着每一位组员。也正因为秉承着这种精神，小组在湖北收获的资料极其丰富，约有800万字。

4月底，调研小组从汉口转乘江轮至九江入江西，朝着第四站进发。在江轮上，面对浩瀚的长江，老师吟诵了苏轼的《念奴娇·赤壁怀古》和《三国演义》卷首词"西江月"等古词，意气风发，气吞万里如虎。江西是调研小组此行的重点地方，在这里参观访问和学习研讨交流的内容相当丰富。不仅获得了当地有关机构和负责人的大力支持，还有一批中国人民大学中共党史系毕业返赣工作的老同学参加进来。江西是调研小组考察时间最长，定的地方最多的一站。历时共28天，老师和学生们一起走了十几个县。从南昌经吉安到了井冈山，在井冈山住了一个星期，看了茅坪、茨坪、大小五井、黄洋界等五大哨所，接着奔赴赣州、兴国，最后到达上饶。数万字的资料稿件大部分都在此处形成，也凝聚着党史人调研的刻苦精神，为中共党史系史论结合的研究精神树立了一个好榜样。

最后一站是中国共产党起航的地方——上海，同时也是中共党史上许多重要事件的发生地。5月31日，小组成员到达上海。在上午参观党的一大旧址之后，老师便带领小组成员们参观了鲁迅纪念馆、鲁迅墓和鲁迅故居。在这里，老师发出了内心的最真实的感慨，也是他对自我的要求："鲁迅是个伟大的革命家、思想家和文学家，值得我们学习的地方很多。他有几句话更应记住，大意是：关键在于要做一个革命人，为人的品质怎样，表现就会怎样。喷泉里喷出的总是水，血管里流出的总是血……要像他那样，锻炼自己成为一块铁打的硬骨头。"老师是这么说的,也是这么以身作则的,每每想到之后老师遭受的不公待遇和他顽强的不屈精神,总会为身为老师的学生而骄傲自豪,也时刻告诉自己,要严于律己,向老师学习。

千里南下,只为求得更丰富的史料,以身作则,史论结合,可谓老师为中共党史留下的最宝贵的精神财富。在"百花齐放"方针提出后以及"大鸣大放"中,许多攻击都压在了中共党史学科的头上,反动派趁着这个时机大肆攻击中国共产党和中国教育的思政课程,更是把中国革命史、中共党史批得一无是处,胡华老师与何干之先生成为首当其冲被冲击的对象,成为马克思教条主义在高校的"代言人",可他们毅然坚守自己的党史观,在巨大的压力下依然恪守自我,为中共党史撑起一片天。而后,在反右运动中,形势急剧变左,老师反而又成了反动的"右派分子",这是何其的可笑和不公!老师其实一直坚守的就是史论结合、论从史出的学术精神,为中共党史系、中共党史学科留下的也是如此珍贵的精神遗产,不左不右,正规正矩,就像鲁迅说的那样,喷泉里喷出的总是水,血管里流出的总是血,绝不能放弃学术上的求真,更不能为了自己的利益而泯灭良心!千里南下史论合,论从史出永流芳!

第五节 钻木者

世上本无火,也没有"神说要有光"的传说。可是世间偏偏需要火,火种、火光、火焰,如何才能让这理想之光照进现实之门?空想误国,实干兴邦,于是便有了一批共产党人,

第三章 势起：曲奏（1956.5—1970.10）

他们不惧前路艰险，毅然踏上了这条开疆拓土之路，为世人钻木——取火。

一、何干之：一心"呆"在红教中

说起这钻木之人，排在首位的，必然是何老，"大书呆子"——何干之。

何干之，原名谭毓均，是天生的读书种子。在他小学时，曾因作过一篇《汉武帝论》，而被启蒙老师谭化雨称赞，深受重视。后来，他以第一名的成绩考入广东大学，更加得到了谭化雨的认可，誉之曰"此乃吾家之千里驹也"。在广州的求学生涯则对他影响至深，在这里，何干之踏入了大革命的洪流，他接受五四新思潮，阅读陈独秀、李大钊、瞿秋白

何干之教授
（来源：中国人民大学档案馆）

等人宣传马克思主义和评论时政的文章，开始走上革命的道路。

陕北公学筹办后，中共中央开始了"广招天下士"的策略，在延安这所革命圣地，吸纳来自各地的人才，为抗战救国培育星火。"八一三"事变后，中共中央为了解决陕北公学缺少理论教员的状况，致电中共上海办事处，指名要求调何干之到延安任教。10月中旬，何干之与艾思奇、周扬等一行人经八路军驻南京、西安办事处辗转到达延安，延安的报刊称他们为"新启蒙运动健将"。

1939年7月，在华北联大成立即将开赴敌后时，毛泽东表示想要留下他，让他担任自己的理论秘书。在领袖的身边担

任理论工作的秘书,这是多么大的荣幸,也足以表现出中共中央对他能力的认可,可是何干之却婉拒了。对于他来说,研究和教学才是他一生的追求。他对中共中央组织部副部长李富春表示自己不了解革命实践,不适合担任领袖的秘书,愿意随华北联大到前方去,借以锻炼自己。此后,他在华北联大、华北大学一直从事革命教育工作。这种"大书呆子"的精神,使毛泽东少了一位秘书,但为革命教育事业保留了一位园丁。

也正是因为何干之的这个选择,造就了他与胡华二人的一段亦师亦友的佳话,二人齐心协力为中共党史的事业开天辟地,完成了这个世纪的壮举。从某种意义上讲,何干之教出了胡华这样一位优秀的弟子,而胡华又将教学进行了传承,培育出了第二代中共党史的主力军;何干之编写了陕公时期的中国革命史教材,开创了第一代教学范式,而又与胡华携手,在新中国成立后继续为中共党史的教学编写教材,师徒二人便铸就了中共党史研究与教学的半壁江山。

1953年下半年,高教部决定将"新民主主义论"这门课程扩展为"中国革命史"。于是为了适应教学的需要,何干之受高教部委托,负责主编示范性教材。1954年这部讲义教材正式问世,由高等教育出版社出版,就是著名的《中国现代革命史讲义(初稿)》。该讲义共分15章,叙述了从1919年五四运动到1952年间的历史,出版后被高教部正式规定为全国高等学校教材。截止到1956年,该书累计印行160余万册,并先后译成俄、英、越等国文字在国外发行。此后,该书又不断被修订和再版发行,特别是1956年中共八大召开后,它又增补了1953—1956年间的内容,将下限延续到社会主义改造结束。修订本以《中国现代革命史》为名,于1957年和

1958年由高等教育出版社分上、下两册出版。一时间，成为当时影响最大的高校中共党史专业教材，之后的所有党史书写基本都是出自此书的范式，其影响深远盖若此。

何老曾提到，他一生最大的夙愿就是成为一名"红色教授"，而中国人民大学的成立，中共党史系的建立基本都是在他的支持和领导下完成的，从中国历史和中国革命史教研室主任到历史系主任，再到中共党史系主任，他见证和参与了中共党史系成长的一点一滴，也在这里完成了自己的夙愿，为中共党史的红色教学开疆拓土，钻木取火。同时，在他担任研究班的教员之时，也全心全意地为学生授课，希望培育出更多优秀的第二代接班人，将这个神圣的使命传承下去。

从早年的革命青年，到左翼文化人，再到红色圣地的执教者，何老将他的一生奉献给了他所挚爱的教学事业，并且选择的还是开疆拓土的红色教学。他虽戏称自己是个"大书呆子"，但他一点都不呆，他一生"呆"在红色教学之中，最终完成了中共党史教学的开天辟地之伟业，这是具有

《何干之文集》（三卷本）书影

大毅力和大智慧的人才能完成的，"何干之"这三个字，将永远留存在中共党史系、中共党史人的心中，他是当之无愧的祖师爷，令人钦佩的钻木者！

二、李新：严谨治学正轨道

1918年9月15日，四川省荣昌县安富镇（现属重庆市）一个富于革命传统的家庭中诞生了一个新的生命，说其富于革命传统，是因为这家的男主人曾参加过同盟会和辛亥革命

时的保路同志会，曾经为中华之崛起贡献过自己的力量。父亲给这个新生命起名叫李忠慎，而他也就这么开始了传奇的一生。

1938年初，20岁的李忠慎约集志同道合的同志数人，毅然由万县步行出发，奔赴革命圣地——延安，入陕北公学学习。这时，过去的李忠慎已然消失了，在这里他改名为李新，新的方向，新的希望，也开始了新的征程。在陕北公学毕业后，李新先被分

李新教授
（来源：中国人民大学档案馆）

到八路军西安办事处任招生委员。一年后，他返回延安，在主编胡乔木的带领下，任《中国青年》的助理编辑，同年秋调任西北青年救国会第二剧团指导员兼团长，率该团赴华北抗日前线，戎马的战场生涯也就此展开。

然而，戎马一生并不是他的真实写照，新中国成立后，李新便主动放弃军政生涯，希望可以加入教育事业，为新中国的未来继续贡献自己的力量。因此，从1950年起，李新便投入中国人民大学的筹备工作中。当年秋，中国人民大学成立后，李新历任教务部副部长（部长由副校长胡锡奎兼）、党委副书记、中国革命史教研室副主任、历史研究所所长等职，并曾兼任团委书记。

1948年李新调任华北大学，在华大一部担任副主任，这时胡华在一部任政治教员，有时还兼任区队长。在华大，政治教员是很受尊重和很有地位的，不少的政治教员兼任区队长就是证明。华大搬进北平后，政治教员被各单位争着请去讲马列主义和中国新民主主义革命史，这对促使当时广大知识分子革

第三章 势起：曲奏（1956.5—1970.10）

命化起了很大的作用。也是在此时，李新认识了胡华，也开启了二人的珍贵情谊。

在中国人民大学工作期间，李新开始协助吴玉章搜集资料，整理材料，出版关于辛亥革命的历史回忆录，这为以后李新从事史学研究时注重资料的搜集与整理提供了宝贵的经验。为了当好吴老的学术助手，李新大量阅读档案馆、图书馆和资料室的资料，经过三个多月的奋战，《辛亥革命》这本书于1961年9月出版，得到毛主席"见书见人""书如其人"的高度评价。

中国人民大学命名组建之后，李新担任了学校的教务长一职。这时，李新与李培之一同在胡锡奎副校长领导下主管教务工作。中国革命史教研室则直属于教务部，分工恰由李新主管，因此他和革命史教研室的同志们交往较多，和何干之、胡华的关系尤为密切，其中胡华编写的各种讲义和参考资料，比如《中国革命史讲义》等，为李新的学术研究奠定了基础，同时也为李新主编的革命史书籍提供了借鉴。李新和李培之二人对教研室同志们的要求十分严格，李新后来回忆道：

现在想来可能有些过于苛求了。不过我们都是出于好心，绝没有丝毫整人的动机。特别是李培之大姐，在紧要关头还保护了一些同志。而且从效果来说，这样的严格要求，对同志们后来的发展还起了积极的作用。因为政治教员，不仅要业务好，而且首

胡华主编的《中国革命史讲义》1959年正式出版，遂为全国高校教材

先就要求他的言行能成为全校师生的表率。胡华同志后来受到那么多人的敬爱,这既得力于他能长期全心全意地从事教学和科研工作;更得力于他能掌握批评和自我批评的武器,不断地提高自己,增强党性。我想,现在的政治课教师,应该向胡华同志的工作精神和革命精神学习。

在主管中国革命史教研室期间,李新几乎不苟言笑,严谨认真,对于出现的问题总是全面客观地分析,而不带一丝个人感情。因此,有的教员十分怕他,但是私底下却没有一个人会诋毁他,因为李新的严谨与认真是建立在严格要求自我的基础上的,他以自己的作风来正全教研室的作风,用自己的以身作则来要求教研室的全体师生,他用自己的人格魅力赢得了全教研室的尊重,也为教研室的文风、作风、研究之风、教学之风奠定了良好的基础。

1956年李新调任中央社会主义学院教务长、党组成员。从这时起,受高等教育部委托,他开始与蔡尚思、陈旭麓、孙思白、彭明共同主编《中国新民主主义革命时期通史》,全书共四卷,于1961年完成。1960年李新被高等教育部评定为教授。1961—1962年协助吴玉章写作《辛亥革命》和《历史文集》两部著作。1962年后辞去一切行政职务,调至中国科学院近代史研究所任研究员,专心从事研究工作,协助范文澜编写《中国通史简编》。1976年后,李新任中共党史人物研究会副会长,中国中共党史学会副会长,再次开启了他与中共党史的不解之缘,与胡华携手,为《中共党史人物传》的出炉而竭力。1982年国务院机构改革后,李新任中共中央党史研究室副主任,在胡绳的领导下继续中共党史的工作,直到退居二线,退休,这才结束他一生的中共党史情缘。

严谨治学正轨道,忠诚认真执法人。中国革命史教研室(中共党史系)刚刚起步的时候,与李新先生邂逅,并由其主管,不可谓不是其幸运。而李新与胡华、何干之等人的友情也随着岁月的流逝而历久弥坚,他们的名字在中共党史系的历史上将是一段永恒的佳话!李新先生为中共党史的事业立下的开拓之功也必将永远被后人所铭记!

三、尚钺:马克思主义历史观的坚守者

在中共党史系开天辟地的过程中,除了"开拓者"何干之和"执法者"李新以外,还有一位不可忽视的人物,那就是马克思主义历史观的坚守者——尚钺。

在中国历史学领域,有马克思主义史学家的"六老"之说,即指郭沫若、范文澜、吕振羽、翦伯赞、侯外庐、尚钺。史家诸老,所谓史家者,须具备史才、史学、史识、史德,尤

尚钺教授

其是后者的光明磊落、实事求是,没有这种品格,也就难称史家了。而尚钺这一生都在践行着他的信条,也深深地影响着早期的中共党史系。

关于尚钺先生的故事,可能更多人知道他,是因为他和朝鲜前领导人金日成的师生关系,因此也听说过毓文中学,但大多数人可能都不了解他和中国人民大学中共党史系的渊源。金日成曾经常怀念尚钺先生,称他是自己的马列主义的启蒙老师,而实际上,尚钺先生也是我们中共党史系的启蒙

老师。

　　解放战争后期，华北大学成为中国共产党在解放区教育领域的重要开拓者。1948年尚钺转赴华北解放区，任华北大学二部史地系主任、教授。同年9月，华北地区人民代表大会在河北石家庄召开，尚钺作为国统区代表出席了大会。在之后北平和平解放，华北大学师生一同入城，开始为党和人民开创新的时期而身先士卒。尚钺随华北大学入城，之后又担任了中国人民大学筹备期间的教育研究室研究员兼史地组组长。

　　中国人民大学正式成立后，尚钺担任中国历史和中国革命史教研室中国史的组长，与何干之、李新、胡华等人一起加入了新中国人民大学教育的开疆拓土的工作，何干之担任中国历史和中国革命史教研室的主任，两位副主任便是李新和尚钺。如果说李新主管整个教研室的纪律等方面的工作，是名副其实的严谨执法者，那么尚钺就是坚守马克思主义历史观的恪行者，在中国革命史开疆拓土时期，尚钺为整个教研室的研究之风作出了巨大的贡献。

　　　　我们用马克思主义去研究历史，是用它正确的立场观点方法，并不是攫取其对于某以问题的具体的结论。如果我们的研究只限于使历史事实去适合某种论断，那么我们的研究还有什么意义？马克思主义并没有穷尽真理。社会在发展，科学技术在进步，理论也不能停步不前。马克思主义的史学研究在我国虽然有几十年的历史了，但毋宁说是刚刚开始，许多问题至今还没有得到解决，谁能说哪种结论是百分之百的正确呢？学术上不应该有权力标准。在真理面前人人平等。领导人包括高级领导人在学术问题上的意见也只能是一家之言，要和不同的意见进行平等的讨

第三章　势起：曲奏（1956.5—1970.10）

论。学术工作者之间更要破除门户之见，提倡一种民主生动的学术空气，让各种意见在不断深入的研究中得到考验。

这是尚钺先生对自己一生马克思主义历史观的总结。也是他在中国革命史教研室期间，为这里的师生留下的最珍贵的精神财富。

随后不久，尚钺先生便担任了中国科学院哲学社会科学部历史研究所学术委员、北京市政协常委等职。再之后随着学校的改制，分离了历史教研室，步入了中国通史的研究领域。虽然相聚短暂，但意义匪浅，尚钺先生用他的史观和精神影响着中共党史系，而中共党史系也将这块至宝坚守到了如今。

尚钺先生虽然与中国革命史教研室（中共党史系）相聚又离散，但他的一生都在为马克思主义史学贡献自己的力量。解放初期，党和国家提出了改革教学内容，加强培训以马克思主义、毛泽东思想为指导的历史课师资队伍和编写简明中国通史教材的任务。尚钺为了党的文化教育事业，表现了高度的责任心。20世纪50年代初，他先后培养了四批共80余名研究生。这时他已年逾50，却不辞劳苦夜以继日地工作，除坚持讲授中国通史等课外，还要指导教师的教学、研究和研究生论文的写作。这期间他编写了100余万字的《中国通史讲义》，并写出了多篇学术论文和专著。他不仅关怀研究生政治、业务的成长，对他们的生活也给予深切的关心。1954年尚钺主编的《中国历史纲要》由人民出版社出版。这是一部力图用马克思主义解释中国历史发展规律的简要通史。它以清晰的结构、简练的语言，晓畅地阐述了中国历史发展的线索，使几千年波澜起伏、错综复杂的矛盾斗争脉络分明、一目了然。因此，它受到广大干部和历史教学界的欢迎，引起了史学界的广泛注意。

1972年以中国人民大学原历史教研室为基础成立了清史研究小组，郭影秋、尚钺分别为正、副组长，尚钺先生再一次为中国人民大学的历史研究开疆拓土，而这就是人大当今数一数二的清史所的前身。现在清史所名誉所长正是中国人民大学老当益壮的一级教授——戴逸，而戴逸教授正是当年在中国革命史教研室的小教员，胡华先生的弟子，历史兜兜转转绕了个圈子，这二位的缘分就此又展开了。

这些当年在中国革命史教研室一同并肩作战的师生又一次携起手，穿越命运的晶壁，搭起一座马克思主义历史观与中国历史的桥梁，尚钺先生为中共党史系留下的精神财富，也必将在这些走出来的优秀革命史家身上，永远传承下去，到处燃起那点点火光，燃遍神州！尚钺先生的马克思主义历史观和其坚守的精神将永远留在我们心中，永垂！

四、胡华：陕公讲台的年轻讲师

"风清清，天蓝蓝，我要去延安"，一首歌曲，唱出了那个年代多少爱国青年的心声。延安是革命圣地，是梦想之地，是希望之地。战火纷飞，国破山河碎，在那个艰苦的年代，无数有志青年历经千辛万苦，奔赴延安，只为看见那道光，那道中华民族最后的希望之光。而胡华老师，便是这万千青年中的一员。

1938年10月，胡华历经千辛万苦终于成功奔赴延安，完成了自己人生中最无悔的选择。11月7日，他到达陕甘宁边区旬邑县看花宫村，正式就读于罗迈任校长的陕北公学旬邑分校，被分在关中普通一区队 48 队，学制为三个月。此时，陕公的教育方针是，高举马克思列宁主义鲜明旗帜，理论和实际相结合、所学和所用相结合。而在这一时期，胡华等学生看得最多的就是马、恩、列、斯、毛的著作，尤其是对马克思主义与中国实际相结合的理论成果。

1939 年春夏之交，陕北公学全校动员，戒备敌人扫荡。胡华后来回忆站岗期间的感想："轮到我巡逻时，望着繁星满天的夜空，想起这时在祖国广大的抗日战场上有多少战士像自己一样在黑夜中放哨。我，一个十八岁的青年战士，为能参加保卫神圣的陕甘宁边区的自由土地而感到自豪。"是啊，此时的胡华只有 18 岁，只是个刚刚成年的小战士罢了。

随着学业的顺利完成，胡华进入了高级班，分配在高 6 队。胡华在高级班担任课代表，认真学习马、恩、列、斯、毛著作。6 月胡华成为一名正式的共产党员并担任高研班党小组组长。7 月胡华随华北联大师生奔赴太行山晋冀鲁豫、晋察冀敌后根据地，历经七八十天的长途奔波，最终到达目的地，开始新的征程。

1940 年 4 月 1 日，华北联大第二期正式上课（半年学制），胡华被选中，担任了《中国近代革命运动史》教员。此时的胡华只有 19 岁，可谓陕公讲台上最年轻的讲师了，而他自己也诚惶诚恐。在接到这个任命之后，他第一时间想要推辞，觉得自己能力和资历都不够，但还是认认真真地开始了准备工作。他把长途跋涉从陕公背到晋察冀敌后来的教材、洛甫主编的《中国现代革命运动史》整理出来，作为备课的基本依据，之后又通宵达旦开始复习温习这些资料。成仿吾、江隆基、何干之等老教师也为胡华走上讲台，给予了悉心的鼓励和支持。胡华后来回忆道：

当时我只是一个19岁的小青年，怎敢在大学讲台上讲课呢？何干之同志平时说话有些口吃，他鼓励我说："你，你，放大胆，我帮，帮助你。前有干部没学过这些，他们爱听的。"他把有关中国革命问题的书大部分借给了我。其中有几本书，封皮上有"毛泽东"三个字的毛笔签名，干之同志说，这是毛主席的书，是主席送给他的。在抗日烽火燃遍大地的前方，我能得到这些书籍，是何等的珍贵！成仿吾校长又亲自从他带到前方的书箱中拣出两本书给了我，一本是《中国问题提纲》，一本是《中国苏维埃运动史提纲》。这样，我就觉得讲这门课较有把握了。

就这样，在前辈的鼓励和支持下，胡华终于鼓起勇气，第一次站在了陕公讲台上，成为了风华正茂的青年讲师，也成为了陕公历史上的一段传奇。

在晋察冀敌后抗日根据地的艰苦斗争环境中，胡华作为始终坚持在华北联大教学岗位的教员，潜心研究中国近代革命运动，以新民主主义革命的思想理论为指导，讲授中国革命历史。胡华在讲授中国近代革命运动史中，按照毛泽东的论断，具体讲述了俄国十月社会主义革命和中国的五四运动、中国共产党的成立、大革命、土地革命运动等史实，阐释了《新民主主义论》的基本观点。他明确指出了中国由旧民主主义革命到新民主主义革命的转变；自五四运动以后，中国革命已经是中国工人阶级领导的新民主主义革命；中国革命必须分为新民主主义和社会主义两个阶段；在中国革命的现阶段——新民主主义革命时期，党必须采取既区别于资本主义又区别于社会主义的政治纲领、经济纲领和文化纲领。他强调指出《新民

第三章　势起：曲奏（1956.5—1970.10）

主主义论》解决了中国新民主主义国家建设和准备进行社会主义革命的理论问题，从此中国人民有了明确的道路和方向，再不会迷失路途了。胡华在执教期间还逐渐形成了自己的实证性史学研究风格，即"注重史料，论从史出"。他的历史课以史料丰富、史论结合、声情并茂、讲授生动见长，听过他课的学员们多有赞评。在六年的战火教学中，他记有大量教案和笔记，可惜毁于日寇"扫荡"的焚烧和劫掠中。他在战火中养成了习惯，随身备有一个小本子，走到哪里，听到哪里，记到哪里。他虽然博闻强记，但依然相信"好记性不如烂笔头"，给陕公的学生们留下了深远的影响。

抗日战争胜利后，胡华调任张家口市总工会宣传部副部长、部长。他又一次出色地完成了党交付的任务，指导和组织了张家口工人的反奸清算斗争和生产竞赛运动。从领导新解放城市建设和工人运动的实践中，进行经验总结与研究，写出了《中国工人斗争史页——京绥路张家口工人斗争史迹纪实》。

1946年10月，胡华重返华北联大工作，任华北联大教育学院党总支副书记、史地系副主任。1947年参加河北束鹿县的土地改革运动。1948年4月，任华北大学中共党史教学组组长，在吴玉章、成仿吾等直接领导下，开始从事中共党史的教学和教材编写工作，准备为新中国的全国性革命史教育揭开新的篇章。

胡华1946年史著手稿自制封面

胡华老师的故事太长太多太感人太真切，此处，我们只讲那位陕公讲台的年轻讲师，那位将自己的青春写在革命圣地无怨无悔的青年。胡华老师是中共党史第一代开拓者的小字辈，却开启了又一代风华，他必将在中共党史的历史上，千古！

第四章

逆境:不屈(1970.10—1978.7)

1970年中国人民大学停办,人大中共党史系并入北师大历史系,图为改革开放之初人大复校时的校门

第四章 逆境：不屈（1970.10—1978.7）

1966年5月，"文化大革命"十年动乱开始，教育领域同样遭到巨大冲击。自1969年起，学校许多师生就被陆续送到京郊农村劳动，其中中共党史系是学校内遭受冲击最为严重的几个院系之一。1970年中国人民大学停办，中共党史系教职工与全校教职工一起赴江西余江"五七干校"进行劳动和改造。在这一期间，虽然没有了中共党史系的编制称号，但每一个中共党史系的教师，亦或者是仍在求学的学生都仍记得他们曾属于那个光荣的中共党史系，都以身作则，在劳动和实践中，继续传承着曾经的那份荣耀、辉煌、意志和精神。

至1972年底，教职工除一部分已于1970年底提前回京，到北大、北医等院校工作外其他全部分批返京。然而由于国内接连不断的政治运动波及人大，到1973年人大遭受了撤校的灭顶之灾。所幸，当时的副校长郭影秋富有远见，提出要求：中国人民大学的学科建制不能打乱，要按学科、系别分到各校。北京市委接受了此项意见。于是，学校2000多名教职工陆续被分到北京大学、北京师范大学、北京经济学院等单位工作。得益于这种成建制分配的做法，人大的整体实力才没有遭到致命打击，为"文化大革命"结束后的迅速复校奠定了基础。

1973年夏，党史系与哲学系、经济系教职工一并划入北京师范大学，参加师大历史系"斗批改"活动。1974年又从历史系分出，按原建制恢复中共党史系，与胡华一同在猪场劳动改造的高庆永担任了系党总支书记，系下设立中共党史教研室（党支部书记彦奇）、中国近现代政治思想史教研室（党支部书记林茂生）、世界史教研室（党支部书记程秋原），这些教研室都很好地得到了传承，在北师大也继续发挥着一定的教学作用。

1977年高考制度得到恢复，中共党史系在师大恢复招收中共党史专业本科学生，而这批学生则成为中国人民大学复校后毕业的首届本科生。未来也在各个领域为改革开放事业贡献自己的一份力量。

1978年中国人民大学正式复校，逆境中的不屈，最终让中共党史系和中国人民大学一同浴火而重生。

第一节　共赴江西

1966年"文化大革命"开始，中国进入了十年动乱时期，新中国刚刚起步的教育领域遭到了更进一步的打击，曾被中共中央领导人认可为中国新型高校样本的中国人民大学反而是被进攻最激烈的地方之一，中共党史系也随着学校的气氛变化而处在压抑之中，完全丧失了学术自由活泼的生机。自1969年起，学校许多师生就陆续被送到京郊农村劳动，其中中共党史系是学校内遭受冲击最为严重的几个院系之一。1970年在林彪、"四人帮"的破坏下，学校被关闭停办。1971年的全国教育工作会议正式通过了《关于高等院校的调整方案》，中国人民大学居然处在决定被撤销的高校行列之中。一众师生不知未来如何，全校的前途也是一片灰色。

中国人民大学停办后，中共党史系教职工与全校教职工一起赴江西余江"五七干校"。在学校被勒令停办的危机时刻，郭影秋校长仍不顾个人的安危，坚持斗争，高瞻远瞩地提出学校要"成建制分配"的方针，始终认为人大早晚要恢复，要按学科、系别分到各校。对此，北京市委接受了此项意见。并且在回京之后，中共中央也有声音，不允许胡华离开中共党史系，只能在革命博物馆工作。这些都是前辈们的斗争和努力，为中国人民大学的顺利复校奠定了坚实的基础。中共党史系的大部分师生如系主任胡华、党总支书记高庆永、讲师戴逸等都被下放到了江西省余江县刘家站"五七干校"劳动，接受"改造"。

第四章 逆境：不屈（1970.10—1978.7）

郭影秋校长与现在中国人民大学校内的郭影秋铜像

　　1969—1971年中国人民大学师生为响应中共中央"上山下乡、接受贫下中农再教育"的号召，共组织2600人分八批先后来到余江"五七干校"劳动学习。人大的师生们在这里一边搞基础设施建设，一边发展农业生产。他们自力更生、艰苦奋斗，垦荒山、修公路、挖渠道、采石块、建房屋，在短短的三年时间内，一共建造房屋81栋，修筑公路5公里，开垦荒地630亩，其中橘园40亩、茶场150亩、良田100多亩。其中，中共党史系的成员就起到了很好的带头作用。

　　千磨万击还坚劲，任尔东西南北风。据后来戴逸教授的回忆，被政治运动波及的胡华，虽处逆境中，但依旧保持坚强、乐观的心情，对未来充满信心，牵挂着他始终未完成的中共党史"作业"。在进入"五七干校"之前，胡华是敢和工宣队、红卫兵讲理、顶撞的人。有一次，他和工宣队争执起来，为的是要给一位年老体弱的老干部减免体力劳动，他据理力争，言谈从容，不畏惧权势，终于说服了工宣队，达到了要求。胡华还鼓励与他一样的"难友"，让他们不要放弃，胡华的这种乐观精神给予了许多人以坚持下去的精神力量。对此，戴逸深深感慨道，胡华不愧是"经过锻炼的老干部"。

在江西省余江县中国人民大学"五七干校"两年多，胡华被分配在养猪班，天天做猪食、喂猪、清猪圈、打猪草、值夜班等，苦、脏、累，艰辛异常。由于生活困苦，有的教授情绪低落甚至自杀，但据高庆永回忆，胡华作为从延安走出来的老干部，很快适应了那里的生活，保持乐观，把猪也养得很好。

在江西的岁月里，即使已经下放，但"五七干校"中仍然风波迭起，不时敲响批判的锣鼓。胡华因回浙江奉化探望孤独生活的老母亲，而被污蔑"怀念蒋介石"，对此戴逸回忆到，当时的胡华毫无惧色，找到那个写大字报的人，把他驳斥得哑口无言，令这场所谓"批判"最终因得不到人们的同情而进行不下去。

在"五七干校"的日子，人们普遍忧虑、苦闷。全国局势仍一片混乱，国家前途不知走向何方，中国人民大学已被解散，教师们被打发下乡，个人的命运难卜。胡华却一向和蔼，从不疾言厉色，唯有在必须抗争的时候才锋芒凌厉，显示出铮铮风骨，一定程度上展现了中共党史系教师性格中刚强的一面。

1970年11月，中共中央发出《关于传达陈伯达反党问题的指示》，批陈整风在全国开展起来。胡华在大家邀请下作了一次报告，他在手边完全没有参考资料的情况下，讲清了陈伯达的反革命罪行。陈伯达于1966年5月任中央文化革命小组组长，后积极参与林彪、江青夺取最高权力的阴谋活动，1970年他在第三次庐山会议上被毛泽东点名批判，后被开除党籍。

第四章 逆境：不屈（1970.10—1978.7）

1970年1月，胡华下放在江西余江"五七干校"当了猪倌。当年10月，中国人民大学停办

1972年春，胡华奉调从江西余江"五七干校"回京，担任中国革命博物馆顾问

等到后来中央发了关于陈伯达的正式文件，大家一看，与胡华所讲内容并无二致，令"五七干校"的人赞叹不已。由此可见，胡华的真才实学名副其实。

1972年"五七干校"中传来了好消息，胡华可以回北京去重新分配工作。胡华虽然被分配到革命博物馆工作，但档案依然留在中共党史系，以备随时回到那里，回到党史书写的伟大战场中去！

1976年"十年浩劫"的噩梦才逐渐淡退。中国人民大学于1978年恢复，胡华回归了中共党史那个属于自己的工作岗位，属于自己的战场中，开始继续忙碌自己的专业。在历经风雨的磨炼后，胡华变得更加沉着厚重，而且在他心底燃烧起要求工作的强烈愿望，要把失去了的时间追回来，讲课、写作、开会，可谓忙个不停。而整个党史系也似乎深受感染，全体师生们众志成城，团结一心，为党史系的复兴而努力。胡华是人大复校、党史系复系后的杰出教师代表，他们求真求实，不虚浮、不苟且，"板凳要坐十年冷，文章不写一句空"，其严谨的治学态度和敬业的职业操守成为中国人民大学永远值得传承的精神财富，更是为中共党史系永远值得追求和保持的！

第二节　党史重建

"前路漫漫亦灿灿。"中共党史系的恢复与重建经历了一个漫长的过程，也许正是因为有这段时间的积淀，中共党史系才能将后面的路走得更加踏实与坚定，迎来一个属于中共党史系的灿烂未来。

第四章　逆境：不屈（1970.10—1978.7）

一、北师岁月里的中共党史系

在人大停办的这段时间中，全国的疾风骤雨越来越激烈，在完成劳动和上山下乡等指示之后，中国人民大学的教职工队伍开始陆续返回学校。至1972年底，教职工除一部分已于1970年底提前回京，到北大、北医等院校工作外，其他全部分批返京。然而，令众人没有想到的是，由于国内接连不断的政治运动波及人大，到1973年人大居然遭受了要被撤校的灭顶之灾。所幸，当时的副校长郭影秋富有远见，提出要求：中国人民大学的学科建制不能打乱，要按学科、系别分到各校。北京市委接受了此项意见。于是，学校2000多名教职工陆续被分到北京大学、北京师范大学、北京经济学院等单位工作。得益于这种成建制分配的做法，人大的整体实力才没有遭到致命打击，为"文革"结束后的迅速复校复系奠定了坚实的基础。

经不断的落实政策、组织整顿，1973年夏，中共党史系与哲学系、经济系教职工一并划入北京师范大学，参加师大历史系"斗批改"活动，而中共党史系旗下的各个教研室，例如中国近现代政治思想史教研室等则在北京师大历史系作为原建制被保留下来，并得以继续开展有关专业的教学与科研工作，编印出版了《中国近现代政治思想史讲义》和有关一些专题资料。

1974年中共党史系又从北师大历史系分出，按原建制恢复中共党史系，曾与胡华搭档的原中国人民大学历史系党总支副书记高庆永担任了北师大此时中共党史系的党总支书记。系下设立有彦奇教授担任党支部书记的中共党史教研室、林茂生教授担任党支部书记的中国近现代政治思想史教研室和程秋原担任党支部书记的世界史教研室。这三大教研室继承了中共党史系最核心的几部分，虽然胡华此时被中央调到革命博物馆做拨乱反正、恢复历史的重要工作，并不在北师大的党史系，但胡华的档案却始终留在党史系，不曾有所离开。

在北师大的这几年中，中共党史系又举办了三届一年制或二年制的进修班，招收工农兵学员，为工农兵服务，继续为培养拥有中共党史素养的人才而工作。在粉碎"四人帮"之后，各个领域都开始拨乱反正，中共党史系的任务也逐渐艰巨起来。

1977年9月，中国教育部在北京召开全国高等学校招生工作会议，决定恢复已经停止了十年的全国高等院校招生考试，以统一考试、择优录取的方式选拔人才上大学。这是具有转折意义的全国高校招生工作会议决定，恢复高考的招生对象是工人农民、上山下乡和回乡知识青年、复员军人、干部和应届高中毕业生。录取学生时，将优先保证重点院校、医学院校、师范院校和农业院校，学生毕业后由国家统一分配。1977年冬天，中国570万考生走进了曾被关闭了十余年的高考考场。当年，北师大中共党史系也迎来了第一批本科生，终于开始向前迈出了一大步。

1978年在中央领导和人大师生的共同努力下，中国人民大学终于得以成功复校，得以再续红色传奇。中共党史系也很快回归到中国人民大学的怀抱之中，带着他们所招收的第一批七七级本科生，从北师大迈步，步入新的殿堂！

二、高考恢复后的首届本科生

对多数人而言，"高考"是青葱岁月的"焦虑"代词。但

第四章 逆境：不屈（1970.10—1978.7）

在1977年高考却成为百万国人破除年龄、婚否、出身限制，逆转命运的唯一机会。1977年恢复高考制度，不仅改变了几代人的命运，尤为重要的是为我国在新时期及其后的发展和腾飞奠定了良好的基础。而那个时候中国人民大学还没有得到恢复，传承了中国人民大学血脉的中共党史系等并入北师大的院系则成为代替中国人民大学见证整个伟大时刻的最佳选择。

1977年通过高考进入北师大选择中共党史本科的学生，据统计大约有38位，他们是中国人民大学复校最早的一批本科生，也是最先毕业的本科生。他们虽然在人大的学习时间并不长，但逆境培养起来的精神却十分强大，足以支撑他们在人大剩下的学习时间中，付出更多的努力，收获更多的回报，作出更大的贡献。

1978年3月8日，胡华在北京师范大学作《青少年时期的周恩来同志》报告

高考恢复后的首届本科生，就是在北师大录取的七七级本科生，他们在一年之后回到了中国人民大学的怀抱，也继续为中共党史的事业贡献出自己的一份力量。

在这一批本科生中，有如今在党史学界久负盛名的是北京大学国际关系学院的学科带头人——牛军教授。牛军教授现在在外交学与外事管理系执教，他当年被分到中共党史专业来时较为迷茫，但在党总支书记的引导下，还是成功增加了自己对中共党史系的认同感和光荣感。据牛军教授回忆："中共党史系的李良志教授给我们讲课，学问非常扎实，自己的经历也很曲折，但是他自己仍然几十年如一日，兢兢业业地做研究，没有因此而放弃颓废，一蹶不振。他主要研究抗战史，讲课引人入胜、发人深省，抗日战争史的课给我留下的印象非常深。我的博士论文后来写的就是从抗战后期到解放战争初期的课题，这跟他讲授的内容有一定关系，它引起了我对这段历史特别浓厚的兴趣。人大的老师们不论跟同学们的关系，还是他们个人的苦难经历，以及在那么复杂的经历下对自己研究的执着、坚持和对教学的热情投入，都令人感叹不已。中国人民大学永远是我的母校，不管后来怎么发展，获得什么样的荣誉，做人的基本价值取向以及世界观都是在中国人民大学读书这段时间形成的。我很幸运遇上这些老师。"牛军教授的本硕博都是在人大读的，其硕士导师是刘炼教授，博士导师是原中共党史系的系主任胡华教授，他曾说："中共党史系的教学对我的人生影响很大，我到现在还记得我们系的系训，'板凳宁坐十年冷，文章不要一句空'，希望以后我的后辈他们做学术研究时牢记这两句话。"当然，还有和他一起出名的，中共党史专家杨奎松教授，他做学术十分严谨认真又善于详尽引证与合乎情理推论，继承了胡华所强调的论从史出、史论结合的史观。

第四章 逆境：不屈（1970.10—1978.7）

当然，除了选择继续执教，钻研于学问之中的"真人"，这一届本科生还有许多选择步入行政岗位，为人服务的"实人"。从中共党史系同学录 1996 年版本中，还可以找到七七级中共党史本科生的名单，附录在文后。另外，此处还选取了一些还可依稀找到相关资料的系友代表。

廖心文，1948 年 7 月生，毕业于中国人民大学中共党史系，研究员，曾担任中共中央文献研究室室务委员、第二编研部主任以及全国周恩来思想生平研究分会会长、刘少奇思想生平研究分会会长等职务，享受国务院颁发的政府特殊津贴。

彭红，1952 年 2 月生，毕业于中国人民大学中共党史系，编审，中共中央文献研究室科研管理部原主任。自毕业以来长期从事中共党史、党和国家主要领导人相关文献编辑研究工作。参加了《邓小平文选（1975—1982 年）》《三中全会以来重要文献选编》《知识分子问题文献选编》等重要文献的编辑工作。

张琦，1949 年生，曾在中国人民解放军西藏军区服役，后来到中国人民大学中共党史系求学。1982 年毕业于中国人民大学中共党史系，后进入中共中央党史研究室工作。曾任中央党史研究室所属中共党史出版社社长，研究员；兼任中央重大革命和历史题材影视创作领导小组成员，中国中共党史学会常务理事、副秘书长。先后担任中共中央党史研究室科研管理部和第三研究部副主任等职务。

秦惠民，曾在 1993—2002 年担任中国人民大学研究生院副院长。后自 1999 年起，任中国人民大学教育研究所所长至今。于 2001 年至 2013 年 3 月，秦惠民教授任中国人民大学公共管理学院党委书记兼副院长。2011 年 10 月起兼任中国人民大学教育学院党总支书记，后又评为中国人民大学第九、十届学术委员会委员以及中国人民大学第四、五、六届学位评定委员会委员。

（注：由于同学录至今已有一些时间了，而且当时统计信息的时间离七七级本科系友也有一段，所以有的系友只能见到名字，而无法查阅到相关具体的资料了。中共党史系每一届优秀的本科毕业生，不只有文中上述这些，如有遗漏，欢迎各位系友指正批评！）

1981年12月29日，胡华、彭明、刘炼等与七七级部分学生的合影

第三节　传承者

一、胡华：开启新的风华

岁月流逝，时过境迁。新中国成立已过去了20余年，老一辈的革命史学家、第一代党史先驱，何干之等人似已完成了他们的使命，他们将一个有着光明前途的新兴学科，一个有着深厚物质积淀的特色学系交到了下一代的手中。而作为第一代最年轻的人，胡华教授承前启后，又开启了新的风华。

第四章　逆境：不屈（1970.10—1978.7）

然而，自"文化大革命"开始，一系列的打击便接踵而至，中国人民大学被解散，中共党史系被打散，胡华与何干之等被一起打倒，关进了"牛棚"，受尽各种折磨。在这样艰苦的环境下，胡华仍不改爱党之心，相信党和国家，相信历史和人民，心中依然记挂着未来中共党史系的命运与发展，等待着光芒再现的那一天。

面对逆境，胡华不但没有妥协，反而坚持理想信念，继续顽强斗争，他是中共党史党建学科拨乱反正的先驱者之一。早在中共十一届三中全会以前，胡华就一直坚持历史唯物主义，他以非凡的理论勇气，在"四人帮"仍然十分猖獗的历史条件下，撰写了《到粤、湘、赣、闽、浙、沪五省一市考察学习的初步汇报》（以下简称《汇报》）。这篇振聋发聩的1.7万余字的历史文献正是中共党史党建学科拨乱反正的先声。

林彪反革命集团粉碎后，1972年下半年，中国革命博物馆开始筹备中共党史陈列。根据周恩来总理的提名，胡华从江西余江中国人民大学"五七干校"回到北京，任中国革命博物馆顾问，指导该馆工作。1973年4月25日—7月28日，在徐彬如副馆长率领下，胡华教授与黄高谦、方孔木一行，到粤、湘、赣、闽、浙、沪五省一市的革命旧址和纪念馆考察学习，进行参观和调研，历时三个多月。回到北京后，由胡华教授执笔，撰写了《汇报》。其时"四人帮"还在台上，大权在握，八面威风，不可一世，许多老一辈革命家受到迫害，未能平反昭雪。因此，实事求是，秉笔直书，还原历史本来面目，把被反革命集团篡改、歪曲的中共党史和党的建设历史恢复过来，戳穿他们的谎言，其困难程度是可想而知的。但是胡华教授，以大无畏的理论勇气，高尚的师德，坚持只讲真话、不讲假话的原则,最终不负众望,圆满地完成了《汇报》。

1973年6月14日,胡华(左二)与中国革命博物馆徐彬如馆长(左三)、黄高谦(左一)、方孔木在广州农讲所学习调研

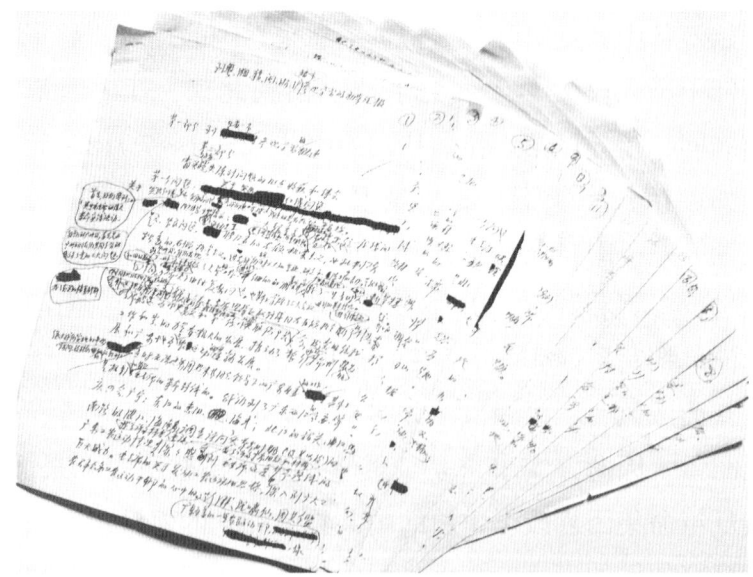

1973年胡华撰写的"五省一市考察学习的初步汇报",被称为在"四人帮"横行时期一次拨乱反正的秉笔直书

第四章　逆境：不屈（1970.10—1978.7）

1976年10月，党中央成功粉碎"四人帮"，胡华和全国人民一样无比喜悦，为恢复中共党史党建学科的本来面貌，捍卫中共党史党建的严肃性和科学性，他夜以继日地忘我工作，由于"文化大革命"中遭到的破坏，许多人物传记都需要重新书写。站在历史的转折点，作为党史学科的领头人，胡华深感责任重大。为了重塑历史人物，还原历史面貌，于1977年出版了《青少年时期的周恩来同志》《南昌起义史话》，讴歌了周恩来、贺龙、叶挺、刘伯承等老一辈无产阶级革命家的历史功绩，戳穿了林彪"领导南昌起义"的谎言。

1977年胡华所著《青少年时期的周恩来同志》经邓颖超审读并被译成十几种文字广为传播

1978年7月，中国人民大学复校，成仿吾亲自点名，胡华必须回到中国人民大学中共党史系，不能再继续在别处受委屈。复校的三大支柱，中共党史系是其中之一。胡华有很多工作要做，任重而道远。中共十一届三中全会以后，胡华更是解放思想,旗帜鲜明地坚持"实践是检验真理的唯一标准",在全会结束不久,便撰写了《以实践检验真理的态度来研究党史》(载《教学与研究》1979年第1期)等论文。他还勇闯中共党史"禁区",澄清了被林彪、"四人帮"篡改了的历史史实,为被他们诬陷的老一辈无产阶级革命家正名,恢复名誉。

在解放思想、实事求是的思想变革中,胡华率先冲破"左"的束缚,在全国史学界有关会议和部分高等院校进行党史学拨乱反正、正本清源的报告

与此同时,为了促进中共党史党建学科的全面拨乱反正,推进中共党史党建学科的建设,1979年12月,中国中共党史人物研究会在广州召开第一次代表大会暨学术讨论会。这次会议选举老一辈革命家何长工为会长,李新、胡华为副会长,并聘请胡华教授兼任《中共党史人物传》丛书的主编。胡华对此特别重视,他把《中共党史人物传》丛书系列的工作看得比自己的生命还重要。

第四章 逆境：不屈（1970.10—1978.7）

在中共党史学界初步完成拨乱反正之后，胡华开始设计主编《中共党史人物传》，全书预计从1980年开始到1990年完成，共50卷，这是一个工程极为浩大的计划，胡华也不辱使命，全力以赴投入这场新的战斗之中。

1985年在主持编写《中共党史人物传》的同时，胡华又出版了《中国社会主义革命和建设史讲义》，这本书在当时同样引起了全社会的重视。如果说，《中国新民主主义革命史》（初稿）主要是回答民主革命时期的问题，那么这本书主要回答的就是社会主义革命和建设时期的问题。在社会主义革命和建设时期，中国共产党的工作是在曲折道路上前进的，《中国社会主义革命和建设史讲义》之所以能引起当时社会的注意或重视，是由于它比较正确地反映了当时的实际。无论是反映工作中的成绩或失误，都是采取分析的态度，许多地方的论述，胡华根据他治学的风格，采取了秉笔直书的方式，将那段历史再现给后人。

令人扼腕叹息的是，1987年《中共党史人物传》刚出版一部分，胡华就与世长辞，壮志未酬。传记中的这些老同志都是中共党史的直接参加者，在某一方面参与了实际的或理论的斗争，把他们亲身经历的活的材料写出来，这就极大地丰富了中共党史科学的内容，增强了中共党史科学的准确性。这部中共史记，给党和国家留下了一笔珍贵的精神遗产，也是胡华生前为党史做的最后一份巨大贡献。中共党史党建学科的全面拨乱反正，就是从编写了《中共党史人物传》突破的，中共党史中的人物传记是中共党史和党的建设史的重要载体，胡华这项工作可谓泽被后世。

胡华于逝世前19天给中国人民大学袁宝华校长的信，信中"生就是奋斗，死就是休息"便是他崇高精神的最好写照

第四章　逆境：不屈（1970.10—1978.7）

胡华在担纲主编的《中共党史人物传》第 20、21 卷分别撰文纪念前辈恩师肖明与何干之

1987年12月26日，胡华留下的绝笔被发现，那是写给广州审稿会全体编委的亲笔信。信中说：

> 我因患肝癌来上海第二军医大学动手术，只好请假……我如果手术顺利，存活下来，当一如凤愿，同大家共同完成党史人物传50卷的历史任务。如我不能通过手术，战胜病魔，人生自古谁无死，只是不能为党完成我许多未尽的工作，而党史人物传50卷，是荦荦大者。我建议，在何长工会长和党的领导下，继续用定期的审稿会完成此项任务。原班人马和工作班子，我建议一律不动……各位审稿成员团结努力，团结好各地党史人物会同志和先辈亲属，共同完成此项光荣任务。我期待着继续和大家共同奋斗。

胡华先生就这么离去了，他跟随何干之等前辈，一路筚路蓝缕，开创了中共党史学科，在中国人民大学的沃土上为中共党史系奠基。同样的，他又一力推动中共党史界的拨乱反正工作，一直战斗到生命的最后一刻，为中共党史系、中共党史学科在新时期重新焕发生机活力立下不朽的功劳。

为纪念胡华逝世一周年，1988年出版的《胡华文集》单行本

第四章 逆境：不屈（1970.10—1978.7）

二、彭明：一生与人大和党史结缘

彭明教授是河南夏邑人，出生于 1924 年。和胡华一样，在那个以革命为主题的时代，奉献自己的青春，挥洒汗水，为中共党史的发展贡献自己的力量。

青年时的彭明喜爱文学，尤其爱读鲁迅、巴金等人的作品。读书报国，实践成才，1945 年年仅 21 岁的他毅然选择了离开家乡，和中国共产党与广大人民战斗在一起，进入华北联合大学教育学院史地系

彭明教授
（来源：中国人民大学档案馆）

学习。1947—1948 年彭明在华北联合大学和华北大学先后师从胡华和范文澜攻读研究生，在此期间还与胡华合作出版了他人生中的第一部著作《日本投降以来中国政局史话》。从此，二人结下不解之缘，一同将自己的一生投入到中共党史研究和教学的光荣事业中去。1949 年彭明完成了研究生的学业，留校担任华北大学中国革命史的助教。在 1950 年中国人民大学成立后，就一直在学校从事教学和科研工作，一生与中国人民大学和中共党史结缘。

1983 年彭明被评聘为中共党史系教授，1986 年开始担任博士生导师，2002 年起又担任国际关系学院政治学理论专业博士生导师。彭明先生是中国人民大学政治学理论专业博士点的开创者，是国内外公认的五四运动史、中国近现代政治思想史和中华民国史研究领域的学术大家。对于这一研究方向，彭明在一次采访中风趣地说："从住房的楼号就能看出我和自己

的研究领域很有缘呢。我原来在校内住林园五楼四号,我称之为'五四书屋',现在搬到时雨园后住九楼十八号,从'五四书屋'到'九一八',是不是很巧啊!"①

彭明教授从 23 岁开始与胡华教授合作出版第一部著作《日本投降以来中国政局史话》,60 年来,彭明教授撰写和主编学术著作十余部,学术论文 200 余篇,其中代表作是《五四运动史》。《五四运动史》详细论述了五四运动发生的社会思想条件、发展过程、历史作用及在中国革命史上的地位这样三个方面的问题。作为彭明教授的代表作,《五四运动史》已成为国内研究五四运动的扛鼎之作,该书先后获得中国人民大学科研成果一等奖、北京市哲学社会科学优秀成果奖、国家教委优秀教材一等奖等荣誉。即使在今天,人们想了解、学习、研究五四运动时,这本书也是必读之作。除《五四运动史》外,彭明主编的《中国新民主主义时期通史》、《中华民国史》(第二编·第二卷)、《从空想到科学——中国社会主义思想发展的历史考察》,也都产生了热切的反响,受到学术界的好评。

作为一名高校教师,彭明教授多年来坚守在教学第一线,不但在学术研究方面硕果累累,在教书育人上的成绩也非常突出,可以说是桃李满天下。60 年来,他不仅给学生传授丰富的专业知识,而且结合课程内容,深入浅出地对学生进行爱国主义、社会主义教育;不仅培养了包括本科生、专科生、助教进修生等数以千计的学生,还培养了两名硕士生,30 名博士生,指导了十余名访问学者;并且多年来一直坚持为新入学的本科生讲解中国人民大学校史。学高为师,身正为范;严以律己,宽以待人;学而不厌,诲人不倦。彭明教授是真正无愧于

---

① 彭明教授:《宠辱不惊看花开花落 去留无意望云卷云舒》,见中国广播网:http://edu.cnr.cn/msfc/200712/t20071210_504649022.html。

"为人师表"这一要求的。中国人民大学现任党委副书记,马克思主义学院院长齐鹏飞就是彭明教授九九级的政治学博士,可谓名师高徒,薪火相传!

在治学方面,彭明教授坚持马克思主义唯物史观。他坚持"双百"方针,倡导学术宽容,认为学术争论的"笔墨官司,有比无好",相信时间和实践会证明一切。他坚持实事求是,认为写文章必须要广泛积累材料,经过认真考证,进而得出有用的结论,千万不能讲空话,讲大话,讲没有根据的话。他坚持"实践是检验真理的唯一标准",以此为标准评价历史和人物。在研究五四运动和五四精神时,他特别指出,张闻天曾经写过四五篇文章主张学习马克思主义,并且强调了对待国学要"拒绝形式主义",打破了当时盲目否定传统的风气。但是张闻天的这些贡献并没有得到完整的认识和评价,彭明认为应对此有重新的评价和考察,让人们认识更完整的张闻天。[①]

为学如此,彭明为人亦是宽宏厚道,这在学界都是有口皆碑的。即使是学术上有着竞争关系的对手,也无不对彭明教授有着发自心底的敬佩和尊重。彭明教授性情淡泊,与世无争,为人谦和,处事低调;常怀律己之心,闭却是非之口;坚持自己的原则,善待八面来风,甚至善待错误。这充分表现出一位历史学家的良好修养和宽阔胸襟。彭明老师的为学和为人都称得上是中共党史人中的典范。

三、林茂生:政治思想史之唱

林茂生教授生于1925年。从年龄上看,他比胡华和彭明略小一些,但他的人生经历却十分丰富。他是真正地从革命实

[①] 《彭明教授:宠辱不惊看花开花落 去留无意望云卷云舒》,见中国广播网:http://edu.cnr.cn/msfc/200712/t20071210_504649022_2.html。

践中走出来的战士,从军队中坚定理想信念,又在革命完成之后,继续留下,为下一代传递中共党史之光。

中学毕业后,在父兄的影响下,林茂生参加了新四军,后来曾任乡政府文书、青年委员。青年时期就接触革命工作,这使得林茂生早早树立了坚定的革命信念。1945年他如愿以偿,加入了自己信仰已久的中国共产党。1947年10月—1948年6月期间,组织上安排他前往华中党校学习。

林茂生教授
(来源:中国人民大学档案馆)

1951年8月,林茂生教授调入中国人民大学攻读研究生。从此之后,他就留在了中国人民大学这片土地上,开启了他的学术研究之路。他先后在中国人民大学历史系、中共党史系工作,曾任中国现代政治思想史教研室副主任、讲师;其间于1958年8月—1960年3月调入中共中央政治研究室历史组工作。由于1970年人大停办,中共党史系大部分师生都下放劳动,教学工作自然无法继续下去,中国近现代政治思想史的发展受到了很大的阻碍。

由于学校和中央各方领导的努力,中国人民大学有了复校的征兆。学校师生陆续回到北京的其他高校,并入其中,但原建制仍被保留下来。1974年中共党史系成功在北师大重建,而林茂生则担任党史系下中国近现代政治思想史教研室的党支部书记一职,在他的主持下,教研室得以继续开展有关专业的教学与科研工作,并且在这一时期还编印出版了《中国近现

第四章　逆境：不屈（1970.10—1978.7）

代政治思想史讲义》和有关的专题资料，在教学恢复方面取得了很大的突破，为复校之后的继续发展打下了良好的物质基础。

人大复校后，1978年4月—2002年9月间，林茂生一直在中国人民大学中共党史系任教，任中国近现代政治思想史教研室主任；1986年6月，林茂生晋升为教授，任硕士生导师、博士生导师。中国人民大学政治思想史的"林门"开始步入高速发展时期，党史党建学科的带头人、中国人民大学中共党史党建研究院的原副院长杨德山正是林茂生九五级的博士，而同样十分出名的党建教授、曾在中共中央编译局就职的陈家刚也是林茂生九九级的博士，等等。这些是仍留在中国人民大学的著名学者，没有留校而选择步入社会、党政机关或者去其他院校的也有很多，他们在不同的地方传承着中国人民大学中共党史系中国近现代政治思想史的鸣唱。

林茂生教授的一生都在推动着中国政治学科的建设，他是中国近现代政治思想史专业的主要开拓者和学科带头人之一，为该学科的创立、建设和发展作出了重要贡献。1956年在何干之教授的倡导下，中国人民大学历史系成立了中国现代政治思想史教研组，林茂生教授作为该教研组负责人，直接负责该教研组的组建，并承担授课任务。当时的中国现代政治思想史的课程定位是中共党史专业本科生教学辅助课程，其内容是对中国现代史上的一些反面人物或某些组织、思潮的批判。在当时的政治气氛下，研究反面人物、某些组织或某些反动思潮，既有政治风险又被某些人视为"旁门左道"，而且还缺乏现成资料和师资力量条件。即使面临这样的困难，林茂生教授却始终认为，中国现代政治思想史是一门独立的专门学科，而且也应当有一套独特的学术框架、研究方法和教学目的，并且也应该逐渐地、有系统地进行该学科的资料建设工作。

为此，在以后的近十年中，林茂生教授全身心地致力于此项事业的组织、资料和师资队伍的建设工作。1961年在中国现代政治思想教研组建设的基础上，扩充了中国近代政治思想史的内容，成立中国近现代政治思想史教研室，并在党史专业本科二年级中开设近代与现代思想史课程。"文化大革命"前夕，中国近现代政治思想史的学科建设已具有相当规模。

但在"文化大革命"期间，中国近现代政治思想史专业与从事这一学科的研究和教学的教研室却被污蔑为替"反动思想家和反动人物"树碑立传而受到冲击，学科建设损失严重，林茂生教授也受到"莫须有"的批判、侮辱，甚至政治迫害。但是，即使是在那样恶劣的环境中，林茂生教授也丝毫未动摇他要把中国近现代政治思想史专业建设成为独立、系统、重点人文学科的信念。

1978年中国人民大学复校后，在林茂生教授直接领导下，中国近现代政治思想史专业在师资组合、人才培养、课程设置、教材和资料建设等诸多方面，取得了飞速进步。到了20世纪80年代初，教研室在林茂生教授领导下已编辑出版了两种版本的《中国近代政治思想史》：一种为大学本科生使用，由桑威之、林翘翘合编；一种为函授生使用，由周朝栋编。除此之外，出版了《中国近代政治思想史参考资料》（1—5集约200万字）、《中国现代政治思想史参考资料》（1—4集约200万字），还编辑出版了《中国无政府主义资料选集》《戴季陶主义资料选集》《中国国民党改组派资料选集》《中国法西斯主义资料选集》《中国现代政治史专题讲义（一）》等教学亟需的参考资料和教材近千万字。这些教材、资料的编印出版，使得该学科当时在全国处于领先地位。1981年11月，经国务

第四章 逆境：不屈（1970.10—1978.7）

院批准，中国人民大学中国近现代政治思想史专业被首批授权为硕士学位专业点。1986年7月，又被批准为博士学位点，这是该专业在中国大陆第一个博士学位点。可以这样说，这是以林茂生教授为首的教研室全体同仁所耗费的30年心血的最好例证，是中国近现代政治思想史教研室全体同仁集体努力的结果，中国人民大学为能有这样一个在社会上有一定影响的专业而增添光彩。

林茂生教授还是国内著名的陈独秀研究专家，他在这一领域具有特殊造诣。在20世纪50年代，他就开始刻苦地、深入细致地搜集陈独秀的有关资料，访问曾经与陈独秀相熟相近或相知的朋友、同事、亲属。1958年他编辑的《陈独秀思想研究资料》由中国人民大学出版社内部发行。此书附录陈独秀译、著、通信等总目录，这是当时所能见到的有关陈独秀著述目录中最丰富的一份，产生了热烈的反响，这些书籍和文章在当时的该研究领域中是受到相当重视的。林茂生教授在陈独秀问题研究中始终遵守着历史唯物主义原则。他多次说，对于陈独秀这样复杂的历史人物不能因功掩过，也不能以过没功，不能感情用事。

林茂生教授坚持马克思主义唯物史观的治学方法，完整把握中国近现代思想脉络，全面认识社会发展状况对政治思想的影响。在他主编的《中国现代政治思想史》的前言中，林茂生教授明确指出了思想是同社会存在密切联系的，思想不应作为个人的偶然产物，而应作为社会思潮和统一的思想流派来把握。因此，林茂生教授强调思想史不应过分局限于精英化的思想家、思想流派，还应扩展到民众的社会思想，应该包括人民群众参加某些政治斗争中所发布的告示、檄文、口号等一类资料，各种组织及某些宗教团体的规约、教义、戒条等资料以及人民群众创造的口头文学中所反映的政治倾向、理想与要求等。这就深化和拓宽了政治思想史的研究领域，具有重要的方法论的意义。林茂生将现代政治思想史的问题界定为建国问题，即中国在五四运动之后，应该建立什么样类型的国家才能摆脱半殖民地半封建的处境，实现中华民族伟大复兴。由此，当时国内各阶级、党派、团体以及一些代表人物对这一核心问题的各种构想、主张及其相互的复杂关系便构成中国现代政治思想的基本内容。其呈现的内容就是中国地主买办阶级、民族资产阶级、无产阶级三种建国理论取向的对峙和博弈，最后以新民主主义革命的胜利，无产阶级建立新中国而结束。这种以建国问题为核心、以阶级理论为社会参照构成的体系是新中国建立后有关现代政治思想史最早的框架体系，为这一学科发展提供了重要起点。正是从这一起点出发，中国现代政治思想史的研究逐步出现了一些强调民主问题或现代化问题的其他框架，使得学术界对中国近现代政治思想的研究更加全面深入。

林茂生教授为人光明磊落、淡泊名利，对祖国文化和故土怀有深厚感情。他善于教学、热爱学生、为人师表、言传身教，为此倾注了自己的全部心血。他心胸宽广、乐于助人，毫无保留地将自己多年积累的资料和常年思考的心得体会奉献给同事和学生，在与人合作著述中，从不贪功己得。不论与晚辈还是和自己的学生相处中，从不以势压人，而是鼓励同事和学生将他们所持保留意见的学术见解发表出来，以引起争论，繁荣学术，体现为师从教的风范和道德，因而受到学生们普遍的尊重和赞誉。在对外学术交流中，他也以学者态度诚恳待人。美国科比大学教授、远东问题研究中心主任李苇甘（Lee Feigon）在其所著《陈独秀：中国共产党创始人》（普林斯顿大学出版社 1983 年英文版）中写道："林教授毫不吝惜他的

第四章 逆境：不屈（1970.10—1978.7）

时间，十分慷慨地把他的种种想法告诉我。……允许我利用他 30 多年来的研究成果。他是一位真正的教授和学者。"

一位真正的教授和学者！这一评价对林茂生教授来说实至名归！

四、彦奇：民主党派研究的开拓者

彦奇，原名商国臣，1926 年 2 月 5 日出生于吉林省延吉县。1933 年初，彦奇入县立铜佛寺村小学读书，毕业后考入省立延吉第一国民高等学校（现为延吉市第一中学）。1946 年 9 月，他考入沈阳国立东北大学理学院地理系。在东大期间，他积极参加了党领导的爱国学生运动，在冬季反对国民党强迫学生入"冬令营"受军训的斗争中，他是斗争的发起者之一；1948 年 5 月，在

彦奇教授
（来源：中国人民大学档案馆）

反对迁校北平的斗争中，他是积极参加者。由于他的积极表现，当年 6 月，党的东大地下组织发展他为中国民主青年同盟盟员。

随后，彦奇来到华北大学一部 17 班学习，开始了与"中国人民大学""中共党史"的一生之约。结业后，彦奇选择留校入政治研究室中共党史组当研究生。1949 年 10 月，他光荣地加入了中国共产党。1950 年 9 月，他任中国人民大学中国革命史教研室教员，从此踏上了数十年的教学历程。在漫长的教学生涯中，他始终辛勤地耕耘于教学第一线，先后讲授过中国革命史、中共党史、中国工人运动史、中国各民主党派史、中国各民主党派史人物选等课程。中共党史系的学生们对他的

讲授都给予了很高评价。

在漫长的教学生涯中，彦奇始终严格地遵循教学与科研相结合的方针。他认为当一个称职的教师应具备许多条件，其中很重要的一条，就是要把教学与科研结合起来，教学与科研的相互配合是提高教学质量与科研水平的重要途径。1951年4月，他作为编辑，和胡华、戴逸出版了《中国新民主主义革命史参考资料》（商务印书馆出版），这虽然是一本资料书，但它对当时全国各界学习中国革命史却起了相当大的作用。后来胡华为了响应国家号召，支持抗美援朝运动，决定将丰厚的稿费全部捐赠给前线，彦奇知道后表示坚决支持。这些稿费后来用于国家购买和研究战斗机，听说这个事情后，彦奇也十分激动，这些稿酬源自于人民群众对党史学习的热忱，而最后又成为谱写新的伟大革命历史的一环，不可谓是党史的传奇魅力！

1956年7月，中国革命史课已改为中共党史课。彦奇教授这时正在研究中国工人运动史，给学生讲授这门课，并认为这方面的研究很有必要，一是因为当时有关中国工人运动史的研究成果很少，一是因为体现出全国唯一的党史专业正在从多方面拓宽中共历史的研究领域，在党史学界起着领头的作用。

1960年9月，他结合讲授中国工人运动史，主编了《中国工人运动史讲义》，由于他编写的是第二次国内革命战争时期的工人运动各节，对刘少奇领导白区工人运动的理论及其实践都有开创性的科学论述，所以书稿在"文化大革命"中损失殆尽，致使这本讲义夭折了。与此同时，他还参加了被高教部指定为高校教材的《中国共产党历史讲义》（中国人民大学出版社出版）一书的编著工作。改革开放新的历史时期给他开拓新的学科增添了许多勇气和力量。结合教学的需要，他主要着力于中国各民主党派史的研究，主编出版了民主革命时期的《中国各

第四章 逆境：不屈（1970.10—1978.7）

民主党派历史研究》丛书。其中，他和另一人合著的《中国农工民主党历史研究》一书，是我国系统研究民主党派史最早面世和颇有学术价值的著作，得到了中国农工民主党中央的承认。由他主编的这套丛书，不同寻常之处，就是它以历史唯物主义为指导，科学地、分别地全面阐述了我国各民主党派各自发生、发展的历史，分别地总结了它们各自的发展规律以及各自对中国革命作出的重大贡献。因此，这套丛书不仅因为它在这个研究领域里具有开拓性，而且还因为它是颇有见地的好书，从而博得了学术界的好评，获得中国人民大学优秀科研成果奖。他还和另一位同志共同主编出版了《中国国民党史纲》一书。

彦奇教授不光在中共党史中浸淫多年，而且在胡华老师的指引下，还开拓性地投入了民主党派史的研究。民主党派作为与中国共产党互相共存、肝胆相照的党派团体，是统一战线的重要组成部分。历史为什么选择了中国共产党，又是如何取得革命的伟大胜利的，这些问题的考量都离不开民主党派的研究。可是，长期以来，在中共党史研究中，这块领域的成果却显得捉襟见肘，而彦奇教授正是我们民主党派领域研究的开拓者。

在漫长的教学生涯中，彦奇教授培养了一批中共党史和民主党派史的人才，其中有五位访问学者、五位硕士、七位博士、五位外国留学生。他在培养高级人才方面花费了很多心血，积累了丰富的经验。他待人平等、讲求民主的作风与渊博的学识，很得博士生们的爱戴。1991年5月，他应苏共中央社会科学院的邀请，赴莫斯科参加了国际学术讨论会。会上，他宣读了《论中国共产党领导的多党合作制度》论文，博得了与会学者的高度赞扬，并决定刊在《社会·政治·生活》杂志上。

彦奇教授一生治学严谨。他说："严谨、博精和拓新，是很不容易做到的，但我们争取做总是可以的吧！"所谓严谨，就是他常提出的,要严格地遵循历史唯物主义的原则和立场做学问,这是正确地评史论事的依据;所谓博精,就是他经常说的,要做学问,就要从"博"入手,从"博"中求"精",只有这样,才算得上有真正的学问;所谓拓新,就是他经常说的,敢于大胆地做与别人未曾从事过的研究领域,使自己的研究方向既有一定的合理继承性,更有很大的开拓新颖性,不能总是跟在别人的后面跑,累死了也无济于事,拓新是搞好教学与科研的生命力。

彦奇的一生是战斗的一生,不仅对中共党史作出了巨大的贡献,而且给后来的学者作出了表率。

五、何沁:接过中共党史系的重担

何沁,原名何明德,1927年11月27日出生于河南省南阳市社旗镇周庄村。中国人民大学中共党史系著名教授、博士生导师,曾任全国哲学社会科学规划组党史党建组副组长、全国中共党史学会副会长。幼年时在家乡读私塾、小学,1944年考入国立黄河流域水利工程专科学校。

何沁教授在中国人民大学校庆 50 周年时中共党史系校友返校欢迎会上致辞

第四章 逆境：不屈（1970.10—1978.7）

1949年人民解放军发动渡江战役，在参军大动员中，何沁加入了人民解放军，成为光荣的革命战士，在部队中先后担任参谋和文化干部。之后，还曾跟随叶飞将军的十兵团参加准备解放台湾的战斗。后来国际形势发生转变，解放台湾的计划暂缓，部队抽调优秀的战士前往中国人民大学学习理论知识，何沁就是其中之一，来到了中国人民大学这片新中国的红色校园。

1953年何沁进入中国人民大学马列主义研究班中国革命史分班学习。1956年何沁毕业，肩负重任的他本应该回归部队，把学到的革命史、中共党史的理论知识在军中传播。但教研室的领导认为何沁具有的钻研精神和学习天赋都很高，非常适合留下继续深造，希望他能够加入中共党史教学的团队中，为新中国的中共党史研究和教学工作作出贡献。为了留下何沁，教研室的领导甚至打出了感情牌："看看我们学校支援了你们多少，你们也得考虑帮帮我们呀，我们这里很需要你，总不能让我们教出去的好苗子没有一个留下来吧，那以后怎么继续支援你们！"最终，何沁选择了留校任教，从沙场戎马转入了中共党史的教学战场中。

1963年何沁调任中共党史系党总支副书记，1981年被评为副教授。在胡华生命的最后一段时期，他全力投入中共党史人物传的编纂，基本上中共党史系的重担就交在了何沁的身上。在1984—1991年这些年里，何沁结合教学发表了一系列文章，同时出版了《中国共产党史纲》《中华人民共和国简史》《党的建设》《中国革命史》等书。直到1998年何沁退休，他都在为中共党史系而殚精竭虑，不负胡华的信任，在新时期继续推动着中共党史系的发展。由于何沁教授对中共党史系的建设发展和人才培养作出的开拓性、前沿性的突出贡献，2005年他被授予"中国人民大学首批荣誉教授"称号。2013年

1月,何沁又被授予"中国人民大学荣誉一级教授"的称号。

从20世纪50年代开始,何沁一直奋战在教学第一线。50年代末,系里新开设了工人运动史、党的建设、武装斗争等课程,何老师负责武装斗争课题的研究。在既没有现成的东西可借鉴,又没有必备资料的情况下,何老师广泛收集资料,到军事院校取经,逐步形成"中国民主革命的武装斗争问题"的课程体系,他与王淇合著的《中国新民主主义革命基本经验简介》成为人大中共党史系第一本供留学生使用的教材。

70年代末,何沁用跟时间赛跑的精神和他的同事们一起,用历史唯物主义的视角开始对历史做重新审视,努力消除"左"的影响,而鉴于中共党史研究的特殊性,这一工作也面临着严峻的挑战。但何沁老师坚定道:"有一些档案材料我们确实看不到,对外进行学术交流也困难重重,但是我们自己首先决不能动摇。"①

1983年在胡华的全力培养和支持下,何沁接过了中共党史系的重担,担任中共党史系主任,他顶住各个方面的压力,为新时期中共党史学科的建设做了大量基础性工作。这一时期,何沁先后编写、主编了《中共党史讲义》《中国共产党史纲》《中国革命史》等教材和专著,有的发行100多万册,在社会上形成了广泛的影响。此外,针对一些外国人对我国改革开放的疑惑和提出的问题,何沁与王顺生教授一起编写了《中华人民共和国简史》,并由外文出版社翻译成英文出版。80年代末,何老师开设了"中华人民共和国史"即当代史新课程,并招收这一研究方向的博士生。业内人士评价说:"《中华人民共和国史》是在何沁主持下编著的国内最具权威

---

① 2020年11月1日,王东、喻伟于时雨园采访何沁的记录。

第四章 逆境：不屈（1970.10—1978.7）

的国史教材，但这本书的编著却并不顺利。"何沁教授为之是付出了巨大的努力的。

何沁在担任系主任之后，不仅有繁重的教学、科研的任务，还要处理琐碎的行政事务，超负荷的工作使他倒在了病榻上。1991年11月，他突发脑血栓住进了医院，经过抢救，一个月之后转危为安，右肢特别是右手却从此开始不听使唤。幸运的是，何沁的思维和语言没有受到任何影响。当时国史编著已经立项，国家教委（后来的教育部）多次邀请何沁继续主持这项大工程。盛情难却，何老师再次上了战场，开始组织编写小组，统率七所高校的国史研究专家，于1997年推出了这本大部头的国史教科书，并一版再版。2006年此书在推动中外学术交流方面也都作出了贡献，并被列为"普通高等教育'十一五'国家级规划教材"。除此之外，尽管他的右手由于脑血栓后遗症无法工作，何沁依旧坚持编写论述中共武装斗争的专著——《中国共产党武装斗争认识史》，20万字的手稿，一字一句都是何沁用左手的一根手指在电脑上敲打出来的。何沁的执着和顽强盖如此！

何沁治学的原则归纳起来就是求严、求实、求是、求新。所谓求严，就是严格要求、严谨学风，坚持以马克思列宁主义为指导原则，坚持历史唯物主义观点；求实，就是从实际出发，占有充分的资料，不发空论和违心之论；求是，就是对资料进行分析，从中找出规律，得出合乎逻辑的结论；在上述基础上求新、创新。当然，要做到这些也不容易，这是一个克服困难，战胜困难，不断为之努力的过程。在生命的路途上，何沁是一个执着的追求者，亦是一位顽强的中共党史战士！

何沁教授的一生默默前行，超然自若。他始终在力所能及的范围之内做到完美，知行合一。"人生如逆旅，我亦是行人"是何沁教授一生的真实的写照。何沁虽然和其他党史人相比辈分较晚,但作为继胡华之后又一承上启下的人,他毅然决然接过了中共党史系的重担,并成功地传递给了下一代。何沁教授无愧于中国人民大学的"荣誉一级教授",也无愧于中共党史系的名师!

第五章

浴火:重生 (1978.8—2003.7)

1978年7月26日下午,中国人民大学复校会师大会隆重举行,从首都100多个单位归来的教职员工和七七级学生共2000多人参加大会

第五章　浴火:重生 (1978.8—2003.7)

早在1975年,邓小平开始主持全面整顿工作之时,就已经考虑过恢复中国人民大学的问题,但由于拨乱反正工作一度受到阻碍,复校工作又遭到搁置。粉碎"四人帮"之后,邓小平再次复出,中国人民大学复校真正有了希望。在中国人民大学复校之后,中共党史系扬帆再度起航。

1978年中国人民大学正式复校,成仿吾亲自点名要率先恢复三大系作为复校的支柱,其中就有中共党史系。而在这之前,由于郭影秋的努力,学校的各个教学单位基本上保留了比较完整的编制,中共党史系更是在北京师范大学继续稳定地向前发展,属于保留得比较好的大系,在复校初期的关键时刻,自然扛起了重任。胡华老师为全体学子所作的回归学校的第一课——党史课也永远留下了印记。

中共党史系复系之后,一众师生齐心协力,开拓新局,取得了累累硕果:中共党史系的物质建设不断完善,奠定了学科发展的基础;中共党史研究的新路得到创新,取得了丰硕的研究成果;本硕博一体化建设更加完善,在全国党史学科的发展中继续引领时代的潮流;同时中共党史系还加强了师资队伍的建设,调整教职工团队的结构,团队并进更加走向辉煌。

1981年6月27日,为了推进改革开放,并回应党内外、国内外对于怎样评价新中国成立以来一些重大历史问题、重要人物的普遍关切,党的十一届六中全会通过了《关于建国以来党的若干历史问题的决议》(以下简称"第二个历史决议")。第二个历史决议的重点在于澄清历史是非,确立了毛泽东的历史地位和毛泽东思想的指导地位,对新中国成立以来的重要历史事件进行了评价,对建党60年来的历史作出了深刻总结,标志着中国共产党在指导思想上拨乱反正历史任务的完成,使新中国成立后的党史叙事从阶级斗争转向社会主义现代化建设。

胡绳青年时期,以笔为枪,冲锋在文化阵线最前沿;新中国成立后,负责党的理论研究和宣传工作,孜孜不倦追求真理,推动了中国近代史理论框架的构建;晚年仍在党史研究领域深耕不辍,是中共党史学科体系的主要奠基者之一。胡绳曾出任中共党史研究室主任,负责研究中国共产党历史,参与起草《关于建国以来党的若干历史问题的决议》。后又主编了《中国共产党的七十年》《中国共产党历史》，具有相当高的权威性和良好口碑。这些党史著作的编写、出版对推动党史的教学、研究和宣传产生了很大影响。

中共党史学科的前景也一片光明，对学科的研究成为学界的焦点，中共党史人物研究会和中共党史学会的相继成立也极大地推动了中共党史研究的发展。在复系初期，胡华等人还与海外进行了一定的交流联系，拉开了走向世界的序幕。

与此同时，新一代中共党史人也在改革开放的大业中开始崭露头角，燃起了中共党史之光。

第五章 浴火：重生（1978.8—2003.7）

第一节 拨乱反正，新的起点

一、人大复校，扬帆再起航

早在 1975 年，邓小平主持工作的时候，叶剑英就找过中国人民大学的一位历史教师，询问了解中国人民大学复校的可能性。那个时候，中国人民大学广大的教职员工无论散在何处，无不盼望着学校的恢复。但是由于拨乱反正工作受到阻碍，中国人民大学的复校工作一度又遭到搁置。

粉碎"四人帮"以后，邓小平再次复出，主抓科技和教育工作。中国人民大学有了起死回生的真正希望。1977 年 9 月，邓小平在谈到教育战线的拨乱反正问题时明确提出："人民大学是要办的，主要培养财贸、经济管理干部和马列主义理论工作者。"邓小平的这一重要思想和指示，为中国人民大学的复校奠定了坚实基础。后来，当人们谈到中国人民大学的恢复时，都不约而同地说："没有小平的指示，就没有中国人民大学的恢复。"不仅如此，李先念、方毅、余秋里等也都表示支持中国人民大学的复校工作。

当然中国人民大学的恢复，与校领导郭影秋的奔走操劳也是分不开的。郭老本身就对人大有着极为深厚的感情，早年在人大要被解散的时候，就作出过努力和抗争，为日后复校埋下了一粒粒种子。1976 年 10 月，粉碎"四人帮"的消息传来，他万分喜悦，像重新获得了革命青春一样，又开始忘我地投入党和人民的教育事业，为恢复中国人民大学而殚精竭虑。首先他审时度势，于 1977 年忍着病痛召集了一部分原中国人民大学的教师和干部座谈复校问题。会后，他将大家的意见整理成要求复校的意见书，委托吴玉章老生前的秘书设法送到邓小平的家里。9月26日，邓小平阅读该信，批转教育部处理。此后不久，就有了邓小平、李先念关于恢复中国人民大学的传闻。确切消息的公布是在1977年12月18日，由教育部副部长李琦透露的。他在当天的全国研究生招生工作座谈会上说："中国人民大学肯定要恢复，但工作不能等，复校前可以先招研究生。"出席座谈会的胡林昀把这一消息向郭影秋作了汇报。郭影秋当即委托胡林昀尽快把原中国人民大学各系、所的负责人召集起来，开个通报会，并商量落实工作。12月22日，各系负责人会议在北京西郊原校址举行，与会人员得知复校消息后，无不欢欣鼓舞、激动万分。会后郭影秋要求抓紧进行复校的实际工作。

1978年3月，中共中央责成成仿吾、郭影秋负责筹备中国人民大学的复校工作。邓小平委托教育部部长刘西尧代表他到中共中央党校看望老校长成仿吾，转达要成仿吾主持中国人民大学恢复工作的意见。3月24日下午，刘西尧去积水潭医院，向住院的郭影秋传达了邓小平关于恢复中国人民大学的指示。两天以后，以成仿吾、郭影秋的名义形成了《关于恢复中国人民大学的几点意见》的报告，并上报教育部。

课堂上听课的成仿吾校长与现在中国人民大学校内的成仿吾铜像

第五章 浴火:重生(1978.8—2003.7)

6月20日,教育部专门写了《关于恢复中国人民大学有关问题的请示报告》,以"(78)教计字563号"文件上报国务院。该报告提出:"在北京原址恢复中国人民大学,仍为全国重点高等学校,把该校办成在培养目标、专业设置、课程内容等方面都能适应四个现代化需要的综合性的社会科学大学。"报告还指出,除恢复原有系、所外,还要增设新的系、所;附属单位也都成建制归回学校;1966年6月1日以后分配、调离的教职工及按建制调出的系、所等,原则上一律调回该校;物资、设备、图书资料也都调回该校;招生规模暂定11000人。

7月11日下午,中国人民大学召开恢复大会。13日,新华社发表长篇消息:"经党中央、国务院批准,受林彪、'四人帮'干扰破坏停办达8年之久的中国人民大学正式恢复。"

7月26日下午,中国人民大学举行了复校会师大会。校、系领导和回校的教职工以及七七级学生2000多人参加了大会,场面非常热烈。成仿吾在讲话中指出,复校绝不是简单地复原,而是要把恢复和提高统一起来,加快我们前进的步伐。郭影秋在讲话中强调,时间是宝贵的。他说:"我们从现在起步到本世纪末的时间,大约是七亿秒。七亿秒是一个很长很长的天文数字,如果我们能一秒一秒地学习,一秒一秒地思考问题,一秒一秒地处理工作,一秒一秒地培育青年,一秒一秒地锻炼身体,就是说争分夺秒地大干快上,我们是会在一年、三年、八年、二十二年半之内飞跃前进,大出成果,大出人才的。"会场上,广大教职工、学生备受鼓舞。当时有老一辈的教职工已年过花甲,听完成仿吾和郭影秋的讲话后,却依然浑身充满了干劲儿,仿佛年轻了20岁。

中国人民大学的复校、恢复和发展,得益于中共中央重新确立了"解放思想、实事求是"的路线,得益于民心所向、众望所归，历史不会忘记这所学校的光辉历史，那道光芒在经历层层阻隔之后，再次照耀在大地上，依然灿烂辉煌。

回望1978年，即中国人民大学复校的那一年，《实践是检验真理的唯一标准》一文刊发，使解放思想、实事求是的思想路线得以重新确立。而毕业于中国人民大学五九级的硕士研究生、曾任江苏省政协副主席的胡福明就曾参与写作了这篇雄文，为批判"两个凡是"、推动拨乱反正和改革开放而呐喊。胡福明曾对人大校友办的工作人员说，他在人大读书有两个重要收获：一是掌握了马克思主义的基本原理，特别是掌握了马克思主义哲学的基本原理；二是认识了社会生活，培养了独立思考的能力、从社会现实中发现问题的能力。可以说，正是在人大奠定的实事求是的思想基础，成就了胡福明的历史担当，而胡福明为解放思想的星火燎原添的一把柴，又反过来"成全"了中国人民大学的复校。胡福明说，为了批判"两个凡是"，他运用了"实践是检验真理的唯一标准"这个武器，同时也是在用实践检验自己的理论。

1978年7月7日，国务院正式批准教育部《关于恢复中国人民大学有关问题的请示报告》，这天也就是中国人民大学正式复校的日子。在11月25日出版的《中国人民大学》校报头版，刊载了一篇时任中国人民大学中共党史系主任胡华教授的文章《发扬中国人民大学的光荣革命传统》，记录了人大复校的这段历史，这也是胡华在1978年人大复校后首届迎新大会上的报告。他在文章中犀利地指出，"林彪、'四人帮'变本加厉地加紧了对人民大学的迫害、摧残和破坏，长达三四年之久。这还不甘心，终于在一九七一年把人民大学解散，师生扫地出门，校舍变作兵营"，党的光辉终会照在人民大学这片故土上，"'四人帮'灭亡之后，人民大学有了起死回生的希望。1977年初夏，

第五章 浴火:重生(1978.8—2003.7)

邓副主席倾听了人大师生的呼声,全国人民的呼声,正式提出了恢复人民大学的问题。以后,在他的讲话中,有八次提到要尽快恢复人民大学,为国家培养经济管理、政治理论和社会科学人才"。终于,在1978年7月7日,国务院正式批准教育部《关于恢复中国人民大学有关问题的请示报告》,中国人民大学得以正式恢复,而7月7日也正好是当年华北联大成立的日子。胡华教授最后总结到,这叫"野火烧不尽,春风吹又生"!

1978年中国人民大学复校后,胡华向全校师生作的校史报告
《发扬中国人民大学的光荣革命传统》刊登在校报头版

同年8月,随着校务工作的正常恢复,中共党史系也重新建立起来,在改革开放的大背景下,进入了新的发展时期。虽

然前途一片光明，但数年的停滞和摧残却使得中共党史系复系后无法立刻摆脱眼下的重重困难，教师队伍不齐，教学设备和图书资料不全，学生没有正规教室上课等各种物质条件上的不足成为制约党史系发展的最大障碍。然而，中共党史系的一众师生众志成城、团结一心，最终也成功克服了难题，找回了当年那个辉煌的中共党史系！

二、三大支柱，党史半边天

1978年8月，中国人民大学恢复和新建了哲学、政治经济学、科学社会主义、中共党史、法律、中国语言文学、新闻、中国历史、档案、计划统计、财政、工业经济、贸易经济、农业经济、经济信息管理15个系，马克思列宁主义发展史、苏联东欧、外国经济管理、清史、人口理论、语言文字6个研究所，外语、俄文、体育、电化教育4个直属教学单位，以及出版社、图书卡片资料社、青锋机械厂、附属中学等附属单位；学校设有24个本科专业、14个硕士研究生专业。

1979年学校按照中共北京市委关于扩大招生的部署，分别在崇文区和西城区创办第一、二分校，走向了改革开放新时期的复兴之路。

在中国人民大学复校的漫漫征途之中，中共党史系的一众师生都奋勇争先，打响了中国人民大学重振雄风的第一枪。在中国人民大学复校的过程中，校领导点名首先恢复三大系，其中就有胡华教授领导的中共党史系。由于郭影秋校长之前的努力，中国人民大学的各个教学单位基本上保留了比较完整的编制，而中共党史系在北京师范大学也有着比较稳定的发展，属于保留得比较好的大系，在复校初期的关键时刻，自然扛起了重任。

第五章 浴火：重生（1978.8—2003.7）

由于胡华先前被调入中国革命博物馆，充当革命博物馆的顾问，并不在北师大的中共党史系，时任中共中央党校校长的老革命成仿吾亲自指示，点名胡华必须回来领导党史系，不能让他在别的地方继续受委屈，他曾领导了中共党史系走向辉煌，如今依然要带领中共党史系再攀高峰。胡华也十分乐意继续为中共党史的教学与研究而奉献自己的时光，更何况党史界的拨乱反正、正本清源的工作还十分艰巨，可谓任重而道远。于是曾经的那一批有志青年，如今虽然已不再年轻，但他们依然再次会聚到一起，为了中共党史的继续辉煌，为了中国人民大学的再次雄起，义无反顾，再出发。

1980年4月，胡华（左）时任中国人民大学校长成仿吾在一起

中共党史系于 1978 年复系时，条件还极为艰苦，只有三个教研室，即中共党史教研室，主任何东，后为王家勋；中国革命问题教研室，主任彦奇；中国近现代政治思想史教研室，主任林茂生，后为桑咸之；全系共有教员 48 人，但年龄偏大，都是中老年教师，青年教师几乎没有。所幸系内的其他组织建设都较为完善，除了教学单位教研室之外，系内还设有系办公室，主任牟建华，后为曲锡庚、常文景；系资料室，主任于震洲，后为王昌国、于乃敏。

据丁俊萍回忆，那时胡华还为恢复人大校园正常的教学生活秩序而尽心竭力。在百废待兴的形势下，中共党史系领导率领全系师生乘改革开放的春风，积极贯彻执行党的教育方针，踏实苦干，不断发展，全系面貌发生了巨大变化。

随着教育改革深入发展，学科领域不断扩大，中共党史系先后于 1986 年建立了当代中国政治教研室，主任为刘国新；1988 年建立了中外关系教研室，主任为杨云若。到 1996 年止，党史系共有六个教研室，即中共党史教研室（主任陈明显）、中国革命史教研室（主任罗正楷，后为汪云生）、中国革命问题教研室（主任张同新，后为黄嘉树）、中国近现代政治思想史教研室（主任程虎啸，后为刘晓）、当代中国政治教研室和中外关系教研室，而后，后面这两个教研室保留建制，人员分别并入了中共党史教研室和中国革命问题教研室。

在 1979 年一份名为《关于中共党史系教师业务情况的报告》的档案中可见：中共党史系设有中共党史、中国近现代政治思想史、党的建设三个教研室。共有教师 64 人。政治情况还是比较好的，其中党员 55 人，占 86%；群众 9 人，占 14%。从文化程度看也比较好，其中研究生毕业的 34 人，占

53.1%；大学毕业生 28 人，占 43.7%；其他 2 人，占 3.2%。从职称看，教授 1 人，副教授 3 人，占 6.3%；讲师 28 人，占 43.7%；教员 6 人，占 9.3%；助教 26 人，占 40.7%，但年龄都大了些。45 岁以上的 51 人，占 80%；45 岁以下的 13 人，占 20%，平均年龄为 49.4 岁。

与之相适应，教师的构成、数量发生了较大变化，到 1996 年止，逝世者 10 人，离退休 42 人，调离 30 人，逐年留系新教师 27 人；到 1996 年止，共有教师 35 人，其中教授 12 人，副教授 15 人，讲师 7 人，助教 1 人。在年龄结构上，中老年教师 11 人，青年教师 24 人。但随着老教师逐渐离退，到 1999 年，中老年教师只剩下 5 人。青年教师不仅在数量上逐渐占优势，而且在实践中锻炼成长为教学与科研的骨干，给中共党史系师资队伍增添了新的活力。

随着教育改革发展的新形势，全系办学规模不断扩大。突出表现为专业齐全，层次配套，为国家培养大批建设人才。1978 年复系之时，只有一个本科生中共党史专业，学生 88 人，其中七七级 38 人，七八级 50 人。到 1996 年止，中共党史系已发展为：三个博士点，即中共党史专业、中外政治思想专业和马克思主义理论教育（中国革命史）专业，其中，中共党史是全国第一批博士点重点学科。从 1984 年开始招收博士生，1996 年在校博士生 30 人，已毕业博士生（含在职学位博士生）29 人。三个硕士点，即中共党史、中国革命史、中外政治思想三个专业，从 1979 年开始招收硕士生，1996 年在校硕士生 50 人，已毕业硕士生（含在职学位硕士生、研究生班）222 人。

本科生方面，设置了三个专业，即中共党史、中国革命史和政治学，从 1977 年开始招收中共党史本科生 38 人，1986 年开始招收中国革命史本科生 40 人，1996 年招收政治学本科生

20人。1992年有本科生103人,已毕业本科生648人。中共党史教师进修班1980年开始招生,中国革命史助教进修班1989年开始招生,先后共办11期,已结业学生709人。1995年有中国革命史助教进修班学员,已结业23人。1996年中国革命史学位进修班学员23人。此外,接受国内访问学者和单科进修教师,从1987年开始招生,已结业者78人。1996年有18人。培养和接待苏联、德国、日本、韩国、印度、意大利、法国、美国、澳大利亚等国研究生和访问学者达64人。

1986年6月6日,中国人民大学外国留学生结业留念

到1992年为止,改革开放后14年来,中共党史系培养国内各类学生达1522人,为国家培养急需人才作出了巨大贡献,当之无愧为复校后的三大支柱之系,撑起了半边天。

三、回归第一课:永远的党史

历史是最好的教科书,也是岁月无声的见证人。

自中国人民大学复校之后的数年里,胡华讲校史,成为学

第五章 浴火:重生(1978.8—2003.7)

校开学典礼的重要环节,也是为中共党史系新生上的第一课。胡华把中国人民大学校史置于中共党史大背景下讲述,又从中国人民大学校史的讲述中折射出中国共产党的大历史,对中国人民大学在长期实践中形成的实事求是、为真理而斗争、艰苦奋斗等优良传统作了阐释,并对新进校园的大学生如何继承和发扬中国人民大学的优良传统提出了要求。

1978年4月21日,胡华在临时搭建的简易木板教室为复校后第一届中共党史专业本科生上第一堂课

而中国人民大学复校之后的第一课,就是讲中共党史。那个时候,全市各个高校的老师都来旁听,800人大教室座无虚席。因为刚刚拨乱反正,没有人知道该怎么上课,怎么讲授,于是中国人民大学理所当然又成为北京高校的模版,中国人民大学所讲授的第一节中共党史课也成为模范的中共党史课程。

据中国人民大学中共党史系老教授陈明显回忆道:

1978年人大复校,我回到人大。此时我面临的选择是回历史档案系还是到中共党史系,回历史档案系对我很有利，到中共党史系则是改行，但我对中共党史研究感兴趣，所以就选择去了中共党史系。人大复校后开学第一天第一堂课就是我的中共党史课。听课的不仅有400名学生，还有不少北京各高校的中共党史课教师。现在想来，那时胆子很大，敢在那么多人面前讲中共党史课。党史课很受欢迎，几乎每天都有，听课的人又很多，向我提出了大量问题，其中拨乱反正的问题在课堂上如何讲，引发了我的思考，促使我在讲课之余，深入研究，写出有针对性、立得住的讲义和讲稿。

作为1977年和1978年入学的最早的本科生，牛军教授和黄嘉树教授在回忆起他们求学的时候，也感慨万千。"那个时候走路都是泥巴路，到了下雨天，路十分难行，学校没有宿舍，学生都是走读生。我条件略微好一点，在空军学院暂住。那个时候我们上课都是小马扎、地震棚。吃饭也是在外面露天，北风一吹，全是沙子。我们这些吃过苦的还略微好一点，七九级的大部分都是高考进来的新生，用当时的话说，那都是'小孩'，他们初来乍到，面临这种场景，哭起来的都有。"然而，即便面临如此艰难的条件，中共党史系的学子依然在胡华老师的教导下，逐渐成长起来。"我们的入学教育是光荣校史，胡华老师给全体师生都深深上了一课，凝聚了人大人的精神，我们中共党史系的学子更是获益匪浅。当时的教室十分简陋，隔墙都可以说话，据说是'大跃进'时期，强调过两年就建成共产主义了，先随便凑合建一个，之后建最好的，结果就一直保留了下来。所以啊，我们学中共党史的更应该努力学习，尊重历史，从中吸取教训，为了更好的明天。"

又是风雨飘过数十年，得益于祖国改革开放的伟大举措，

第五章 浴火：重生（1978.8—2003.7）

中国人民大学自复校以来始终坚持在改革、求是的思潮中砥砺前行。时至今日，学校形成了"人民共和国建设者"的摇篮、人文社会科学高等教育的重镇和马克思主义教学与研究的高地三大办学特色。同时，中国人民大学自复校后，就把中共党史课作为必修的政治理论课，对于中共党史的教学受到高度重视，一学期总计占92课时，中共党史系也一直保持着独立发展的地位，拥有师资雄厚的教研室和内容丰富的资料室，这都深刻奠定了中国人民大学"全国中共党史学科的摇篮"和"党史党建研究执牛耳者"的地位。

中共党史课是中国人民大学回归的第一课，亦是万千学子心中永恒的重要一课。

第二节　中共党史，开拓新局

一、重整物质建设，奠定学科基础

在中共党史系恢复的过程中，最重要的首要工作就是重整物质建设，为学科的恢复和发展奠定坚实的基础。

1978年复校后，作为最早恢复教学秩序的三大系和中国人民大学的特色理论系科之一，如何更好地实现新时期的使命和任务，是中共党史系的师生们亟待明确的问题。系主任胡华带领全系教职工集思广益，确定科研、教学方向，进行学科拓展、教学改革。在拓展教学与研究方面的一个重要举措，是主持确定了中共党史专业的课程设置，包括中共党史（含中国社会主义革命和建设史）、中国近现代政治思想史、中国共产党党的建设、共产国际和中国革命、中国各民主党派史、中国国民中共党史研究、中国现代文化运动史七门必修课和中国现代史史料学、中华民国史（含国民党新军阀混战史）、中国近现代政治制度史、中国工人运动史、中国农民运动史、中共党史人物研究六门选修课。另外，还准备开一门港台研究的课程。这13门课，对学生扩大知识面、对教员的深入研究都有很大的促进。其中新开设的课程，有的成为全校的选修课，很受学生的欢迎。

除了课程的设置不断完善外，中共党史系的科研机构设置也不断清晰，在经过新一轮的调整之后，中共党史系下设立了四个教研室：中共党史教研室、中国革命史教研室、政治思想史教研室和中国革命问题教研室。中国革命问题教研室是复校后新设立的，主要是对中共党史、中国革命史中一些专题性的问题进行研究和讲授，在大三、大四的学生中开课，意在提升学生们对于中共党史重大理论和实践问题的认识。这个教研室建立伊始就上马了六个专题，这是从来没有过的大幅度进步。教研室在此基础上开设了新的专题课，也催生了一批新的专著。

此后，随着学科建设的发展，图书资料建设也发生了飞跃的变化。复系时存书数量较少、残缺不全的资料室，已发展成为初具规模、设备较齐全的资料室。至1996年，大小阅览室5个，藏书9573册，中文资料8689份册，外文资料126份册，胶卷资料18卷，各种报纸杂志4492本册，复印机2台，速印机1台，微缩阅读器1台，大视屏器1台，打字机1台。上述图书、设备基本上满足了当时教学与科研的需要。

总之，中共党史系在学科建设、研究机构设置和图书资料整理充实上取得的成果，为其自身的进一步发展奠定了坚实的物质基础，完成了党史系开拓新局的第一战。

二、开拓研究新路，累累硕果丰收

1978年复系后，中共党史、中外政治思想史学科面临着

第五章　浴火：重生（1978.8—2003.7）

拨乱反正、实事求是地恢复历史真实面貌的严重任务，广大教师积极参与深入研究，在报刊上发表文章，在各种学术会议上作报告，作出了巨大的努力。

在一众拨乱反正的中共党史系师生中，胡华教授功绩尤为突出，受到史学界的一致好评。在学科拓展上，胡华强调落实资料建设并经常亲自带领中共党史系教师走出去访问：他曾带领青年教师走访何长工、李维汉、王首道、萧三、刘清扬、罗章龙、张申府、刘仁静、黎锦熙等党和国家领导人、参与党的早期革命活动的老党员和专家学者，也曾组织教师先后走访了30多位原国民党的元老级人物。胡华还倡导教研室与兄弟单位进行研究课题的协作，安排张同新教授与中国社会科学院近代史所"中华民国史"课题组到南京中国第二历史档案馆进行资料搜集和课题研究……日后，张同新教授回忆起胡华在学科拓展上的贡献，深情地表示：

> 胡华主任在复校后，给人民大学中共党史系的学科建设，打下了坚实基础，培养了优良的学风。中共党史系出现生机勃勃的局面，与胡华主任带领全系确定了中共党史科研、教学的新路是分不开的。

在胡华的领导下，课程设置的改革有序推进。中共党史系的教学与研究出现了崭新面貌，新的学术研究成果不断涌现。中国革命史、中共党史的课堂以及教材和专著变得更加丰富、完整、生动、活泼，吸引青年学生和广大群众爱听、爱读，中国革命史和中共党史学科发挥资政育人重要作用是显而易见的。

到1992年，中共党史系教师出版各种专著及工具性书籍达184种之多，发表论文728篇。其中，何干之的遗著《中国民主革命时期的资产阶级》、胡华的《青少年时期的周恩来》、彭明的《五四运动史》、何沁主编的《党的建设》、彦奇主编的《中国各民主党派史人物传》丛书、林茂生编的《陈独秀年谱》等,在国内外学术界产生了良好影响。

1978年胡华与研究生徐焰一起采访刘仁静老人

1980年5月,83岁高龄的成仿吾校长(右二)在口述《战火中的大学》。左起:陈光、彭明、刘炼、成仿吾、胡华

第五章 浴火:重生(1978.8—2003.7)

特别需要指出的,胡华教授晚年不顾多病之躯,孜孜不倦,埋头苦干,致力于主编《中共党史人物传》丛书的开拓性工作,已出版了50卷,在国内外产生了很大影响,1986年荣获全国优秀畅销书奖,胡华荣获最佳主编奖,1987年又荣获吴玉章奖金历史学一等奖,在国外已被译成多种文字转载或出版。刘澜涛称胡华教授等做了一件"功德无量,惠及后世"的工作。

胡华主编的《中共党史人物传》(1—50卷)于1986年荣获全国优秀畅销书奖、最佳主编奖,1987年又获吴玉章奖金历史学一等奖

截至1996年,中共党史系的教师担任国家社科基金、教委"七五""八五""九五"科研规划项目共14项,其中已完成3项,为繁荣发展中共党史党建学科作出了重要贡献。中共党史系在开拓研究的新路上,硕果累累。

三、本硕博齐并进,大步走创辉煌

中共党史专业在新的时期极速发展,全力开拓新局。本科生、硕士生、博士生的培养建设陆续形成体系,其中中共党史专业的本科教学在全国都属于独树一帜，不仅最早创立，并且哺育支持着其他学校的相关专业，硕士点和博士点亦是全国最早设立的，在高等教育领域一直保持着先行者和排头兵的重要地位。

在"文化大革命"结束之前，作为率先恢复正常教学秩序的中共党史系就已经开始招收学生，1977年招收的七七届本科走读班共有39人，他们是中国人民大学复校之后最早的一批本科生。中国人民大学复校之后，七八届本科班共有50人，专业都是中共党史。

1986年9月，中共党史系的本科教学分为党史本科和革命史本科两个部分。根据中国人民大学图书馆文献情报研究室于1991年编写的《中国人民大学中共党史专业参考书目文献情报资料研究集》显示，中共党史本科的简介如下：

> 中共党史，是一门研究中国共产党运用马克思列宁主义领导中国人民进行新民主主义革命、社会主义革命和社会主义建设的历史进程及其规律的学科。
>
> 中共党史研究的主要内容，包括中国共产党领导中国人民进行新民主主义革命、社会主义革命和社会主义建设，经过曲折道路取得伟大胜利和成就的历史；党在集体奋斗的基础上，把马列主义普遍真理同中国革命的具体实践日益结合并形成和发展为毛泽东思想的历史；党在自身建设中，党内正确纠正错误、光明战胜黑暗的历史。
>
> 学习中共党史，要研究各个历史时期党关于中国革命和建设的理论、路线、方针、政策，认识毛泽东思想的历史地位；了解党领导中国人民进行革命和建设的历史经验，认识中国革命和建设的发展规律，懂得没有共产党就没有新中国，只有社会主义能够救中国的真理。

第五章　浴火：重生（1978.8—2003.7）

另一门本科专业，中国革命史的内容简介如下：

> 中国革命史，是研究在近现代的历史时限内，中国人民进行反帝反封建的革命斗争，争取国家独立和人民解放，实现新民主主义，并为社会主义在中国的发展奠定基础的历史。
>
> 中国革命史的研究对象，就是研究近现代中国人民反帝反封建的革命及其发展。具体地说，中国革命史就是要阐述近现代中国反帝反封建革命赖以发生、发展的客观社会条件；阐述这个革命由旧民主主义到新民主主义，即由资产阶级领导到无产阶级领导，由以建立资产阶级共和国、发展资本主义为目的，到建立人民民主专政的共和国，实现新民主主义，从而为社会主义制度的确立创造必要的前提和发展进程；阐述在这一发展进程中中国社会的阶级关系和各种政治力量的组合变化，革命力量与反革命力量的消长及其斗争，进而揭示革命发展的规律，总结革命成败的基本经验。
>
> 按照历史唯物主义原理，革命是用一种新的先进的社会制度推翻已经落后的、阻碍社会进步的旧的社会制度的斗争；而这种斗争，必然是一场代表先进制度的新兴阶级起而推翻统治阶级的政治革命。据此，中国革命史的上下限，应该是从辛亥革命到中华人民共和国成立。鸦片战争到辛亥革命前这一段，则是中国革命的准备时期。

从上可以看出，中共党史本科专业的教学内容明显更为广泛，涵盖了革命、建设、改革三个时期，而且还包含党在自身建设中的各种问题，这个本科专业一直发展至今，仍然保留下来，为学习中国共产党党的历史、党的理论（马克思主义中国化）和党的建设的研究生教育奠定更高的基础知识。而中国革命史专业则主要定位于中国近代史，从早期半殖民地半封建社会的基本国情起，到辛亥革命新的阶级开始武装斗争，再到新中国成立，基本完成新民主主义革命。中国革命史本科专业主要为中国近现代基本问题研究的硕士、博士学位点提供生源基础，同时为高校思政课中的"中国近现代史纲要"培养优秀的理论讲师，在20世纪八九十年代，为改革大业的顺利推进都起到了重要的作用。当时中国人民大学的本科专业是中共党史专业，将中国革命史的内容涵盖其中，二者同步教学，同时培养，也更好地适应了时代的发展。中国革命史本科专业也成功地完成了历史赋予的使命，继续回归中共党史的主干之中，随着中共党史研究的发展而继续前进。

1979年9月，中共党史系招收第一批硕士（三年制硕士），分别是王顺生、刘宗尧、徐焰。在当时，与现在中国人民大学马克思主义学院[①]下设的相关专业一共只招收了七个硕士，其中有三个中共党史专业，两个马克思主义哲学专业，一个科学社会主义专业和一个马克思主义政治经济学专业。由此也可见中共党史系在当时的重要地位。1984年9月，两年制研究生班开设。而今大多数研究生专业均延续了两年制。

对中共党史系复系之后的第一批正式的研究生，系主任胡华亲自培养，悉心指导，为他们讲授抗日战争和解放战争专题，修改并推荐其优秀论文等。已经是国防大学教授、少将的

[①] 中国人民大学马克思主义学院成立于1996年，由始建于1964年的马列主义发展史研究所、始建于1986年的马克思主义理论教育研究所和始建于1958年的中共党史系（1956年开始招生）组建而来，是国内最早成立的马克思主义学院之一。在1979年，马克思主义学院尚未成立，各个研究所、系还是单独存在，现在这些专业都归属于马克思主义学院之下。

第五章 浴火：重生（1978.8—2003.7）

徐焰后来回忆到，研讨式上课是胡华老师上课的独特方式，在研讨课上，可以感受到胡华老师解读中共党史中的马克思主义不是僵化的教条，而是鲜活的。

1984年9月，胡华、彦奇分别担任中共党史系第一位博士生牛军的导师、副导师，中共党史系的博士生培养也正式启动。作为中共党史系第一位博士生导师，胡华对他们关怀备至，反复交流、谈话，逐个确定他们的研究方向和论文题目：1985年10月，为牛军、王东、谢春涛、刘利华四位博士确定研究方向；1985年11月，又分别单独和牛军、王东两位博士研究相关课题；1986年7月1日，再次和王东、谢春涛两位博士谈话，这才确定王东的论文选题为《建国初期新民主主义社会理论与实践的考察》。

1986年1月20日，胡华与所带研究生在一起，从右至左王东（博士生）、牛军（博士生）、胡华、樊天顺（硕士生）

在相关专业的学位点推进中，中国人民大学一直走在前列。马克思主义学院的中共党史、马克思主义哲学、政治经济学、科学社会主义与国际共产主义运动、马克思主义理论与思想政治教育博士点均是全国最早设立博士点的专业。

1981年11月3日，国务院学位委员会在全国范围内审批了首批博士、硕士学位授权点，中国人民大学一共有9个博士学位点，43个硕士学位点获得批准，包括博士点中共党史、国际共产主义运动史；硕士点国际共产主义运动史、科学社会主义、中共党史、国际政治与国际组织、政治思想史、民族解放运动、中国近现代史，共有9个同中共党史系密切相关的专业。其中，中共党史是全国第一批博士点重点学科。1988年中共党史学科被确定为全国高校文科首批重点学科，2001年再次被评为全国重点学科。

总之，自1978年重新建系以来，中共党史系本硕博培养体系齐并前进，共培养学士学位本科生1100余名，硕士研究生（含研究生班）320多名，博士学位研究生近百名，为高校培养教师（含助教进修班、单科进修）近千名，接受国内访问学者300多名，接受美国、日本、韩国、英国、德国、挪威、印度、澳大利亚等国的博士研究生、硕士研究生和高级进修生80多名，为中共党史党建相关学科在国内的发展作出了巨大贡献，提升了学科的国际影响力。在这一时期，中共党史系蓬勃发展，中共党史党建学科正大步前行，一同迈向更辉煌的明天。

四、服务全国同行，引领时代潮流

中国人民大学作为新中国首屈一指的高校，在新中国成立初期，就一直承担着服务全国师生的任务，为全国各地高校培养思政教师，传递中国革命史、中共党史教学与研究的薪火。虽然在后来遭受了打击，曾一度凋零，但自改革开放新时期复校以来，依然广受中共中央的重视。在中共中央和北京市委领导的关怀下，中国人民大学一路突飞猛进，迅速发展，再次成

第五章 浴火：重生（1978.8—2003.7）

为 21 世纪中华大地上众多高校中的领跑者。作为中国人民大学最具特色和首屈一指的党史党建学科的实体承担者，中共党史系也在不断改革创新，超越自我，为继续服务全国同行，引领时代潮流而奋进。

在复系之后的这十几年里，中国人民大学中共党史系开出了一系列新课，在全国高校中共党史学科中首开先河；同时，系里师生齐心协力，陆续发表的学术论文、出版的多种专著亦为当时最前沿的科研成果，引起全国学界的广泛关注。当时，中共党史系以这些全新的科研成果，培训来自全国高校的政治理论课教师，连续举办了数期短期教师进修班、助教进修班，当之无愧为"服务全国的时代弄潮儿"。

首先，中共党史系为全国高校开设中国革命史新课程作出了首创性贡献。1985 年中共中央发出《关于改革学校思想品德和政治理论课教学的通知》，决定改革高校政治理论课程教学，将原开设的中共党史改为中国革命史。中共党史系积极贯彻落实中央精神，同年 8 月在教委政教司于长春召开的课程改革会议上，提出了《关于开设中国革命史课程的初步设想》，受到与会者好评。当时主持会议的教委副主任彭珮云称赞这个"初步设想"论述最为系统、比较准确、比较严谨。会后，政教司将这个"初步设想"转发各高校参考。1986 年设置中国革命史教研室，并经国家教委批准，设置了全国高校唯一的中国革命史专业，于同年首次招收本科生 40 人。1985 年《教学与研究》增刊发表了中国革命史教研室几位同志编写的《中国革命史讲授提要》。1987 年出版了《中国革命史》教材（39 万字），受到高校中革命史教师的欢迎，许多高校采纳为教材，1989 年经修订后再版。到 1996 年止，该教材印刷 16 次达 92 万册。《中国革命史》教材于 1988 年获中国人民大学

1985年11月4日，胡乔木接见中共党史送审本上册审稿会全体人员合影

1986年5月，中国人民大学中国革命史讲习班师生合影

第五章 浴火:重生(1978.8—2003.7)

1990年9月22日,中国人民大学中共党史研讨班结业留影

优秀科研成果一等奖，1991年获北京市第二届哲学社会科学优秀著作一等奖，1992年获国家教委优秀教材一等奖。中国革命史学科建设也获得国家教委颁布的1989年高校国家级优秀教学成果奖。

其次，中共党史系编写出一批反映全国最新理论研究成果的教学大纲和教材，为提高教学水平提供了物质基础。中共党史系各教研室在深化教育改革，不断更新教学内容的基础上，编写了一批较有影响的、较高质量的教材。在明确教学改革方向之后，中共党史系先后出版了一系列教学大纲、教材和教学参考资料。除《中国革命史》之外，到1992年止，编写各种教学大纲和教材

胡华主编的《中国革命史讲义》在中国人民大学复校后重新修订，至1987年胡华逝世前已印刷十次150余万册

达101种，其中胡华主编的《中国革命史讲义》《中国社会主义革命和建设史讲义》、何沁等编的《中共党史讲义》、彦奇主编的《中国各民主党派史》、彭明参加主编的《中国新民主主义革命时期通史》《中华民国史》、林茂生主编的《中国现代政治思想史》等，都曾获得各种奖励，在全国学术界有较好影响。与大纲、教材相配套，还编辑出版参考资料达79种，有利于教学质量的提高。此外，中共党史系还有许多教师参加国家教委委托的研究生马克思主义理论课考试大纲、本科生中国革命史自学考试大纲和教材、本科生中共党史电视大学考试大纲和教材的编写及主讲工作，在社会上产生了广泛的影响。

最后，中共党史系逐步完善了教学环节，使教学管理规范化、科学化。18年来，中共党史系在教学中先后建立了备课制度、听课制度、年级教学组制度等，其中年级教学组制度在全校是首创。这一制度把各任课教师及班主任组织在一起，协调教学内容，互相配合，交流学生思想状况，共同关心又红又专地培养学生，效果甚好。在严格管理方面，在全校率先实行研究生学位论文开题报告，研究生院加以推广。1994—1995年由系教研室领导、老教师组成听课小组，听全系青年教师授课，进行评比，给予奖励，有力地促进和提高了青年教师的授课水平。

与此同时，基于这些教学研究的成果，中共党史系师生还坚持改革开放方针，积极开展学术交流活动，培训来自全国高校的政治理论课教师，连续举办了数期短期教师进修班、助教进修班，为全国其他兄弟院校相关专业的设立和发展作出了巨大的贡献。

总之，中国人民大学中共党史系作为全国党史党建学科的排头兵，从课程改革和建设、教材编写、成人自修本科等方面，为培养中共党史党建领域的人才作出了独特的贡献，同时也一路默默推动着中共党史党建学科走向新的高潮。

五、加强师资建设，团队走向辉煌

"十年浩劫，薪火不断，凤凰涅槃，浴火重生。"

面临"文化大革命"的冲击，全国的教育领域几乎都出现了断层的现象，年轻一辈的受教育程度呈现低谷状态。中国人民大学中共党史系也不例外，复系之初的教师队伍年龄结构十分不平衡。1992年党史系有46名教师，其中50岁以上教师23名，40—50岁教师5名，40岁以下教师18名。这表明教师队伍梯队建设青黄不接，40—50岁这一段教师较少。在当时的统计预测看来，到1999年，原50岁以上教师会因为退休，只剩下5人，40岁以下青年教师将占绝大比重。这种状况说明，加紧培养青年教师是全系迫在眉睫的严重任务。

为了尽快培养学术科研水平过硬，教学能力强的青年教师，复系之初的中共党史系主要做了以下工作：

首先，由各教研室制订培养计划，进一步完善备课会、老教师听课和传帮带等制度，给青年教师以具体指导。中国革命史教研室在培养青年教师上成绩比较突出，该教研室八名青年教师工作较安心，热情较高，已成为教学与科研的骨干：八人中已有五人先后七次被评为学校优秀教师或优秀班主任。1994—1995年由系教研室领导、老教师组成听课小组，听全系青年教师授课，进行评比，给予奖励，有力地促进和提高了青年教师的授课水平。

其次，逐步完善教学环节设置，使教学管理规范化、科学化。中共党史系在全校首创设置了年级教学组制度。这一制度把各任课教师及班主任组织在一起，不仅起到互相配合，协调教学内容和方式，而且起到交流、了解学生思想状况，共同关心又红又专地培养学生的出色效果。在严格管理方面，在全校率先实行研究生学位论文开题报告，后来由研究生院在全校推广。

再次，除理论教学之外，组织社会实践活动也是培养青年教师的重要环节。全系定期组织青年教师到工厂、农村等基层单位锻炼；不定期组织青年教师进行社会实践调查，了解世情国情。到1994年，在系工作的青年教师基本上都到工厂、农

第五章 浴火：重生（1978.8—2003.7）

村基层单位进行了半年锻炼，并已组织两批青年教师（也有部分老教师）前往革命摇篮井冈山地区和改革开放前哨深圳特区进行走访考察，使青年教师加深了对党史国史的了解，拓宽了他们的学术视野。

最后，积极组织和支持青年教师参加学术活动，提高科研能力，也是培养青年教师的重要手段。在这几年中，中共党史系以有限的财力，尽量支持青年教师参加全国有关学术讨论会，如1992年底，中共党史系积极帮助青年教师与兄弟院校合作举办了"纪念毛泽东诞辰一百周年学术讨论会"，在高校产生了良好影响。

由于全系对培养青年教师工作抓得比较紧，成效显著，绝大多数青年教师已成为各教研室的教学与科研骨干。1991年在学校第十次党代表大会上，中共党史系代表曹健民做了题为《关于培养青年教师的几个问题》的发言，介绍了培养青年教师的经验，受到与会者好评。

师资是一个系的生命力所在，而青年教师则是一个系的未来，中共党史系在师资建设上极为重视，团队建设工作也相当完善，为中共党史系未来的发展提供了良好的保障。这也预示了，在未来，中国人民大学的中共党史党建学科团队走向更辉煌的明天。

第三节 党史学科，其道大光

一、党史学史溯源头，学科飞跃成主轴

中共党史学科是研究中国共产党历史和党的学说与党的建设的学科。自抗战时期的中共党史研究起步，到如今的中共党

史学科的学术化构建，其完成了由少数人的研究转向多数人的学术共同体的飞跃。一门学科的学史是这门学科的根基，如何继续推进其向前发展，学科的溯源很重要。这一部分，专门就中共党史学科的源头进行讨论。

首先在学术界，"研究"是一种比较宽泛的概念，早期的中共党史研究只是少数人对某一具体历史事件进行的探求与商讨，最终结合史料为之确定一个比较可靠的结论。而从"研究"上升到"学科"则需要一个系统化的过程，需要形成庞大的研究规模，拥有专业的学术团队，完成学科起步的教材准备等。当然这些只是物质的准备条件，完成学科的构建还需要学科本身的一些特质："一是要有独特的研究领域和研究对象。这是一个学科区别于另一学科的根本依据。二是形成统一的概念、理论、方法和话语的结构体系。三是具有独立的研究机构和源源不断的队伍保障，研究成果丰硕，发展前景广阔。"[1] 历经几十年的发展，中共党史在前辈们不懈的努力下，已经完成了走向独立学科的大飞跃。

到目前为止，关于中共党史学科的建设究竟应该定位起源在何时，学界仍不统一。有观点认为，1956年9月，高等教育部发出《关于高等学校政治理论课程的规定（试行方案）》，把"马列主义基础"和"中国革命史"列入高等学校各专业的必修课程是一个重要节点。因此，"中共党史课程在高等学校的开设，以及在各级党校、军事院校的相继开设，表明中共党史研究已经成为一门独立、完整的学科"[2]。随着课程的开

---

[1] 王炳林：《中共党史学科基本理论问题论要》，载《中国高校社会科学》，2018年第1期。

[2] 张立梅：《新中国成立初期中共党史学科发展状况考察》，载《临沂大学学报》，2018年第3期。

第五章 浴火：重生（1978.8—2003.7）

设、教材的编写、师资的培养以及教育教学的大规模展开，中共党史研究也逐渐成为一门"显学"。这种看法虽然是可行的，然则其关键点在于作为中国革命史的思想政治理论课与中共党史教学的关系如何，能否等价或者包含？以中国人民大学为例，中国革命史的思政课教学本身就是中国革命史教研室早期的工作之一，在承担中共党史专业的研究生培养的同时，教研室的教员们也需要为更广范围的学生们授思政课，而其主要教员如教研室主任何干之、副主任胡华、教员彦奇、林茂生等人后来也都成为中共党史系的中坚力量。显然早期的中国革命史这门课程，是可以归属于中共党史学科的一部分的，那么认为1956年成为独立学科就有一定的说服力。

不过也有人认为，中共党史真正意义上作为学科建设的起步，要从改革开放新时期开始算，它"发端于20世纪70年代末的改革开放，给中共党史学科的发展带来了前所未有的机遇和挑战。30多年来，中共党史学科得到长足发展"[①]。这种说法也是有一定道理的，早期的中国革命史教学的定位模模糊糊，并没有上升到国际化的水平，学术化进程也是在逐步发展，没有完全上升到与其他学科同等级别的水平上，更不能和别的学科进行交流合作。而实际上中共党史学科正式作为学科参与国际学术对话交流，正是在改革开放新时期。当然，也可以把改革开放新时期作为中共党史学科新的发展阶段的里程碑。

而中国教育领域官方的说法，中共党史学科是作为法学门类中政治学一级学科下的二级学科。自改革开始新时期拨乱反正以来，它在二级学科中的名称一直是"中共党史

---

① 王顺生：《改革开放新时期高校中共党史学科的建设与发展》，载《中共党史研究》，2010年第7期。

（含：党的学说与党的建设）"。2011年国务院学位委员会第六届学科评议组编写的《学位授予和人才培养一级学科简介》，将二级学科的名称修改为"党的建设与中共党史"，并作如下说明：

> 以政党政治政党活动为对象，专门研究政党活动规律性，研究马克思主义政党的学说及其历史发展，研究中国共产党领导人民进行革命、建设和改革的历史经验，以及在新的历史条件下如何提高党的领导和党的建设科学化水平。中国共产党在国家政治生活中的领导作用，决定了党的建设和中共党史研究在中国的马克思主义理论体系中占有重要地位。①

光看其中一条，研究中国共产党领导人民进行革命、建设的历史经验，那么早期的中国革命史课程的起步就可以算作溯源。而有没有更早的呢，那就是抗日战争时期。"把中共党史研究看作科学研究，并以科学态度和方法去推进党史研究的学术化进程，在抗日战争时期已经启动"② 这一观点与笔者所进行历史考察的节点相契合，因为要寻找最初的溯源，当然要看最早出现的萌芽。何干之早期所教学的中国革命基本问题、统一战线等课程显然是属于当今中共党史学科的一部分的，由此对早期的起源、发展、飞跃进行考察也更具有了意义。

---

① 国务院学位委员会第六届学科评议组编：《学位授予和人才培养一级学科简介》，高等教育出版社2013年版，第17页。
② 王冠中：《中共党史研究学科构建的缘起、依据及启示》，载《思想理论教育导刊》，2020年第10期。

第五章 浴火：重生（1978.8—2003.7）

所以，中国人民大学的前身——陕北公学是最早进行中共党史学科萌芽教育的摇篮，也是中国共产党的一次教学实践实验。在延安时期成功的教学实践有着重要的意义，后来中共党史学科一直飞速发展，虽历经挫折和挑战，但仍屹立不倒，直到如今成为世界热点与大众"显学"与之是密不可分的。因此，1937年何干之在陕公教授中国革命基本问题等课程的教学实践可以算作中共党史学科教学实践的最早起源。

源头找到了，那么学科的发展脉络、队伍建设、领域划分的一系列路径就更加清晰了。中共党史学科从诞生起，就在中国人民大学的孕育中成长着。直到中共党史系正式成立，学科才有了真正的落脚点，逐渐完成一系列的飞跃，从而成为一门独立的学科。

从中共党史系的角度来看，中国人民大学的中共党史系下，设立了中共党史、党的建设、中国近现代史、当代中国四个教研室，承担了中共党史、党的建设、马克思主义中国化、中国近现代史基本问题研究、当代中国史五个学科和方向的建设任务，构成学校马克思主义理论、政治学、历史学三个一级学科的重要支撑。

在中共党史系，有对中国共产党领导人民进行革命、改革、建设的实践经历的历史考证，综合历史学的学科特点，还原中国共产党历史的面貌，丰富中共党史的内容；也有对中国共产党的理论，马克思主义执政党学说的发展路径进行的追溯研究，综合马克思主义理论的学科特点，充分发挥党史资政育人的作用，即习近平总书记所提到的"中国共产党的历史就是一部马克思主义中国化的历史"；还有对党的领导和党的建设中具体问题的研究，为中国共产党更好地科学执政以及保持自身的先进性和纯洁性提供理论支持，为新的条件下不断完善中国共产党自身的建设，提高党的领导能力在学术上进行突破，综合政治学的学科特点，打造中国特色的中共政治学。

这三个领域的不断突破，让中共党史党建学科的值域越来越广，内容越来越丰富，吸引力越来越强，可研究性越来越得到学界的认可。中国共产党自身的历史实践，是西方所谓的普世理论无法解决的问题，他们在自己构建的话语中陶醉了数十年，却突然发现，竟然无法解释中国共产党执政下的中国社会，这本身就证明了中共党史自身所具有的复杂性、丰富性、艺术性。包含了三大一级学科、四大教研室、五大研究方向的中共党史系，正随着中共党史学科地位的确立而继续向前，继续充当着中国特色社会主义事业的摆渡人。

二、人物研究立首功，传记出版永流传

改革开放新时期以来，中共党史学科的地位得到确立，中共党史学科的内容得以扩充，中共党史学科的队伍亦在不断壮大！1979年，为了在全国范围内促进中共党史学科的发展建设，统一组织全国党史研究工作，中国人民大学中共党史系和胡华教授发挥了带头作用。胡华倡议并发起成立了全国党史人物研究会。

1979年5月，中国中共党史人物研究会经中共中央组织部批准成立，在党中央、中央领导同志和老一辈无产阶级革命家的重视和支持下，对中国共产党在新民主主义革命时期、社会主义革命和建设时期重要历史人物进行研究，是最早的具有全国性巨大影响的党史研究的学会团体。后又于2012年6月，

第五章 浴火：重生（1978.8—2003.7）

经民政部批准，成立了二级分会：井冈红军人物研究分会。自研究会成立以来，何长工、李力安、孙英、欧阳淞、张树军先后担任会长，在促进党史研究繁荣、推进党史事业发展中发挥了积极作用。中国中共党史人物研究会一成立，便承担重要使命，通过讲好党史人物故事特别是领袖人物故事，为讲好红色故事、讲好中国故事、讲好中国共产党故事、讲好中国特色社会主义故事，更好服务党和国家工作大局，作出积极贡献。

中国中共党史人物研究会始终高举中国特色社会主义伟大旗帜，以毛泽东思想、邓小平理论、"三个代表"重要思想、科学发展观、习近平新时代中国特色社会主义思想为指导，贯彻落实党的二十大精神，发扬理论联系实际的优良学风，通过研究中共党史人物，总结中国共产党领导人民进行革命、建设、改革的历史经验，积极宣传中国共产党人在民族独立、人民解放和国家富强、人民幸福的伟大征程中前赴后继、不怕牺牲、英勇奋斗的光辉业绩，推出了《中共党史人物传》《中国人民解放军高级将领传》等一系列具有很高知名度的研究成果，充分发挥了党史人物研究以史鉴今、资政育人的重要作用。

在推动中国中共党史人物研究会发展的过程中，中国人民大学中共党史系鼎力支持，胡华教授真正做到了鞠躬尽瘁，死而后已。他以全国党史人物研究会为载体，组织了包括开办中共党史专题讲习班等在内的学术活动。胡华一力推动的中共党史专题讲习班，极大地促进了党史研究团队成员的学习和交流，讲习班的内容十分丰富，每个参与的成员都获益匪浅。因资料有限，我们只搜寻到第二期中共党史讲习班的授课内容，但一期内容就包括了社会主义初级阶段的理论；当前政治体制改革、经济体制改革的若干问题，世界改革潮流与中国的改革

中共党史人物传讨论会在广州举行
如实评价党史人物　恢复党史本来面目

新华社广州十二月二十二日电　中共党史人物传讨论会于十二月四日至十八日在广州召开。与会同志决心以高度的革命责任感深入调查，编写好党史人物传。

这次讨论会是由中共党史人物研究会主持召开的。中共党史人物研究会是研究、编写党史人物传的群众学术团体。今年三月筹备成立以来，全国已有一百五十多个单位参加，编写出中共党史人物传五十七篇。经这次讨论会研究确定，其中十篇将收入明年由陕西人民出版社出版的《中共党史人物传》第一卷，其中包括王尽美、阮啸仙、肖楚女等同志的传记。

这次讨论会听取了关于研究周恩来、李大钊、彭德怀等同志革命实践的学术报告，交流了党史研究工作的经验，讨论了编写人物传应遵循的原则。大家认为，编写人物传记必须实事求是，坚持历史唯物主义，功就是功，过就是过，不能任意拔高或缩小。要用科学态度写出人物的思想发展过程的各个阶段和人物的具体特点。要根据一定的历史条件去评价党史人物，要尊重历史，坚决反对搞先验论、天才论。要深入调查研究，掌握第一手资料，注意争取老一辈革命家和烈士亲属的支持和协助，准确地调查清楚人物的生平和所经历的事件。要敢于冲破"禁区"，拨乱反正，用事实戳穿林彪、"四人帮"一伙的造谣和诬蔑，恢复党史的本来面目，宣传老一辈革命家的丰功伟绩。

参加这次讨论会的二百多名代表，来自全国二十五个省、市、自治区的高等院校、军事院校、社会科学研究机构、出版社和革命历史纪念馆等单位，他们中间有研究党史的老专家，也有年轻的党史教学和科研工作者。这是我国党史人物研究的一次学术盛会。中共广东省委第二书记杨尚昆在会议开幕时讲了话。他说，文化大革命以前，党中央、毛主席很重视这件事，组织了以董必武同志为首的中共党史资料编写小组。可惜由于文化大革命运动，没有把党史编写出来。文化大革命中也编出一些，但大都是被歪曲了的、假造的。为了把我们党的革命传统传下去，极需要编写一部好的、真实的党史。他说，党的活动是通过党史人物的活动来实现的，所以研究党史人物很重要。要编写好党史人物传记，一定要坚持历史唯物主义观点，实事求是。他表示很愿意向党史研究工作者提供自己所知道的资料，大力支持他们的工作。

会议期间，许多地方的代表拟定了自己的编写计划。

会议选举何长工为中共党史人物研究会会长，李新、胡华为副会长，并选出了秘书长、副秘书长和理事。

1979年12月，胡华被推选为全国中共党史人物研究会副会长兼《中共党史人物传》丛书主编。图为《人民日报》当年12月23日的消息报道

胡华（右）与中国中共党史人物研究会会长何长工（左）

第五章 浴火：重生（1978.8—2003.7）

开放；中国农业发展道路的历史考察，新民主主义社会与社会主义初级阶段的比较研究，"三面红旗"和社会主义建设中的空想论，国民经济调整时期党对社会主义的认识；建国后17年思想文化战线几次批判运动述评，"文化大革命"史述评；十一届三中全会以来党在建设社会主义上的重大突破。[①] 这些内容兼顾历史和现实，丰富多彩，不仅回答中共党史上的重大问题，也回答当时社会上的重要关切，有助于激浊扬清，澄清历史和现实的重要问题，有利于发挥中共党史学科资政育人的作用，进一步服务改革开放事业。

人民是创造历史的主体，中国共产党的历史人物数不胜数、群星璀璨，每一个重要党史人物都是一座高耸入云的巍峨丰碑。史之研究，不可不重视人物研究。中国人民大学中共党史系和胡华教授深谙此理，不断推动《中共党史人物传》的编撰工作。唐代的刘知几编写了我国首部系统性的史学理论专著《史通》，其作品内容主要评论史书体例与编纂方法，以及论述史籍源流与前人修史之得失，该书总结了唐以前史学的全部问题，因而拥有极高史学地位。刘知几在书中提到，关于史书，最权威的官方读本应为纪传体，而不是编年体，即任何一个权威史书的书写，应当是以人物传记为核心展开的。中国中共党史人物研究会的成立，不仅是中共党史研究中的重大事件，也是权威史书的书写中的重大事件，研究会为史书书写提供了强有力的研究队伍和资源保障。基于此，在胡华的带领下，由中国人民大学中共党史系主编，人民日报出版社和中央文献出版社联合出版的《中共党史人物传》，走入世人眼中，成为中共党史研究领域不可不提的重大突破。《中共党史人物

[①] 佚名，《全国中共党史研究会将举办第二期中共党史讲习班》，《中共党史研究》，1988年第3期。

传》在研究会成员的共同努力下,该书目前已出版 100 卷,约 2800 万字,收录 1200 多篇,努力开拓党史人物研究工作的新视野、新局面,成为中共党史的"史家之绝唱"。

除此之外,中国中共党史人物研究会的工作充分发挥了群众性社团的特点,很多工作不是上级党组织直接布置的,也没有下拨经费,但做这些工作又是组织有序并严格遵守符合党的方针路线的。除编写出版《中共党史人物传》这一主要任务外,研究会还组织和参加了许多与研究宣传革命英烈即著名党史人物相关的社会活动。例如自 1992 年 7 月开始历时一年多时间,组织发起了全国性的"毛泽东与我"大型征文活动。对征文工作,大到文章的客观性和思想性,小到奖品的选择要突出纪念意义,研究会都一抓到底,使征文活动在国家有关社团活动规定的范围内,得以健康顺利开展。活动得到了外界的大力支持,尤其是老一辈革命家刘澜涛、杨得志、叶飞、孙毅等人欣然出任征文活动顾问,张爱萍除赐稿并参加活动外,还亲笔为征文组委会与北京电视台联合录制的电视系列片题写片名"情系毛泽东"。他们的关怀和勉励是这次征文活动能够克服困难,获得圆满成功的重要条件。中共党史人物研究会也成为研究中共党史的重要学会阵地。

百年征程波澜壮阔,百年初心历久弥新。中国共产党艰苦卓绝、波澜壮阔的百年历史,让中国人民走上了从站起来到富起来,再到强起来的光明征程,让我们的国家实现了从开天辟地,到改天换地,再到翻天覆地的历史巨变。在这段历史长河中有无数群星般闪耀的人物熠熠生辉,中国中共党史人物研究会始终以深化党史人物研究为己任,不断扩大党史人物宣传,让今天的我们更加深入了解共产党人的丰功伟绩和精神风范,激励我们更加紧密地团结在以习近平同志为核心的党中央周围,

第五章 浴火·重生（1978.8—2003.7）

继续担当历史使命、掌握历史主动，创造无愧于党、无愧于人民、无愧于时代的新业绩。

三、党史学会从此立，春蚕永生不尽丝

中国中共党史人物研究会成立不久，中共党史学会也宣告成立，二者一专一博，相辅相成：党史人物的研究是党史研究极为重要的一部分，专精于传，推动着党史研究的发展，而党史学会则博大精深，通过各个方面进行研究，拓宽了人物研究的视阈，丰富了人物传记的内容。在改革春风吹拂的大地上，在雨后春笋般生机盎然的众多学会中，中共党史学会和中共党史人物研究会，走在了先行的路上，成为党史学界的"龙虎双会"，也印证了党史学科的未来——其道大光。

1980年7月，中国中共党史学会正式成立，是中共党史、中国革命史学界专家、学者和教学、研究人员自愿组成的全国性学术性团体，是党史和文献研究的一支重要力量。自成立以来，在党中央的正确领导下，在何长工、冯文彬、胡绳、龚育之、孙英等学会领导和专家学者的接续努力下。两个学会在推进党史研究、团结各方力量方面，牢记使命，充分发挥党史以史鉴今、资政育人作用等方面作出了重要贡献。

1980年7月8日，中国中共党史研究会在京成立，图为大会会刊封面

习近平总书记强调，党的历史是最生动、最有说服力的教科书。学习党的历史是坚持和发展中国特色社会主义，把党和国家各项事业继续推进向前的必修课，这门功课不仅必修、还得修好。中国中共党史学会坚持以习近平新时代中国特色社会

中国中共党史学会成立大会人员合影（局部）：第二排左四为会长冯文彬、左五为常务副会长胡华、左六为常务副会长廖盖隆、左七为副会长李新……

主义思想为指导，坚持正确的政治方向，坚决反对历史虚无主义，以资政育人为根本任务，坚持党的思想路线，解放思想、实事求是、与时俱进、求真务实，坚持围绕中心、服务大局，坚持党性原则和科学精神的统一，准确把握党的历史发展的主题和主线、主流和本质，为贯彻党的基本理论、基本路线、基本方略服务；为推进党的建设新的伟大工程服务，为坚持和发展中国特色社会主义服务；坚持百花齐放、百家争鸣的方针，发扬学术民主，鼓励科学探索，营造健康向上、生动活泼的党史研究环境，团结带领广大会员在学习、研究、宣传习近平新时代中国特色社会主义思想，开展党史研究、党史宣传教育、党史资政、党史人才培养等方面，做了大量卓有成效的工作，取得了突出成绩。

　　学会于1989—1995年主办了会刊《中共党史通讯》（半月刊）。办刊之初，《中共党史通讯》是以党史教学研究专业人员为主要对象的信息性刊物，对党史的研究与教学起到了很好的作用。自1997年1月起,为了适应改革开放和社会主义精神文明建设的需要,同时更好地将学术研究成果转化为大众精神产品,经主管和主办单位研究,国家新闻出版署批准,该刊改办为适合更广大读者需要,雅俗共赏、老少咸宜,提高与普及相结合的大型文史双月刊——《百年潮》。《百年潮》杂志提倡记事体史学,以"信史、实学、新知、美文"为基本追求,以中共党史、中国近现代史上的重大事件、重要人物和社会思潮、文化流变等为主要内容,采取访谈录、回忆录、口述史、人物传记、本末体史学、纪实报告、珍档新刊、学术专论、文史小品等多种体裁和形式,生动活泼、图文并茂地展现中华民族百年来跌宕起伏的历史画卷和波澜壮阔的世纪风云。该杂志与亲历革命和建设历史的老前辈,与史学界、理论界、文化界、教育界等各方面都保持密切的联系,因而有着广阔的视野和强大的作者队伍,能够及时了解和掌握重要的政治、学术、思想、文化信息,并有条件优先披露珍贵史料和最新研究成果。《百年潮》杂志的创办,受到了党和国家领导人、老一辈革命家与社会各界人士的关心和支持。它以特有的优势、独特的风格和清新的面貌,赢得众多的读者,受到社会的欢迎,因此在中共党史学界享有很高的地位,也是中共党史学会的招牌刊物。

2019年11月11日,中国中共党史学会第八次全国会员代表大会和中国中共党史人物研究会第五次全国会员代表大会同时在京举行。这次会议总结了党史学会第七届理事会、党史人物研究会第四届理事会以来的工作,选举产生新一届理事会,研究进一步加强两个学会工作和推进党史研究的新举措。中共中央党史和文献研究院院长曲青山出席大会并致辞。中国中共党史学会第七届理事会、中国中共党史人物研究会第四届理事会会长欧阳淞作工作报告。中国中共党史学会第七届理事会常务副会长龙新民主持两个学会全国会员代表大会联席会议。曲青山当选中国中共党史学会第八届理事会会长。张树军当选中国中共党史人物研究会第五届理事会会长。值得一提的是，中国人民大学中共党史系、中共党史党建研究院执行院长杨凤城教授担任副会长，带领着人大党史师生为持续深化中共党史党建研究提供源源不断动力。在新的领导班子下，两个学会继续完成着时代和人民交付之的使命和任务。

习近平总书记在庆祝中国共产党成立100周年大会上的重要讲话中指出："一百年来，中国共产党团结带领中国人民，以'为有牺牲多壮志，敢教日月换新天'的大无畏气概，书写了中华民族几千年历史上最恢宏的史诗。这一百年来开辟的伟大道路、创造的伟大事业、取得的伟大成就，必将载入中华民族发展史册、人类文明发展史册！"党的百年历史的主流本质就是不懈奋斗史、不怕牺牲史、理论探索史、为民造福史、自身建设史。回望过往的奋斗路，眺望前方的奋进路，我们必须把党的历史学习好、总结好，把党的宝贵经验传承好、发扬好，以坚如磐石的信心、只争朝夕的精神、坚韧不拔的毅力，埋头苦干，锐意进取，书写新时代中国特色社会主义新篇章，创造中华民族新的更大奇迹。

红日初升，其道大光。中共党史学会和中共党史人物研究会两大学会的成立进一步推动了中共党史学科的发展，为其学科体系的构筑持续不断培养人才，贡献力量。

四、初步互动出海外，拉开序幕众来朝

2021年2月20日，习近平总书记在全国党史学习教育动员大会上指出，中国共产党的历史，就是一部马克思主义中国化的历史。以毛泽东同志为主要代表的中国共产党人，把马克思列宁主义基本原理同中国革命和建设的具体实际相结合，完

第五章 浴火：重生（1978.8—2003.7）

成了马克思主义中国化的第一次历史性飞跃。以邓小平同志为主要代表的中国共产党人，成功开创了中国特色社会主义；以江泽民同志为主要代表的中国共产党人，成功把中国特色社会主义推向21世纪；以胡锦涛同志为主要代表的中国共产党人，成功在新形势下坚持和发展了中国特色社会主义；党在改革开放和社会主义现代化建设新时期，形成中国特色社会主义理论体系，实现了马克思主义中国化新的飞跃。习近平新时代中国特色社会主义思想又是马克思主义中国化的最新成果，是当代中国马克思主义、21世纪马克思主义，是中华文化和中国精神的时代精华，实现了马克思主义中国化新的飞跃。中国革命的成功，中华民族的复兴，中华人民共和国的富强都让世界所瞩目。海外的一些先进学者，也终于开始注意到中共党史的可研究性，其丰富的实践内容、复杂的理论探索、成功的革命经验都让西方惊叹不已，与西方所谓普世理论截然相反的事实摆在面前，他们不得不重新审视中共党史，决心对中国共产党的历史进行深入的研究和学习。

1980年6月，胡华（右三）等在中国人民大学接待北美洲中国革命史考察团一行

在改革开放初期，中国人民大学的中共党史系就已经初步与海外进行了交流，在胡华等人的带领下，中共党史系的目光放得更加长远，学术交流的道路更是早就已铺垫完成。他们即使在中共党史系刚刚复系之初，百废待兴的情况下，依然相信中共党史的魅力，必将传播给世界。

1980年6月18日，胡华会见日中友好协会副会长赤津益造

1984年3月，胡华与来访的美国资深外交家谢伟思（中）、《长征——前所未闻的故事》作者哈里森·索尔兹伯里合影

第五章　浴火：重生（1978.8—2003.7）

在与海外进行初步交流的过程中，中共党史系主任胡华起到了重要的推动作用。他与哈里森·索尔兹伯里等人的交流，是可追溯的最早有关中共党史领域的学术互动。

哈里森·索尔兹伯里是美国著名的作家和记者，曾任《纽约时报》副总编辑、全美作家协会主席。在漫长的记者和文学创作生涯中，他为反映20世纪世界反法西斯战争付出了巨大心血，足迹遍及欧洲、苏俄和远东各主要战场，以其犀利的目光、鲜明的观点和娴熟的文笔，揭露了法西斯侵略者的罪行及其政治、军事内幕，其作品被译为多种文字，声名远扬世界各国。他的著名代表作《长征——前所未闻的故事》曾轰动美国。然而，鲜为人知的是中国人民大学中共党史系在成书中所扮演的重要角色。为了完成该书，哈里森·索尔兹伯里来华踏访了长征路，并向当时参加过长征的将领以及中共党史专家了解长征情况，求解写作中遇到的难题。1984年胡华多次接受中国人民的老朋友谢伟思和索尔兹伯里的采访，就中国革命历史为他们答疑解惑，他们一谈就是几个小时。之后索氏在美写作期间，双方还有过多次信函往还答问。1985年10月，这部反映中国工农红军长征的纪实性文学作品在美国一出版，立即引起全美的轰动。《时代》周刊等许多报刊大量报道，接着欧洲、亚洲一些国家也竞相翻译出版。

1986年三四月间，胡华应澳大利亚澳中理事会和悉尼大学等校的邀请，作为访问教授，前往悉尼、堪培拉、墨尔本、阿德莱德等城市的八所大学，进行了为期一个月的访问讲学。

1986年3月,胡华与泰伟思等澳大利亚学者们座谈

1987年5月15日,胡华在美国哈佛大学费正清研究中心中国革命史年会上回答问题

1987年8月,胡华在北京饭店向美国作家哈里森·索尔兹伯里介绍中国改革开放成就

随后，中共党史系又陆续举办了"建国四十周年""建党七十周年""纪念毛泽东诞辰一百周年"学术讨论会与"纪念中国人民抗日战争胜利 50 周年"国际学术讨论会等十余次学术研讨会。胡华、彭明、彦奇等教授出访苏联、美国、日本、澳大利亚等国，同时苏联、美国、日本、澳大利亚等国学者也纷纷赴华，来与中国人民大学中共党史系进行学术交流，双方在不断地交流中，逐渐增强了对中共党史学科的认可，为如今更加蓬勃旺盛的海外中共学打下了基础。

此外，中国人民大学中共党史系还与台湾方面进行了初步的学术交流，与台湾政治大学东亚所等建立了比较密切的联系。1993 年 11 月，中共党史系在安徽黄山举办了"两岸国共合作历史学术研讨会"；1995 年 8 月，中共党史系林茂生教授等人赴台北出席了"两岸社会发展与文化交流研讨会"。与此同时，中共党史系还多次接待了台湾政治大学东亚所的研究生访问团，增进了两岸学者间的了解与友谊。

上述这些交流活动都使得中国人民大学中共党史系在海内外产生了一定的影响。在 20 世纪前后，中共党史系的前辈们，就已经预测到了中共党史党建学科，其道大光，未来必然绽放光彩，他们与海外的初步互动交流，促进了海外对中共党史的了解和认知，虽不能立刻让中共党史成为世界所关注的显学，但却徐徐拉开了中共党史学科走向世界的序幕。

第四节　燃起者

一、"长征史"的领跑者：李安葆

李安葆，1930 年出生于江苏省张家港市，中国人民大学中共党史系教授、国内著名的长征史研究权威之一。

李安葆教授

1955年7月，李安葆从中国人民大学中国革命史研究生班毕业；1955年8月—1972年6月，他留任中国人民大学中国革命史教研室工作；1972年7月—1978年8月，他随教研室调到北京师范大学历史系工作；1978年9月，中国人民大学复校，他回到了阔别多年的中共党史系；1997年9月离休。执教数年间，李安葆教授主要讲授中国革命史、中共党史课程；并为研究生讲授"土地革命战争专题研究""毛泽东思想研究"等专题课。同时，他还结合教学活动，参与编写了《中共党史专题讲义》《毛泽东思想研究教学大纲》等教材，并积极开展科研工作，为中共党史系的发展作出了一定的贡献。

1978年出版的第一部关于长征的专著——《长征史话》，在当时广受欢迎，深得读者青睐，其作者就是我校中共党史系的教授李安葆。他是国内长征史研究权威，1956年因为参加中共中央编写党史大事记的政治任务与长征研究结缘，由此一口气出版了近十部和长征相关的专著，甚至直到现在还老当益壮、笔耕不辍。

长征，是中国共产党领导的工农红军在华夏大地上谱写的一部气壮山河的英雄史诗。这场举世无双的远征，不仅为挽救党和红军、为中国革命的胜利奠定了坚实基础而载入史册，更因为锤炼熔铸出伟大的长征精神而彪炳千秋。随着岁月的流逝，不朽的长征精神更凸显出它充满生机和活力的时代价值。它以其特有的魅力，不仅在中国人民心中产生了无穷的精神力

第五章　浴火：重生（1978.8—2003.7）

量，也为世界人民所称颂。

李安葆更是对长征有着特殊感情，他曾特地为人大学子"重走长征路"的活动撰写了《长征接力有来人》。在文章中他高度赞扬莘莘学子"重走长征路"的勇气与毅力，长征路上困难重重，要走这条路，需要有较长的时间和一定的物质准备，为了筹集路费，学子平时节衣缩食、省吃俭用，但是他们不畏艰险一路坚持，让世人看到了我国当代大学生的优秀品质，看到了我们祖国的希望，夸赞他们"不愧为红军英雄们的后代。有了这样的后代，在今后建设祖国、实现四化的新长征中，便有了可靠的接班人"。

李安葆教授不仅对长征的历史史实了如指掌，还专门采访过参与长征的老革命，并为他们个人撰文，如他在采访成仿吾后，曾写下了《成仿吾在中央苏区》《成仿吾在长征中的故事》等文章。"人大老校长成仿吾是一位经历过二万五千里长征的著名文学家、教育家，他那张头戴红星帽、身穿戎装、腰束皮带的长征照片，不仅深深地印在了我们的心中，而且随着刊载这张照片的斯诺的《西行漫记》被译成各种文字出版，传遍了世界各地。也影响了人大中的莘莘学子怀着继承革命传统、磨炼自己、立志成才的决心，踏着成校长等老一辈革命家的足迹，纷纷重走长征路。"

李安葆教授始终秉持着长征精神中的坚持独立自主、实事求是，一切从实际出发的精神，治学严谨，在研究长征的领域中发光发热，他是国内"长征史"的领跑者，亦是中共党史研究领域的先行人。

当然，除了李安葆教授，这一时期，中共党史系的著名教授还有程虎啸、戴知贤等。程虎啸，安徽省黄山市休宁县人，1960年毕业于中国人民大学中共党史系，1961年开始从事中国近代政治思想史的教学与研究。曾在中国人民大学国际关系学院政治学教授，博士生导师，院属政治思想文化研究所所长。兼任中国义和团研究会副会长、北京市日本学研究中心客座教授等职。学术论文近百篇，主要著作有《晚清乡土意识》《近代中国思想的历程》等。戴知贤于1960年毕业于中共党史系，1961年开始从事中国近代政治思想史的教学与研究。后任中国人民大学国际关系学院政治学系教授，博士生导师，院属政治思想文化研究所所长，兼任中国义和团研究会副会长、北京市日本学研究中心客座教授等职。戴知贤是文化领域的专家，其著作有《文坛三公案》《抗战时期的文化教育》《毛泽东文化思想研究》等。

总之，这一时期的中共党史人中，正是因为有了他们这些留在中共党史系执教的园丁，才有了后来中共党史系百花齐放、万花盛开的场景，这里向他们表达由衷的敬意！

二、军史与两岸研究的大家：张同新

张同新，1937年2月生于秦皇岛市，中国人民大学著名教授，国内知名的军事史专家、两岸关系专家。

1960年张同新从中国人民大学中共党史系毕业，毕业后的他选择了继续留校任教。1962年他被学校送往中国人民解放军石家庄高级步兵学校进修，在那里，他的中共党史知识和军

张同新教授

事理论思想与人民解放军的实践产生了结合，让他的军事理论逐渐成长起来。由于他的出色表现，被选中参加由教育部、人民解放军总参谋部动员部、北京军区组织的《毛泽东军事思

第五章 浴火：重生（1978.8—2003.7）

想》教材的编写工作，承担其中"人民战争""人民军队"部分的编写任务。这段时期，张同新改行任军事教员，研究、讲授"毛泽东军事思想"。

1969年11月—1971年2月，张同新在中国人民大学江西省余江县刘家站垦殖场开办的"五七干校"劳动锻炼。从"五七干校"返京后，在1971年2月—1978年8月期间，张同新被分配在北京师范学院政教系中共党史教研室任教，讲授中共党史，因为他拥有丰富的军队实践经历，在讲授人民军队的历史之时，可以侃侃而谈，结合具体的细节和例子让学生们更加轻松地掌握知识，受到了学生们广泛的爱戴与尊敬。1978年8月，中国人民大学复校，在北师时期中共党史教研室的主任彦奇从研究、教授中国共产党的"三大法宝"的设想出发，将张同新收之麾下，而后，张同新的能力也得到了中共党史系主任胡华的认可，成为胡华麾下新的大将，至此正式调回中国人民大学中共党史系任教。他在人大中共党史系历任助教、讲师、副教授、教授兼博士生导师，一路高歌猛进，声名鹊起，成为中共党史系十分著名的教授。至1993年初，就已辅导了国内外访问学者20余名，研究生10余名，博士生20余名。

张同新教授主要从事"国民党新军阀混战史""中国国民党历史""中华民国史""中国统一战线""中国政党""中国政治制度""'一国两制'与国家统一问题"等方面研究，取得了累累硕果。先后被聘为中国现代史学会理事，中国统一战线理论研究会理事（该会所属第九课题组副组长），全国海峡两岸关系研究会理事等职位。同时兼任北京市涉台教育讲师团成员、中国社会科学院台湾史研究中心理事、中国华艺广播公司特邀评论员。

张同新教授在中共党史系本科生、研究生中讲授"国民党新军阀混战""中华民国史""中国国民党史""海峡两岸关系与国家统一问题"等课程,使得中共党史系的学生们从新的角度对中国革命的历史有了更广泛的了解。同时,在研究生中,先后讲授"中国统一战线研究""中国政治制度研究""中国政党研究"等更有深度的课程,打开了中共党史研究的新的领域。张同新教授还讲授"中华民国史",作为全校本科生、研究生的选修课,充分调动了全校学生学习中共党史、革命史的兴趣,极大地丰富了中共党史的教学实践内容。在中共党史系执教数年,张同新教授凭借其深厚的学术功底、开拓的思想视野、缜密的逻辑思维,以生动风趣的语言传授知识,赢得一众好评,使学生深深折服。

复校伊始,中共党史系召开了系务会议,讨论决定由中国革命问题教研室承担一系列专题研究,开设相关专题课。其中张同新教授承担了其中的"国民党新军阀混战"课题研究。张同新之所以要选择这项研究,是因为自1960年留校任教以来,在"毛泽东军事思想""中共党史"的教学实践让他深有感触:当时学界对中国的国情掌握得甚少,对很多历史背景似知非知。尤其对敌、我、友三方,只对"我"方,也就是党的领导、人民大众、毛泽东思想原理、党的革命路线方针政策,似乎掌握了一些,对革命原理能讲清楚;而对"敌",也就是革命的对象,只能讲"三大敌人的反动本质",其他方面知之甚少,谈不到"深入分析";对于"友",也就是革命的同盟者,或者说"中间势力"也不甚了解,甚至受"左"的思维方式影响,对他们的历史作用往往不能作出公正的评论。如此一来,"我"的方面,革命原理,革命路线,方针政策,马克思主义是怎样在指导中国革命的实践中创造出中国化的马克思主义等一系列根本性问题,就无法深入地弄明白,就会影

第五章 浴火：重生（1978.8—2003.7）

响中共党史学科的科研进展与教学质量，因此张同新毅然选择了对"敌"方的研究，而又从中国革命发展关键时期的具体问题入手。

这项课题，在《毛泽东选集》中有明确的论断，而在国民党的历史文件及国民党中央系统的学者论著中，则没有这样的提法，只有"剿共"或者"剿匪"（这是国民党中央对其进行的反共内战的称呼），"讨逆"（这是国民党中央对其进行的国民党内部武装征伐的称呼），没有可以直接借鉴的研究成果，只能从零开始。张同新在江西"五七干校"劳动锻炼期间，曾利用休假时间，几乎跑遍了江西革命根据地，对五次"反围剿"战争的路线、主要战场作了实地考察。1971年，他从江西返回北京，因人大停办被分配到北京师范学院政教系任教，讲授毛主席著作。在讲授《中国革命战争的战略问题》时，他充分地利用了这些实地考察得到的材料进行讲解，受到学生们的热烈欢迎，被给予了相当高的评价。这给了他极大启发。面对人大复校后课程重建的新任务，应该从何做起？张同新认为就从查阅原始材料做起，从调查研究做起。一项具有开拓性的科研工作，在以彦奇为教研室主任的统一安排下，在张同新为主导的工作下，就这样逐步展开了。

张同新教授不仅对民国史研究颇深，勇于开拓创新，对军阀、两岸关系等历史遗留问题也有着独特的见解，曾发表专著《从南京到台北》，以全新的视角生动再现国民党政府从南京大典到退踞孤岛的全过程。早在2004年台湾当局修改教科书期间，张同新教授就一语揭穿了教科书中隐藏的历史漏洞，及"台独"教科书修改政策掩盖下的分裂图谋和舆论准备。作为两岸关系研究的权威，张同新教授还通过对《开罗宣言》等国际性文件的解读，有力论证了台湾作为中国领土不可分割的一部分的法律地位。而在《从南京到台北》中，张同新教授通过翔实的细节记载，再次有力证明"台独"势力无论如何伪造历史，都改变不了台湾自古以来就是中国神圣领土的事实，以历史的事实痛斥了人为制造的外省人、本土人的对立。此外，还著有《国民党新军阀混战史略》《蒋汪合作的国民政府》《陪都风雨·重庆时期的国民政府》《辛亥革命史纲》《"一国两制"与海峡两岸关系》等书。

除此之外，张同新教授还与彭明教授合著《民国史二十讲》，与彦奇教授合作主编《中国国民党史纲》。先后在境内外发表学术论文百余篇，主要如《中国对世界反法西战争的历史贡献》《中国现代化的历史思考》《百年老店——中国国民党的历史转折》《香港回归与邓小平的伟大历史贡献》《评李登辉的"求同化异"说》《未来四年火烤阿扁》《张学良发动西安事变的心结》《太空飞起中国龙》等都引起了广泛的关注，在学界有着一定的影响力。

张同新教授以其崇高的学术理想，始终追求真理、治学严谨，以其强烈的使命感和责任感，在中共党史的教学和研究中倾注了满腔心血，也为之作出了巨大贡献。他是学界当之无愧的军事历史和两岸关系研究的大家！

三、沐浴时代光辉　奉献皎皎一生：杨先材

杨先材于1956年以优异成绩从芜湖一中保送至中国人民大学历史系中国革命史专业本科，于当年9月入学，成为人大党史系的首届四年制本科生。1960年本科毕业后，杨先材由于学习成绩优异而被系里确定为留系继续读三年制研究生。1963年暑假研究生毕业时，杨先材又被系里选定、经学校报请教育部核准留校留系任教，而当年全系只有一个名额。

第五章 浴火：重生（1978.8—2003.7）

在人大读书的七年，是杨先材成长之路上的关键七年。这主要体现在三个方面：一是受益于中国人民大学深厚的马克思主义理论教育和延续自延安陕公以来重视党史、革命史教育的优良传统，使杨先材有机会在这七年中比较系统地研读了马列的一些基本论著，较为全面和深入地接受了中共党史的专业训练，这为尔后从事中共党史的教学与研究奠定了较好基础。

杨先材教授
（摄于2023年6月光荣在党60周年之际）

在党史系建系初期，由于何干之、胡华以及当时系里的教学骨干都特别重视专业教学，使当时作为学生的杨先材受到很多启发。特别是党史系建系初期，系里高度重视本科的专业教学，何干之、胡华等系领导，以及彭明、刘经宇、冯拾、何东、王淇、彦奇、龚古今、麦农等当时系里的教学骨干，几乎都投入到这一届的党史专业课教学中，使学生们不但有幸直接聆听到何干之、胡华这些当时国内顶尖党史专家的讲课，还有机会吸取到系里众多教学骨干们各自的研究特长。杨先材曾回忆到，他这一届第一堂党史专业课就是由胡华教授讲授的。开课那一天，近三百个本科生，加上正在系里学习的进修生和本系不少教职工，齐聚西郊大教室，从上午八点开始，整个上午、下午，直至晚上九点多，中间除了午餐、晚餐和课间休息，这第一堂课胡华教授给学生讲了八九个小时。系主任何干之教授也亲自为这届本科生上课。何干之1963年形成初稿的《中国民主革命中的资产阶级》，就是他首次在这一届党史课上系统讲授的。当年，系里老师们课上课下所展现的对党史专业方面的渊博学养，对党史党建和党的历史经验的深刻见解，特别是他们对从事党史教学与研究的执着热情和严谨学风，可以说对这届后来毕生从事党史教学与研究的学生，一直都起到了引导和激励作用。

二是杨先材和同学们一道，经历了包括反右派斗争、批判苏共修正主义等一系列政治运动和政治学习的磨炼。虽然这些政治运动今天看来有其历史的局限，但这些磨炼对于这届学生这一代在新中国成立后成长起来的青年知识分子树立坚定正确的政治方向，还是起到了至关重要的作用。特别是反右派斗争之后开展的双反交心运动，尖锐地提出"个人主义是万恶之源"，在高校青年学生中开展了一场集体主义与个人主义的思想激辩，极大地促进了这届学生的集体主义和共产主义人生观的形成。

三是在当时强调"知识分子与工农群众相结合"的号召下，学校十分重视这届学生在社会实践中学习，经常安排到工厂、农村锻炼，参加劳动，深入接触工农群众。在读研究生时，杨先材还曾作为北京市委工作队队员参加过农村人民公社的整风整社运动，后来又曾带领学生参加过市郊的"四清"等社会实践活动。这些经历不但锻炼和培养了杨先材日后的工作能力，也有效提高了杨先材对中国社会尤其是社会基层的认知能力，增进了对工农群众的感情。总之，正是在母校七年的精心培育下，成就了杨先材成长之路上最为宝贵的青春年华！

杨先材研究生毕业留校任教后的第一个教职，就是担任党史系本科1963级班的政治辅导员。1963年在人大建校史上是重要的一年，当年应吴玉章校长的请求，原南京大学校长郭影秋被中央调来人大任校党委书记兼副校长，全面主持学校工作。郭校长的到来，使学校面貌发生巨大变化，各方面工作呈

第五章　浴火：重生（1978.8—2003.7）

现出朝气蓬勃的局面。这一年，学校根据中央关于加强青年学生思想政治工作的要求，决定在十个系各选择一个班，试点派设政治辅导员，党史系选择了当年入学的本科1963级班，并决定由杨先材出任这个班的政治辅导员。郭校长对政治辅导员工作极为重视，秋季开学后不久，他亲自召集这十个试点班的辅导员座谈，向这届学生提出做好辅导员工作的要求，这是杨先材记忆中第一次与郭校长的直面接触。郭校长逐一地询问这届学生十个人的年龄、毕业院校和所学专业，时至今日，他仍记得郭校长当时语重心长地嘱咐："做好政治辅导员，你们一定要与同学们打成一片，做他们的知心朋友。你们要既是班级同学的老师，又是他们的朋友；首先是他们的好朋友、好兄长，才能做一个称职的好老师。"郭校长的这番勉励给了杨先材巨大的鼓舞。

与此同时，党史系和教研室的领导也十分重视辅导员工作，系党总支主管学生工作的刘慧副书记更是全力支持和指导杨先材开展工作。由于杨先材当时尚未成家，便全身心地当起了党史系本科1963级班级的政治辅导员。杨先材报到后开始工作，就仍然住在当时的南五楼学生楼区，这实际上成了杨先材日后在学生中顺利开展辅导员工作的一大优势。杨先材和这些学生住在同一个楼，吃在同一个食堂，几乎参加他们所有的集体活动，包括政治学习、组织生活等，还经常听他们的课程、参加课堂讨论等等，这样杨先材很快就和他们"打成了一片"，辅导员工作做得风生水起。特别是郭校长那时还常常到班上来听课，和同学们一起参加政治理论课的课堂讨论，这对杨先材的辅导员工作更是巨大的鞭策。很快，这个班形成一种团结活泼、积极向上的氛围，在校系安排的各项活动中，特别是在下连队当兵，下乡劳动，参加农村整风整社和"四清"

运动等实践活动中表现突出，多次受到校、系的表彰。从入学到"文革"爆发前，不到三个学年的时间里，在这个仅有25人的班就有十名同学入了党，其余同学几乎都提出了入党申请，这在人大，甚至在当时的全北京各高校，都是极为少见的！此后，这个班的同学历经各种艰苦锻炼，都陆续成为所在单位的中坚骨干，为祖国的社会主义事业作出贡献，尽显人大毕业生的优秀本色。作为一个政治辅导员，杨先材感慨到有机会能全程跟随这个班从入学到毕业历时五年之久，这在人大甚至在当时全北京高校的辅导员中，也都是极为少见的！

杨先材不仅对待学生工作极为负责，在学术上也卓有建树。说起来，他系统性地开始讲授中共党史课，则要从中国人民大学停办期间被调派到清华大学公共政治课党史教研组任教开始说起。当时杨先材给清华的工农兵学员讲了几年党史课，并积累了不少的教书经验。中国人民大学复校后，杨先材于1978年初回到党史系党史教研室任教。由于正当年富力强之时，工作又认真负责，教学和科研成绩相对较为突出，杨先材受到当时系、教研室领导的信任与重用，从1980年起，杨先材先后出任党史教研室副主任、中国革命史教研室主任，1988年初任中共党史系系主任。期间国家恢复高校教师职称评定，杨先材从1963年起当了十七八年的助教后，终于在80年代初被评为讲师，随后按期晋升副教授，两年后被破格评为教授，后又获聘为博士生导师。

1988年初到1993年5月，杨先材担任党史系主任这五年多时间，可以说是杨先材在系里工作最繁忙、压力最大，但也是最奋发努力的五年。杨先材接任党史系主任之时，人大复校已整十年。在这十年中，党史系在胡华、何沁两位主任的领导下，完成了复系的艰苦历程，重整了队伍，扩大了规模，明确

第五章 浴火:重生(1978.8—2003.7)

了办系方向,为后续的发展奠定了基础。杨先材接任系主任后,接续他们的努力,在校党委的领导和全系同仁的鼎力支持下,党史系于此阶段在教学、科研、学科建设、人才队伍的培养和党建工作等方面都有所拓展和进步,成效明显,主要体现在以下几个方面:

一是比较重视办学的正确政治方向。不但重视学生的思想教育,也重视教师队伍特别是青年教师的思想引领,注意及时传达和贯彻上级党组织重要精神,用以推动系里的实际工作。在1989年春夏之交的政治风波中,系领导班子在校党委领导下,紧密团结全系广大师生,做到了在政治上、思想上与党中央保持一致,坚决拥护党中央重大举措,教师队伍没有受到冲击,学生队伍也基本平稳,没有学生受到处分,特别是当年毕业班学生都如期毕业,顺利走上工作岗位。校领导对党史系在这场风波中的工作是满意的。杨先材任期内,这届学生还在教工队伍中多次进行以中共党史为办系方向的教育,特别是通过传达讨论袁宝华校长关于坚定办好党史系、保持和发扬人大办学特色的讲话精神,收到了较好的稳定队伍的效果。

二是把组建中国革命史专业放在了全系学科建设的突出位置,这在当时全国高校根据中央精神开展中国革命史教育的工作中起到了标杆作用。这项工作在何沁老师主持系的工作时即已全面展开。根据当时中央关于改革高校政治理论课程教学的精神,这届学生在国家教委召开的课程改革会议上率先提出高校开设"中国革命史"课程的初步设想,得到教委主管领导的高度肯定;随后,这届学生适时发表了《中国革命史讲授提要》,1987年和1989年推出人大版《中国革命史》教材的初版和修订版,对推动全国高校中国革命史教学起到示范和引领作用,备受广大高校革命史课程教师和学生的欢迎。其间,在教委彭珮云副主任的直接关注下，1986年系里增设中国革命史专业，并于当年招收本科生；1989年开始又密集举办一年制中国革命史教师进修班，对全国高校中国革命史教师队伍的培养和建设发挥了重要作用。1989年中共党史系"中国革命史"同本校"哲学"、"政治经济学"和"科学社会主义"四门课程共同获得国家教委颁发的首届高校国家级优秀教学成果奖。人大版《中国革命史》一书，1988年获中国人民大学优秀科研成果一等奖，1991年获北京市第二届哲学社会科学优秀著作一等奖，1992年获国家教委优秀教材一等奖。在此期间，杨先材还受国家教委社科司（原政教司）的委托，主持编写了供全国高校通用的《中国革命史教学大纲》和配套的高教版《中国革命史》统编教材，在全国高校"中国革命史"课程的建设中发挥了重要作用。有鉴于杨先材在高校学科建设中作出的上述努力，1990年杨先材被国家人事部授予"中青年有突出贡献专家"称号并授予证书，1992年10月起享受国务院颁发的政府特殊津贴。国务院颁发的证书写明："为了表彰您为发展中国高等教育事业做出的突出贡献，特决定从九二年十月起发给政府特殊津贴并颁发证书"，这是党和国家对杨先材的重大嘉奖。杨先材能享此殊荣，当然不只是杨先材个人的努力，这包含着全系同仁这个时期在学科建设上的努力和成就，也是学校领导对党史系学科建设工作的肯定。

三是比较重视教师队伍建设。复校以来，党史系教师队伍一直处于年龄老化、青黄不接的状态，系里也曾多方努力，力求改变这种状况。针对当年系里在工资待遇、住房条件和职称评定等方面并不具有优势的客观实际，为加强本系教师队伍建设，特别是引进和培养青年教师，采取的举措有：第一，持续地向学校要编制、要名额，多进人、多留人，保持一个人才活

第五章 浴火：重生（1978.8—2003.7）

水状态；第二，给新引进或新留系的青年教师加压力、加担子，大胆使用，让他们在教学和科研的实践中锻炼成长，例如在组建《中国革命史》一书写作班子时，就注意了新老教师结合，效果颇好；第三，促使系里的骨干与青年教师多接触、多交心，做他们的朋友，特别是要多做思想不够稳定同志的工作，当时还特别指定系总支一位副书记专责关注人才培养工作。这届学生的做法受到学校的肯定，党史系总支副书记曹健民还在校党代会上作了经验介绍。经过这一系列的努力，党史系这期间可以说初现人才兴旺、气氛活跃的可喜状况。从这时起，一批在复校之后成长起来的青年教师，逐步成为党史系的教学骨干，有的后来还走上校、系的领导岗位。

1993年5月，杨先材被中共中央组织部调往中共中央党史研究室（以下简称"党研室"），任室务委员、第二研究部主任。党研室第二研究部当时主要是承担从新中国建立到"文革"结束这一阶段的党史研究工作。1994年下半年，党研室正式启动中央交付的《中国共产党历史》（第二卷）的编写工作，此项工作由室主任胡绳直接领导、室副主任龚育之全面主持，这届学生与第二研究部的同志加上在室内外约请的其他几位同志分工参与各章的写作。杨先材参加了此书初稿成书阶段的写作，直至2000年2月退休，此时杨先材63周岁整。

综观杨先材一生的成长之路，他能成为新中国成立后最早一批成长起来的知识分子，完全是党和国家一手培养起来的。回顾杨先材的一生，从一个农民的儿子，儿时的一个放牛娃，成长为一名中国顶尖大学的教授、中央权威党史研究机构的干部和研究人员，这固然有杨先材自己的持续努力，但杨先材自己认为更重要、更根本的还在于是自己遇到了一个好时代——毛泽东时代，成长在毛主席缔造的新中国、新社会。他认为自己作为一个农民子弟，得益于新中国成立之初各级政府坚决执行毛主席提出的"学校要向工农子女开门"的英明政策，杨先材是完全依靠政府设立的"人民助学金"读完了中学、又读完了大学本科和研究生的。

当然，这一路走来，杨先材自己也得到不少师长、同事和亲友的关爱、提携甚至资助，这是令他终身难以忘怀的。仅以杨先材在中国人民大学的经历为例，这里是他成长之路上读书和工作时间最长、最关键的地方。这里有不少杨先材的好同学、好同事以及至交和挚友，他们都给过杨先材各个方面的支持和帮助；这里更有众多曾给过杨先材教诲、关爱和提携的师长。值得提及和应该感恩的师长和同事很多，这里主要说说王淇、胡华、何沁三位老师对杨先材的影响。

王淇是杨先材读研时所在研究生小组的指导老师，当时还不是导师制，实际上他就是杨先材的研究生导师。王淇的突出特点是指导这届学生读书，既倡导泛读、多读，更倡导深读、精读。他亲自带领这届学生精读毛泽东著作，选择重点篇章给这届学生逐段分析，有些重点段落做到了逐句逐字的"抠"，精彩段落甚至要求这届学生背诵。在他的影响下，研究生阶段杨先材不但认真研读了毛泽东著作和若干马列经典，还广泛阅读了一些当时容易找到的大家名著。在后来的工作中，杨先材每每体会到王淇当年指导读书时所体现的一种勤于钻研、一究到底的严谨学风，正是一个从事党史教学与科研工作的人所必备的品格。

杨先材与胡华老师相识，实际上始于"文化大革命"下江西余江"干校"时期。此前，杨先材作为系里教工中的小字辈，除了欣赏他讲课、仰慕他学识，与他并无多少交集。1970年秋，杨先材和胡华同属第三批下放"干校"。当时杨先

第五章 浴火：重生（1978.8—2003.7）

材是这第三批的领队之一。到了"干校"后，杨先材被指定为由四个理论系教工组成的"干校"二连连长，与胡华编在一个班排。在"干校"这一段，杨先材可以说与他是同吃、同住、同出工、同学习、同聊天，有过一段密集的交流，彼此大大增进了了解，也增进了友谊。人大复校时，杨先材接到高庆永电话，他除了告诉杨先材复校之事，还特别告诉他，胡华让他一定要回人大，回党史系！接到这个电话，杨先材当时的感觉就是母校在召唤，激动万分。回到系里后，杨先材全身心地投入到刚入学的七七级、七八级的党史专业课教学工作中，当时还有城里人大一分校、二分校党史专业的课程，教学任务十分繁重。此时，杨先材同胡华主任的直接接触并不多，但他还是有意锻炼杨先材的能力和责任。杨先材先后担任了胡华主任给他安排的多项任务，先是中国记协所办的新闻学院党史课教员，还有后来北京市委组织部要在市局级干部政治学习中系统讲党史的任务以及市内的一些访谈。令杨先材印象很深的一次是陪胡华去东城区拜访吴亮平——《反杜林论》的中译者、延安时期当过一段毛主席英文秘书。看得出他与吴很熟悉，杨先材从他们的交谈中获益多多，临别时，吴老还当场签书送给杨先材一本《反杜林论》。20世纪80年代初，受王光美的委托，胡华又派杨先材去给诗人萧三整理延安时期日记。王、萧是儿女亲家。这一次，胡华亲自带着杨先材先是去王光美家拜会，郑重地向她介绍了杨先材，算是复命；再由王光美领着胡华和杨先材去到住在同楼的萧家，拜见萧老。此时萧老已卧病在床。胡华这次在两家介绍杨先材时，都提到杨先材"年富力强"，让杨先材很是震撼，深感胡华对自己的信任与期盼。此次为萧老整理延安日记，前后历时一年有余，最后以《窑洞城》为名发表在当时的《时代的报告》杂志上。也是在80

年代初,正是在胡华系主任任上,系里任命杨先材出任党史教研室副主任。据杨先材的印象,1956 年党史系正式建系后首届毕业生留系工作的杨先材的本科同学有十多人,走上教研室领导岗位的,杨先材大约是最早的,这是系领导对杨先材的信任,其中自然包含着胡华一路对杨先材的关爱、栽培和提携!

至于何沁,他既是杨先材的老师,也是杨先材的挚友,真正的亦师亦友。杨先材和他初识于"文化大革命"之前杨先材任政治辅导员的本科 1963 级班开始上党史专业课之时。当时系里专门为这个班成立了一个以刘炼为组长的教学小组,何沁和杨先材俩都是该教学小组的成员,何沁当时还是负责教师工作的总支副书记。那时何沁对杨先材在这个班的辅导员工作给予了热心的指导和真诚的支持。从那之后,何沁与杨先材的接触密切起来,并不断地给杨先材指点、帮助,如兄长一般。人大停办期间,杨先材在清华,何沁在北大,这届学生时有联络,对当时的"文化大革命"形势特别是对"四人帮"在两校的倒行逆施,有着相同看法,可以说是心灵契合。复校之后,在何沁担任系主任期间,他在领导全系教学与科研工作中,特别重视中国革命史的学科建设。在这项工作中,何沁给予杨先材极大的信任与支持,放手让杨先材和革命史教研室的同志们大胆而有序地开展新设中国革命史专业的新生招生、课程设置、教材编写、教学力量配置等各项工作,使得这个阶段杨先材系在全国高校推进"中国革命史"课程建设中,起到了排头兵作用。后来,何沁力荐杨先材接任系主任工作,并在杨先材的任期内始终如一地给予了有力的支持。

总之,杨先材同这三位师长的接触过程中,使他感悟到三位师长虽各有特点,但又有着鲜明的共性,这就是他们都为人正直、坦荡,处事务实、不张扬,做学问勤奋、严谨。一句话：他们是人大校训——实事求是——的忠实践行者，模范的人大人。杨先材始终感恩在成长之路上能与这些良师益友交集，这是母校赐予自己的荣幸。

四、燃起来的党史之光：滕文生

滕文生，湖南省常宁县（今常宁市）人，1940年10月生。中国共产党第十五、十六届中央委员，第十一届全国政协常委。

滕文生会长

滕文生高中毕业于湖南省衡阳市第一中学。事实上，滕老的家庭并不富裕，但胸有大志之人岂会被身世所限。他始终在逆境中发奋图强，坚持不断地学习，这为他命运的转折打下了基础。1960年9月，20岁的滕文生得到了一个深造的机会，进入中国人民大学中共党史系学习。滕文生在中国人民大学就读的四年中打下了扎实的政治理论基础，为以后政治研究、编辑文献、研究思想、起草文件做好了铺垫。他在中国人民大学勤奋刻苦，培养自己流畅的文笔、严谨的逻辑和飞扬的文采，在校园时就令同学们敬佩不已。

1964年滕文生从中国人民大学毕业后到马列研究院工作。1965年6月，他加入了中国共产党。当年11月，调中共中央机关刊物《红旗》杂志社工作。滕文生进入《红旗》杂志社后的第三年，"文化大革命"爆发了，《红旗》被卷入风暴的中心。但是滕文生并没有深度卷入，他在杂志社默默地待了11年，坚守着自己的岗位，直到1975年国务院政治研究室成立，他才被抽调出《红旗》杂志社。

1975年滕文生先后在人民出版社、国务院政治研究室工作。他从《红旗》杂志社调入政研室后，参与撰写的第一部重要文献就是《论总纲》。该稿把马克思列宁主义运用于中国实际，提出了一系列新的重大理论问题，形成了更系统、更深刻的理论。特别是它系统地概括了1975年全面整顿的理论和实践，针锋相对地批判了江青之流的极"左"言论。文章提出了发展生产，实现四化的宏伟目标是各项工作的出发点和归宿。生产发展有其自身的特殊规律，不能用抓革命来代替生产，这些观点得到了中共中央领导的首肯。

1979年8月，滕文生调任中共中央办公厅政策研究室工作。1980年中共中央办公厅研究室改名中共中央书记处研究室，中央办公厅副主任邓力群兼任研究室主任。中共中央书记处研究室成立之初，邓力群在全国寻找高级研究人才，而滕文生则由于其理论功底扎实、文笔生动流畅、政治立场坚定而被选中，成为中共中央书记处研究室的第一批工作人员，在研究室先后担任副研究员、研究员、理论组副组长、理论组组长等职务。中共中央书记处研究室是与中共中央宣传部、中共中央组织部等平级的单位，主要职责是负责重大政策的调查研究、重要文件的起草和处理中共中央书记处交办的其他事项等。它是如今的中共中央政策研究室的前身，是中共中央决策的一个重要的调研和咨询机关。滕文生在其中担任理论组组长的重要职务，给中共中央的决策提供理论支持。在中共中央书记处研究室工作期间，滕文生一直在对前沿的理论问题进行思考。1982年滕文生和贾春锋合著了《向历史和现实的实践学习：社会主义政治论集》一书，书中提出了他们对于社会主义政治的各种问题的看法。该书由红旗出版社出版后，再次引起了各界人士的注意。

第五章 浴火·重生（1978.8—2003.7）

1983年11月，滕文生调入中共中央整党工作指导委员会办公室工作，任宣传组组长。1985年时任中宣部部长的邓力群牵头组建中国职工思想政治工作研究会，滕文生受邀出任常务理事。此后，滕文生一直为加强党的思想政治工作而出谋划策、奔走呼喊。1987年9月，中国共产党的十三大召开前夕，中共中央研究机构进行改组，中共中央书记处研究室被撤销，其职能改由中共中央政治体制改革研究室负责。滕文生也改任由中共中央顾问委员会委员邓力群组建的反对资产阶级自由化写作组的副组长。在担任此职务期间，滕文生对"反对资产阶级自由化"这一课题进行了深入研究，主编了《反和平演变教育答问录》等著作。

1987年10月，滕文生开始担任中共中央顾问委员会副秘书长。在此期间，他曾帮中顾委常务副主任薄一波整理回忆录的文稿，其工作能力和理论水平受到薄一波的高度赏识。滕文生的理论水平和工作能力，得到了时任中共中央政策研究室主任王维澄的赏识。1989年10月，滕文生在王维澄的推荐下，调入中共中央政策研究室任副主任。从此，滕文生成为中共中央最高决策层的理论笔杆子，开始参与中共中央高层决策的咨议工作。1992年10月，中国共产党的十四大通过的"党章修正案"和江泽民的讲话稿备受关注，而滕文生则正是这些文件的主要起草人之一。十四大的党章修正案在政治方面提出了三个新观点，即用邓小平理论武装全党、加强和改善党的领导、加强党对人民军队的领导。细心的人不难发现，这三个观点正是滕文生一直在著书立说所提倡的治国方略。

滕文生以其出色的文笔能力和深厚的理论功底，成为国务院政治研究室最早的理论笔杆子之一，深受重视。他不但关注国内问题，也同样关心对外工作。他曾担任江泽民的政治秘书，以"中华人民共和国国家主席特别助理"的对外身份，随时任国家主席江泽民出访多个国家。1997—1999年江泽民出访时的许多重要演讲稿均出自滕文生之手。1997年8月，滕文生升任中共中央政策研究室主任，接过了前辈王维澄的重担。10月当选为中共中央委员，正式成为以江泽民同志为核心的领导集体的重要一员。同时，自20世纪90年代后，滕文生就一直参与中国共产党的全国代表大会报告的撰写。

作为中共中央第三代领导集体最看重的理论家之一，滕文生同样也被以胡锦涛为总书记的新一届中央领导集体所倚重。2003年滕文生卸去中共中央政策研究室主任职务，转任中共中央文献研究室主任。中央文献研究室是中共中央的一个重要政治研究阵地，原为中央毛泽东主席著作编辑出版委员会办公室，1980年改为中共中央文献研究室。该室主要以编辑党和国家领导人的著作、研究他们的生平和思想、编辑和研究党和国家及军队的当代文献和历史文献为主要任务。尽管中共中央文献研究室属于二线理论研究机构，但在中共中央高层心中同样具有相当重要的地位。由于它对总结党的历史经验教训及理论研究所具有的权威意义，能为最高决策层提供与历史相关的极具价值的信息，因此也有人把中央文献研究室称为仅次于中央政策研究室的一个智囊机构。滕文生从中央政策研究室调任中央文献研究室，表面上是充当二线研究的角色，职位稍逊，但他的工作一如既往，地位丝毫没见降低，他的理论研究依然对新一届中共中央领导集体具有一定的影响力，甚至中共中央许多重要政治文件依然交由他起草和把关。外界把滕文生这次的人事调动解读为中共中央核心理论队伍的一次例行性"新陈代谢"，显示中共中央理论队伍建设的进一步充实和成熟。

在 2002 年至 2007 年 12 月间,滕文生任中共中央文献研究室主任。2002 年十六大上,他再次当选为中共中央委员,并且参与了中国共产党的十六大报告的起草。2007 年在十七大上,他又与陈世炬、王沪宁等一起作为新一届中共中央领导集体的幕僚和文胆,受到人们的关注。2008 年 3 月,他当选为第十一届全国政协常委,在中国政治、经济、社会等向前发展的进程中,他继续发挥着重要的智囊作用。

滕老不仅善于思考、勤于写作,而且著述颇丰。1980 年以来,他撰写、主编和与人共同主编的著作有:《论社会主义现代化建设的四项保证》《向历史和现实的实践学习:社会主义政治论集》《反对和平演变教育答问录》《十四大报告辅导读本》《我国的改革是一场新的革命:学习党的十四大报告论集》《中国的人权状况百题解》《建设有中国特色的社会主义民主政治》等,在报刊上发表的文章更多了。滕老目前还担任国际儒学联合会会长、中国政策科学研究会会长等社会职务,为后辈继续传道授业解惑,老骥伏枥,志在千里,滕老的一生都在不懈奋斗着,他的志向在远方,他的努力也让自己壮志得酬,他是中共党史系新时期党史人中燃起来的中共党史之光!

五、学科建设的规划师:沙健孙

沙健孙,1934 年 2 月生于江苏宜兴,回族,北京大学教授、博士生导师。曾任北京大学副校长、中共中央党史研究室副主任、国家哲学社会科学研究党史党建学科规划组(学科评审组)组长等职。他是中共第十三、十四届中央候补委员、第九届全国政协委员。还曾兼任中共党史学会常务副会长,中华人民共和国国史学会副会长、中国延安精神研究会副会长,教育部全国高校马克思主义理论课教学指导委员会副主任委员等。

沙健孙教授

1950—1955年沙健孙在中央人民政府贸易部干部学校学习,后历任政教科干事、贸易部学委会办公室干事、商业部人事局干事、政治部主任室秘书等职务。1953年11月,沙健孙加入中国共产党。1955—1958年在北京大学历史系学习。1958—1959年任北京大学马列主义教研室教员,在河南农村调查时任区委工业部副部长。

1959年沙健孙来到中国人民大学中共党史系研究生班学习,进修一年后,他回到北京大学,任北京大学国际政治系教员、马列主义教研室教员、党史教学组副组长、助教等,在北京郊区参加"四清"时任工作队党支部副书记。1960—1962年他在职继续在中共党史系求学。1971—1984年任北京大学国际政治系助教、马列主义教研室教研组副组长、党史教研室主任、马列主义教研室副主任、讲师、副教授,中共北京市委委员(1982—1987)。1984—1986年升任北京大学副校长、党委常委、校学术委员会副主任、教授。1986年11月—1994年8月,调任中共中央党史研究室副主任、室务委员会委员,在此期间与中国人民大学中共党史系交流颇多。1994年8月,再任北京大学教授。1998年任中央电大邓小平理论概论课程主讲教师,赢得了广大学生的一众好评。

沙健孙长期从事中共党史、中国革命史、毛泽东思想等课程的教学工作以及中共党史、毛泽东思想等方面的研究。在其

第五章 浴火：重生（1978.8—2003.7）

学术生涯中，笔耕不辍、著作颇丰。他撰写的著作有《中国新民主主义革命概论》《中国革命史论稿》《中国革命问题散论》。此外，他还主编了《中国共产党通史》（五卷本）、《毛泽东思想概论》（获教育部两课优秀教材奖）、《走什么路——关于中国近现代历史上的若干重大是非问题》、《毛泽东思想基本著作选读》、《中华人民共和国史稿·序卷》、《社会主义与新中国五十年》、《五四运动与20世纪的中国》等。在中共中央党史研究室工作期间，沙健孙不仅是《中国共产党的七十年》的初稿主持人，同时也是该书的执笔人和改稿人之一，另外《中国共产党历史》上卷的三个统稿人中也有沙健孙。他还主持完成了《中共党史、党的建设学科的现状与九五期间的发展趋势》和《中共党史、党的建设学科调查研究报告》这两个国家社科基金的重点项目。

关于如何研究中国共产党的历史，沙健孙教授始终强调必须坚持以马克思主义为指导，坚持正确的立场和科学态度，要把握党的历史的本质和主流，用历史的观点、实践的观点看待党经历的曲折。关于如何治史，"周恩来同志曾说过，'只有忠于事实才能忠于真理'，要努力做到'文章不写一句空'，要尽可能地把所研究问题的第一手材料占有到穷尽"。沙健孙教授强调："占有材料只是第一步，还要具备科学的历史观和方法论。同一个史料，不同的人看，得出的结论就可能会不一样。"

沙健孙教授一生致力于治史，他始终认为作为一名优秀的历史工作者，不仅要了解现代社会，而且要从时代的高度回看曾经走过的道路，只有回望过去才能展望未来。同时，研究历史不能简单地沉浸在书斋里的世界，还应该关心现实，要把握时代精神，拥有时代感和责任感。

沙健孙教授不仅在研究中共党史的道路上奋力前进，作为国家哲学社会科学研究中共党史党建学科规划组（学科评审组）的组长，他还极力推动着中共党史党建学科的规划与评议，为党史党建学科擘画一片宏伟的蓝图。他是中共党史领域的大教授，也是学科建设的规划师。

六、当代所的党史之歌：朱佳木

朱佳木，江苏南通人。我国著名的历史学家、党史研究专家，曾任中国社科院副院长、当代中国研究所所长。

朱佳木教授

1946年6月，朱佳木出生于黑龙江省佳木斯市，其父亲朱理治是老革命，在西安事变前后任中共中央东北军特派员，新中国成立后担任过中央交通部副部长、中央财经小组成员兼国家计委副主任、华北局书记处书记等职。朱理治前辈是清华大学毕业，在"四一二反革命政变"后还担任过清华大学党支部书记。虎父无犬子，朱佳木也同样以优异的成绩进入中国人民大学深造。1965—1970年朱佳木在中国人民大学中共党史系求学，在这里他学习到了很多中共党史的知识，极大地拓宽了视野，理论研究水平也在不断得到提高。

1970年朱佳木从中共党史系毕业，前往中国社科院工作。1973年加入中国共产党，1977年8月担任中国社会科学院院长胡乔木的秘书。1981年8月，任中共中央副主席、中央纪检委第一书记陈云的秘书；1982年2月起，担任陈云办公室负责人。随后，又历任天津港务局生产副局长，中国社会科学院研究生院临时党委书记，副院长兼党委书记，中共中央文献

第五章 浴火·重生（1978.8—2003.7）

研究室综合组组长、室务委员兼秘书长、室务委员兼第四编研部主任等。1999年7月，朱佳木调到了全国中共党史研究的最权威的单位——中共中央党史研究室，担任研究室副主任兼中共党史出版社社长。2000年12月，朱佳木调回中国社会科学院，担任副院长、党组成员，当代中国研究所所长、党组书记并兼任中国地方志指导小组常务副组长、国家清史纂修领导小组副组长。同时，朱佳木又先后任中共十四大、十五大代表；中国人民政治协商会议全国委员会第十届委员会委员，全国政协社会与法制委员会委员。2008年当选第十一届全国政协委员，代表社会科学界，分入第三十二组。

朱佳木的主要研究方向为中华人民共和国史与陈云生平和思想。他是一位坚定的马克思主义者，不仅在工作和研究中自觉运用辩证唯物主义和历史唯物主义的立场、观点、方法分析问题、解决问题，而且在各种思潮面前敢于亮明自己的观点，始终如一、坚定不移地宣传中国共产党的"一个中心、两个基本点"的基本路线的正确性，宣传中华民族只有在社会主义道路上才能实现伟大复兴的道理。正是基于这种为人与为学一致的品格，使他无论在国内学术界还是国际学术交流中，都产生了一定影响力。如今中共党史学界研究的重要文献材料《陈云年谱（1905—1995）》就是朱佳木所主编，该书是第一部详细记述陈云生平和思想的编年体著作，撰写时间长达十年，以翔实可靠的历史文献资料为依据，经过大量调查、访问和研究、考证，并注意汲取学术界的最新研究成果，比较客观、全面、准确地展示了陈云的思想发展轨迹和特点。从该书中也反映了陈云运用马克思列宁主义、毛泽东思想解决实际问题特别是进行决策的具体过程，表现了他的思想方法和思想作风、工作作风。这部年谱融资料性、学术性、思想性、传记性于一体,是一部研究陈云生平思想的基础著作,也是一部研究党史、国史特别是新中国经济建设发展历程的重要参考书籍。

习近平总书记强调要学"四史",其中除了中共党史,还包括新中国史、改革开放史和社会主义发展史,而朱佳木则在很早以前,就开始了国史的专题研究。他曾谈到之所以研究共和国史,是因为他认为当代中国的国情异常丰富,要在短时间内讲清楚是不可能的。要历史地观察当代中国,一个国家和一个人一样,其所以是这样而不是别的样子,都与自己成长的历史有密切关系。因此,要真正了解当代中国,不仅要看新中国成立至今的历史,也要看她成立以前特别是近代的历史。朱佳木关于国史研究的对象、指导思想、功能的思考,关于国史的分期、主线、主流的见解,关于新民主主义向社会主义提前过渡原因的探究,关于计划经济体制历史作用的评价,关于党的十一届三中全会过程的解读,关于改革开放前后两个 30 年关系的分析,关于中国特色社会主义道路的阐释,关于新中国历史经验总结方法的观点,以及关于陈云思想与生平的研究等,无不浸透着他作为党的领导干部的赤子情怀与使命意识,体现着他作为学者的求是精神与辩证思维。在纪念胡华诞辰八十周年座谈会上的致辞中,朱佳木还提到了中共党史系教授胡华和美国作家索尔兹伯里的往事,胡华正是通过朱佳木请示了陈云,方才为索尔兹伯里解答了红军长征史中的疑难问题,完成了《长征——前所未闻的故事》。在会上,朱佳木还强调了国史的核心就是新中国成立后的党史,国史的实质乃是党领导人民进行社会主义革命、建设、改革的历史,研究国史离不开对中共党史的了解和研究,号召国史的学者们都认真阅读党史专家的著作,这些得到了与会人士的广泛认同,也更加推动了国史研究的发展。

除了公职之外，朱佳木还被聘为国家社会科学基金项目同行评议专家，国家出版基金评审专家库专家，中国社会科学院研究生院兼职教授、博士生导师，中国人民大学兼职教授等，为学界立项评议，为后辈传道解惑；同时，他在国际上也享有一定的知名度，被授予俄罗斯科学院荣誉博士，俄罗斯科学院远东研究所荣誉博士及其东亚和平、安全与发展问题国际学术委员会委员，俄罗斯社会科学院院士；也曾获得过俄罗斯联邦民族委员会授予的"罗蒙诺索夫勋章"，俄罗斯中国友好协会授予的"为发展俄中关系做贡献"荣誉奖章等。

朱佳木教授是中共党史系走出的优秀人才，是当代中国研究所的党史之歌。

七、党史一学人　编书三十载：王顺生

王顺生于1968年12月北京师范大学政治教育系本科毕业，被分配到内蒙古自治区呼伦贝尔盟喜桂图旗（今牙克石市）林业管理局金河林业局工作。在那里经历了十年高寒艰苦环境的磨练，得益匪浅。后于1979年10月考入中国人民大学中共党史系，师从胡华教授，获法学硕士学位。

王顺生教授

据王顺生回忆，选择中共党史专业的原因，这与他大学五年的学习和从小的兴趣分不开。大学期间王顺生认为自己有些底子的就是中共党史了。同时，从上小学起，他便对常识课上一些中国近现代历史人物的故事感兴趣。例如，1923年京汉铁路工人大罢工江汉地区领导人林祥谦坚贞不屈，断然拒绝复工，最后壮烈牺牲的故事。这些故事，老师讲得生动，听者为

之动容，给王顺生留下了深刻记忆。也许从那时起，王顺生就同中国革命史、中共党史结下了不解之缘。决定报考研究生后，王顺生从林业局一位老领导那里借到"文化大革命"前出版的由胡华主编的《中国革命史讲义》，如获至宝的王顺生将此书从头到尾认认真真地看了两遍。印象中，那年中国人民大学的硕士研究生招生目录显示，中共党史专业的导师有胡华、王淇等六七位，招生人数20多名。据说，那年报考人数有300多人。不知什么原因，最后只有胡华老师招了3名学生（王顺生、徐焰、刘宗尧），其他老师都没有招，并且有两位成绩不错的考生转给北京大学了。考上研究生后，王顺生发誓要把损失的时间"恶补"回来，不断充实自己。王顺生为了撰写硕士论文，在学校资助200元调研经费的条件下，前往南京第二历史档案馆、上海档案馆、上海图书馆、复旦大学、同济大学、上海市文联、福建省档案馆、福建省委党校、福州市档案馆与厦门大学等地，或查阅档案资料、旧报刊，或采访当事人，坐的是火车硬座，住的是一天一块钱的大车店、小旅店，行程一个多月，实际收获颇丰。节省之下，调研经费只花掉180多元，竟没有超支。

1982年7月，王顺生毕业留校从事中共党史的教学和研究工作。1983年9月，中共党史系工作班子调整，王顺生任中共党史系副主任，协助系主任何沁教授分管科研和行政工作。1988年3月去职，王顺生在中国革命史教研室继续从事教学科研工作。1992年9月，王顺生任中共党史系副主任，主持全系工作；1993年6月，任中共党史系主任；1986年6月，被评为讲师；1988年6月，晋升为副教授；1990年12月，被遴选为硕士研究生指导教师；1991年9月，开始指导硕士研究生，共培养6名硕士（其中1名韩国留学生）；1992

第五章 浴火：重生（1978.8—2003.7）

年6月，晋升为教授。

但1992—1993年间，由于复杂的社会原因，中共党史系遇到前所未有的困境，社会上流传中国人民大学中共党史专业不再招生，党史系部分师生强烈要求改系名。在如此严峻的情况下，王顺生积极进行改革，四处寻求支持。最后在学校党委的领导和支持下，中共党史系的牌子坚决不摘，并拓展党史系的办学空间，开设副修专业和港澳台事务专业方向等。与此同时，王顺生促进国内外学术交流的开展：1993年11月，他会同台湾政治大学东亚研究所举办"海峡两岸国共合作历史学术研讨会"；1995年9月，举办"纪念中国人民抗日战争胜利50周年国际学术讨论会"等，这些学术会议在中共党史系历史上都是第一次，扩大了中共党史系的影响力。王顺生强调"练内功"、增强内生动力，鼓励中青年教师拓展教学和科研领域，撰写、出版高质量的著述，抢占学术制高点。随着社会环境的改善，在全系师生员工的共同努力下，中共党史系逐渐摆脱困境，踏上健康发展的轨道，中共党史专业长期保持全国重点学科的优势地位。1994年12月，王顺生被遴选为博士研究生指导导师，1995年开始指导博士研究生，至2015年12月，共指导40名研究生获得博士学位（其中包括3名韩国留学生），他们中的大多数已经成为知名教授、学术骨干与学科带头人，亦有学生在重要部门担任领导工作。2003年10月，王顺生年近六旬，他主动辞去中共党史系主任职务。2010年2月，他从教授二级岗位退休。王顺生不仅为建设党史系奉献自己，还致力于编书、编教材，主要体现在以下方面：

1985年，高校"思想政治理论"课程（以下简称"思政课"）进行改革开放后的第一轮改革，其中，"中共党史"课程改为"中国革命史"。自此，王顺生参加思政课新教材的编写工作长达 30 多年。1987 年,王顺生参加杨先材教授主持的《中国革命史》(中国人民大学出版社 1987 年 4 月第 1 版,1989 年 8 月第 2 版)编写工作,负责第七章"国民党新军阀的统治和土地革命战争的艰难历程"和第八章"抗日民主运动的掀起,抗日民族统一战线的初步形成"的初稿撰写。这两章在以往的中共党史教材中属于"土地革命战争时期"(也称"第二次国内革命战争时期""十年内战时期")一章。这次新教材的编写把一章分为两章,一是增加了国民党在全国统治的情况,从而强化了中国共产党领导的土地革命战争的正义性、必要性;二是增加了"第三党"等中间派别的主张和活动的内容,拓展了中国革命史的视野;三是把九一八事变至七七事变期间,日本对中国侵略的加剧,中国抗日民主运动的起伏包括国民党军队的局部抗战作了比较系统的介绍,并单列一章即第八章,这一章同第九章"抗日民族战争"相衔接,实际上形成了"14 年抗战"的叙述。上述国民党蒋介石集团在全国统治的建立及其统治下的中国社会经济政治状况、中间派别的主张和活动、九一八事变后的抗日民主运动和国民党爱国将士的局部抗战等,在以往中共党史教科书中或没有叙述、或语焉不详,这也是"中国革命史"同"中共党史"的不同之处。这本教材在 1992 年获得国家教委优秀教材一等奖。之后王顺生又参加了原国家教委社科司组编的"高等学校马克思主义理论课通用教材"《中国革命史(试用本)》(高等教育出版社 1993 年 6 月版)的编写。

1998 年,高校思政课实施新一轮改革,"中国革命史"课程调整为"毛泽东思想概论"。1985 年思政课改革后,"中国革命史"这门课比较受学生欢迎,十年后,思政课酝酿新一轮改革,教育部社科司组织了多次调研,一些高校一线教师提

第五章 浴火：重生（1978.8—2003.7）

出，作为一门思想政治理论课，"中国革命史"在教学中史料的讲述多了，理论的阐述少了，建议把"中国革命史"课程名称改为"中国革命概论"，这个建议得到教育部领导的肯定。于是，王顺生受教育部社科司的委托，起草"中国革命概论"的教学大纲，并同其他几门课一起上报中央。教育部上报中央的改革方案中有"马克思主义基本原理""中国革命概论""邓小平理论概论"等课程，中央政治局常委会讨论时，有位领导人提出，课程名称中有"马克思主义""邓小平理论"，为什么没有"毛泽东思想"？这可是个原则性的大问题。讨论结果是，把"中国革命概论"改为"毛泽东思想概论"。于是，王顺生又受社科司委托，起草"毛泽东思想概论"的教学大纲，好在"中国革命概论"的一些专题本来就是毛泽东思想中关于中国革命的论述，是题中应有之义，在此基础上再增加了一些内容，如毛泽东思想的形成和发展、毛泽东思想的科学体系、毛泽东思想的活的灵魂、关于社会主义建设的理论原则和经验总结等。经过审议，"毛泽东思想概论"的教学大纲得以通过。随即王顺生受教育部社科司委托，主持编写《毛泽东思想概论》示范教材本科试用本（高等教育出版社1999年6月版）和本科本（高等教育出版社2003年8月版）。本科本教材在编写体例上作了新的尝试，每章由一个故事或一段精辟论述导入，正文采用宋、楷两种字体，突出精读部分，列有适量表格，开列"阅读文献和参考书目"以拓展学生视野；在内容方面，加强了毛泽东思想中关于"社会主义若干基本问题的探索成果""社会主义建设的方针政策"的论述。此外，王顺生还以副主编身份参加了北京市教工委组编的北京市示范教材《毛泽东思想概论》（主编沙健孙，北京出版社1999年4月第1版、2003年8月修订版）的编写和庄福龄主编的《毛泽东思想概论》（中国人民大学出版社1999年1月版、2003年6月版）的编写工作。

进入21世纪，高校思政课开始进行改革开放后的第三次大调整：毛泽东思想同邓小平理论和"三个代表"重要思想合并为一门课程，"毛泽东思想概论"不再单独开设，同时恢复历史教育课程，课程名称为"中国近现代史纲要"（以下简称"纲要"）；另一方面，中央实施"马克思主义理论研究和建设工程"（以下简称"马工程"），高校思政课教材编写成为"马工程"的重点项目。当年，"马工程"思政课重点教材项目采取竞标的方式组建课题编写组，各省、市、自治区教工委（教委）都可以组织投标。北京市教工委组织申报的"纲要"编写组由北京大学教授沙健孙、北京师范大学教授龚书铎、中国人民大学教授王顺生三位首席专家和若干成员组成。经过两轮评审，北京、湖北、云南三省市分列前三名。按照规则，由北京的三位首席专家和湖北、云南的第一首席专家共五位首席专家和若干成员组成中央"马工程"重点教材"中国近现代史纲要"课题编写组。可是不久，"马工程"办公室有人提出首席专家不能都是高校的，也要有中央研究单位的专家。于是王顺生就主动让出了首席专家的位置，从2006年起，就以主要成员身份参加"马工程"重点教材《中国近现代史纲要》（高等教育出版社2007年2月版）的编写工作，负责第五章"中国革命新道路"和第六章"中华民族的抗日战争"初稿的撰写，第六章从九一八事变讲起，形成"14年抗战"的完整系统的叙述。虽然此时王顺生不再是首席专家，承担的任务却比一些首席专家多得多。该教材又历经2008、2009、2010、2013、2015年五次修订，至2018年版，王顺生由编写组主要成员晋升为首席专家（这一版只有两位首席专家，第一首席专家仍是沙健孙）。10多年间，王顺生为历次修订出力甚多，深感精益求精之不易，每次修订都能发现个别不该有的文字或史料的差错。2021年9月，2018年版"纲要"教材同其他五门2018年版高校思政课教材一起荣获国家教材委员会颁发的首届全国教材建设奖高等教育类特别奖（同一获奖证书，首席专家一人一份）。遗憾的是，2021年，"纲要"（这一版，沙健孙、王顺生都没参与）和其他几门思政课教材出了新版本，刚刚获得特别奖的2018年版就不再出版发行了。与此同时，王顺生受教育部社科司聘任，2010—2015年担任国家教育部全国高等学校思想政治理论课教学指导委员会副主任委员兼"中国近现代史纲要"分教学指导委员会主任委员，主编《"中国近现代史纲要"课教学基本要求》《重点难点解析》《学生辅学读本》等教学参考书，协助社科司评选"精彩一课"，举办教学研讨会，组织教学观摩等，为高校思政课教育教学的高质量建设贡献绵薄之力。

2010年起，王顺生以第一首席专家身份主持"马工程"教育部第二批重点教材《中国革命史》[①]的编写工作。参加课题申报的有20所高校，评审组选择其中10所高校合组编写组，另外两位首席专家是北京师范大学王炳林、中共中央党校陈述。该教材分"旧民主主义革命""新民主主义革命""社会主义革命"三编，客观清晰地展示了近代以来中国革命分阶段、台阶式推进发展的历史进程，充分肯定了革命在近现代中国历史发展中的地位、作用和意义，起到了为中国革命正本清源的引领作用。这本教材历时六年，五易其稿，耗时许久。

---

① 2006年7月25日，胡锦涛在十六届中央政治局第三十三次集体学习时的讲话中强调："我们必须坚持不懈地学习中国革命史。"之后，《中国革命史》被列入"马工程"教育部第二批重点教材目录。

经过反复的评审，这本教材终于送到了教育部领导那里。2016年7月，时任教育部部长陈宝生肯定："这是一部高质量的教材。"同年9月，该教材由高等教育出版社出版发行。

2011年，为迎接中国共产党成立90周年，王顺生同北京大学王久高教授、首都师范大学黄延敏教授合作撰写《新编中国共产党历史教程》（高等教育出版社2011年6月版），该教程把中国共产党90年的历史分为三编，即"党在新民主主义革命时期""党在社会主义革命和社会主义建设时期""党在改革开放和社会主义现代化建设时期"，共十章。这样的编排恢宏大气，脉络清晰，也契合2021年11月党的十九届六中全会通过的《中共中央关于党的百年奋斗重大成就和历史经验的决议》中的相关论述。该教程还有一个优点，就是主题鲜明、主线突出，文字精练、言简意赅，不拖泥带水，内容丰满，信息量很大。

王顺生一生著作颇丰，除以上提到的之外，还有在硕士学位论文《福建事变及党的策略》的基础上，同原北京医学院教授杨大纬合作撰写《福建事变——一九三三年福建人民政府始末》（福建人民出版社1983年12月版）；同中国人民大学李良志教授合作撰写《国共合作的历史与展望》（福建人民出版社1990年8月版），对国共两党的两次合作作了比较全面、完整的立体式叙述；独立撰写《肝胆相照 荣辱与共——中国共产党领导的多党合作制度的历史考察》（福建人民出版社1995年11月版），这是应福建人民出版社林荣先生的邀约完成的，也是在出版社方面的努力下，本书在1996年获中共中央宣传部"五个一工程"奖；同杨凤城教授等合作撰写《从八大到十五大——邓小平理论形成与发展的历史进程》（福建人民出版社1997年12月版），这是国家哲学社会科学基

第五章 浴火:重生(1978.8—2003.7)

金项目的成果体现。

发表文章几十篇,代表性的有:《"毛泽东思想活的灵魂"的提出及其三个基本方面》《为什么说各民主党派是参政党而不是"在野党"》《科学认识和全面把握20世纪50年代中国的社会主义改造》《试论毛泽东的马克思主义观》《科学判断和全面把握我国将长期处于社会主义初级阶段的基本国情》《中国共产党党员队伍社会成分的历史考察》《马克思主义中国化的历史进程和基本经验》等。

当今,中国特色社会主义进入新时代,习近平新时代中国特色社会主义思想光耀神州大地、云蒸霞蔚、气象万千,全球关注、举世瞩目。盛世修文、盛世修史,中共党史党建学科迎来前所未有的发展机遇期。王顺生衷心希望青年学子不负时代、不负韶华,加强理论学习、坚定守正创新,夯实学科基础、抢占学术高地,拓展内外交流、增强辐射能力,弘扬团队精神、厚植家国情怀,持之以恒、久久为功,成为堪当强国建设、民族复兴重任的新时代中共党史党建学科的专业人才,为中国式现代化建设贡献更多的学科智慧和学理支撑。

第六章

启程：再飞行（2003.7—2012.11）

2003年7月,中共党史系整建制并入马克思主义学院,新马院成为中国人民大学"马克思主义教学与研究的高地"这一"人大品牌"的主要扛鼎者

第六章　启程：再飞行（2003.7—2012.11）

自 2003 年中国人民大学中共党史系和马克思主义学院合并组成新的马克思主义学院以来，中共党史系在与马克思主义学院形成了深度的互动，启程再度飞行。

新世纪以来，中共党史系斩获了辉煌的学术成就，在许多重大理论问题与重大事件研究中都取得了实质性的突破。同时承担起国家的重点项目，与期刊编辑部联合举办了多次学术研讨会，进一步推动了中共党史学科的发展。

随着时间的推移，中共党史系的人才呈现出爆炸式增长，自 1978 年燃烧起燎原的第一把火以来，一批中共党史人开始走向党政机关、科研院所、高等院校等，在各自的领域发挥着光和热。1978 年第一批本科生和硕士生为刚刚复兴的中共党史系的未来方向打开了局面。随后漫天的巨火兴起了燎原之势，他们在国家和社会的各个领域推动着改革大业的前行。而在这些巨火之中，还有些特殊的群体，他们选择化作了蜡炬，燃烧自己，照亮下一代。

第一节　新世纪的学术成就

新世纪以来，中共党史这一学科也在不断发展，在中共党史重大理论问题与重大事件研究、执政党建设研究、马克思主义中国化研究、台港澳研究、中国共产党的文化与知识分子政策、宗教政策研究，人民公社研究等方面取得了丰硕成果。2001年2月，中国人民大学党史系、《教学与研究》编辑部和《中国人民大学学报》编辑部联合举办了"面向新世纪中共党史研究的理论与方法"学术讨论会，与会学者就中共党史的学科性质和学科体系、中共党史学的评价的标准、政治标准、功能与价值、中共党史研究的理论与方法等问题进行了研讨，不断拓宽中共党史研究的理论深度与宽度，为党史学科的接续发展作出新的学术贡献。

对于专门史的研究，中国人民大学马克思主义学院中共党史系的学者们主要聚焦于社会主义革命和建设时期和改革开放新时期。2006年，由中国人民大学马克思主义学院中共党史系组编，王顺生、杨凤城、齐鹏飞主编的《中共党史研究丛书》，由中共党史出版社出版，其中包括王顺生、李军著《"三反"运动研究》、何永红著《"五反"运动研究》、潘焕昭著《中国共产党建国思想研究》、游国立著《中国共产党隐蔽战线研究》等。同年，针对"文化大革命"研究，专家学者们从不同的角度，进行了深刻的学术讨论。张静如指出，对"文化大革命"要在宏观上否定，微观上细致分析。杨凤城提出从历史的"长时段"研究"文化大革命"。基于此，2010年，杨凤城在《党史研究与教学》第4期上发表了《"文革"时期知识分子的两部分与双重角色》，重点考察知识分子在

"文化大革命"中的表现,认为知识分子作为一个群体扮演着革命者与革命对象的双重角色,革命者的角色属于配角,而革命对象的角色则是彰显的。

中国人民大学马克思主义学院中共党史系组编了专题研究文丛——《中国共产党执政经验研究丛书》,由中共党史出版社出版,包括《中国共产党的执政理论与执政经验》《中国共产党与当代中国民主政治建设》《中国共产党与当代中国经济发展研究》《中国共产党与当代中国文化建设》《中国共产党与社会主义和谐社会建设》《中国共产党与当代中国外交》等六本,丛书学术价值较高,填补了一定的学术空白。2007年,由齐鹏飞、杨凤城主编的《当代中国编年史(1949.10—2004.10)》由人民出版社出版,记录这期间当代中国(含台湾、香港和澳门地区)的政治、经济、文化和社会发展,有述有评,详略得当,资料性和研究性并重。彭明主编的《20世纪的中国——走向现代化的历程》由人民出版社出版,包括经济卷、政治卷、思想文化卷和社会生活卷等四卷,勾画了这一时期中国经济、政治、思想文化和社会生活变化的轨迹,系统论述了这期间中国走向现代化的历程。

中国人民大学中共党史系在学术论文方面,也成果颇多。新中国文化建设方面,杨凤城在2000年第5期《中共党史研究》上发表的《改革开放以来六次党代会报告关于文化建设的理论演进与创新》分析了六次党代会报告文本,清晰地看

2009年新中国成立60周年之际,胡华著《新民主主义革命史》推出了第15版

到党在文化建设理论上的历史演进，并发现其中的一贯性、继承性和发展性、创新性。在2000年第7期《中共党史研究》上发表的《改革开放以来中国文化的宏观审视》考察了党的文化理论与方针、中国文化发生的巨大变化和多元文化格局。

在党的对外关系和港澳台研究方面，2006年黄想平、齐鹏飞发表在《当代中国史研究》（第1期）上的《浅析中国政府在中印边界争端中的危机处理》从危机处理的角度，叙述了中国政府应对中印边界危机的决策过程，总结了危机处理的特点，对中国政府决策者在这场危机中的反应进行了分析和评价。2010年，又出版了由齐鹏飞主编的《中国共产党与当代中国外交》，对中国共产党与当代中国外交60年之理论与实践，当代中国和平外交战略思想与政策的历史演进与经验进行了梳理与阐述，同时对中国外交与大国关系、发展中国家关系、邻国关系、多边外交、政党外交进行了详细的介绍。

除以上领域之外，中国人民大学中共党史系的学者还针对自身研究领域积极阐发自己的思想。2005年杨德山发表在《中共党史研究》（第6期）上的《试析"三支两军"兴起的原因》从现实、历史和思想渊源三个方面探讨了"三支两军"兴起的原因，对"三支两军"的功过是非作客观的评价；2007年发表在《北京党史》（第4期）上的《关于中国共产党执政史研究中值得注意的几个问题》就执政史叙述的连续性、内容的全面性、课题的独立性、梳理的客观性、研究方法的综合性等问题阐述了对深化执政史研究的看法。宋学勤发表在《学习与探索》（2008年第3期）上的《试论改革开放以来中共党史研究的价值取向》认为，党史研究者的价值取向对研究实践有着重大的影响。中共党史研究的价值取向与中国各个时期的社会转型紧密相连。新中国成立之前，中共党史研究的目的志在统一政治

第六章 启程：再飞行（2003.7—2012.11）

路线以及一些思想认识；新中国成立之后，中共党史研究特别强调其政治宣传和政治教育功能；改革开放以来，中共党史研究开始出现了力求社会价值与学术价值并驾齐驱的价值取向，反映了中共党史研究向科学性迈进的有益探索。

在新世纪，在与中共党史系合并组成的新马克思主义学院中，党史党建学科继续发挥着光和热，原党史系的教职工们在党史、国史等各个研究领域都不断取得新的学术成就，他们用实际行动证明了中共党史系将在新的环境下，启程——再飞行！

第二节 绽放！中共党史！

一、独领国关长青竹：黄嘉树

"台湾独立，痴人说梦；两岸统一，大势所趋。"一颗赤子之心，一支生花妙笔，他用深厚的史实积淀和高深的史识素养，精准预测了"台独"势力的未来，成为两岸关系研究的大家，在国际关系研究领域独领风骚。他是中共党史系的高风亮节之竹，亦是国际关系学院的不老长青之树——黄嘉树。

黄嘉树教授

黄嘉树是中共党史系1978级本科生，是中国人民大学复校以来的第一批中共党史专业本科生。本科毕业后，黄嘉树继续在人大攻读硕士，1985年毕业于中国人民大学中共党史系，获法学硕士学位。后任中国人民大学国际关系学院教授、博士生导师，当代中国政治研究所所长。此外，他还担任过国务院学位委员会第六届学科评议组成员，

287

是国家跨世纪人才"百千万工程"（一、二层次）人选，国家教委跨世纪工程人选，北京市社会科学跨世纪人才"百人工程"人选，1996年起获国务院颁发的政府特殊津贴。

黄嘉树教授的主要研究领域是中国国际战略（东亚地区）、台湾问题研究、中国政治等。主要著作有《中华职业教育社史稿》《国民党在台湾》《透视台独》《两岸风云冷眼观》等。在社会上还兼任中国国际战略研究基金会特邀研究员，国务院台办"海峡两岸关系研究中心"特约研究员，全国台湾研究会特邀研究员、常务理事，北京台湾经济研究中心特邀研究员，中国台湾网顾问，中国政治学会理事，北京市台港澳交流促进会副会长，北京联合大学台湾研究所客座教授等。

黄嘉树教授是中国人民大学国际关系学院著名教授，国内台湾问题的权威。他所作《透视台独》一书著于1994年，当时黄嘉树是中共党史系的副教授，全国台湾研究会特约研究员。在此书出版之前，他已经发表过《台湾土地改革小史》《"一国两制"的由来与发展》《台湾地方自治研究》等多篇剖析台湾问题的著名论文，并有著作《国民党在台湾（1945—1988）》。在综合了之前众多研究的基础之上，结合当时政局形势进行深刻的分析，最终黄嘉树教授解答了亿万人民心中的疑问，发出了时代的最强音——"台湾独立，痴人说梦；两岸统一，大势所趋。"

黄嘉树《透视台独》一书共20万字，著书时长耗时四年之久，其中主要的原因有三点：首先，在大陆获取台湾资讯比较困难，而"台独"又长期处于非法状态，使得资料的收集更加不易；其次，史家行文，在评论事件、臧否人物时为求慎重，往往要等待事件的沉淀，把距离拉远些才能看得清楚；最后，在作者著书前后的几年，正处于局势多变的年代，台湾政局变化让人眼花缭乱，某些政治人物在此时此地讲这一套，到彼时彼地又讲另一套，欲对其作出全面准确的评价，在分寸的掌握上颇费斟酌。

　　黄嘉树归纳梳理了台湾近代以来"台独"势力发展的历史，从理论剖析、利益评估以及由此二者所决定的力量对比等角度，来论证了"台独注定是无法成功"的这一结论。然而，既然如此，为何"台独"这趟祸水又可以肆虐几十年呢？他用了一个形象的比喻——误驶入报废路段的列车，其动力装置还在工作，锈迹斑斑的铁轨依然可以承重，并且不时有新的乘客上车，但是这些都不能改变报废铁轨的命运，继续下去终将走向覆灭。黄嘉树还归纳了"台独"能够存在并发展的四个方面：国际反华势力的长期扶持；国民党的施政弊端，特权横行、金钱政治；台湾的"法统危机"和"国际孤儿"之地位；一百多年来中国积弱不振，受人欺辱。并向民众指出了"美国援助不可靠""台湾民间统派不可欺""国民党完全'台独化'不可能""十二亿民心不可违"这四大现实，呼吁台湾误入歧途的爱岛人士，抓紧回头，投入大陆的怀抱，这样才能挽救台湾，更加有力地促进台湾的发展。《透视台独》一书写成至今已 20 余年，黄嘉树教授指出的问题十分具有远见。"台独"势力又猖獗地发展了 20 余年，却依然没有成功。国民党解除了党禁，台湾进行了政治改革，然而台湾却没有自己解决问题的能力。黄嘉树教授所作出的"美国不可靠"的结论在今天已然得到了印证。随着中国的崛起，"台独"势力必将失去所谓的"民心"，在历史的潮流中退去，中华民族伟大复兴和两岸统一的祖国大业也必将在不久的将来得到实现！

　　黄嘉树教授自 1985 年留校任教以来兢兢业业，在三尺讲台耕耘，培育了无数优秀的人才。他于 1991、1995 年被破格晋升为副教授、教授。1993 年 5 月，被评为北京市对台工作先进个人。2001 年 9 月，被教育部和人事部授予"全国模范教师"称号。在2021年的评选中，黄嘉树教授凭借卓越的学术成果，成功脱颖而出，被评为中国人民大学一级教授。

二、登峰国防石榴花：徐焰

国防大学为国防，登峰造极"石榴花"。石榴花那喜庆的中国红，似燃烧的熊熊焰火。升空的焰火绽放，在国防大学点亮起那片中共党史之光，顺着那片焰火看去，正是师从胡华先生的中共党史专家——徐焰。

徐焰将军是1979级中共党史硕士生，亦是中国人民大学中共党史系复系以来的第一批中共党史硕士生，是

徐焰将军

全国最早的中共党史硕士生，是中共党史领域的奠基人胡华先生在改革开放之后所带的第一批中共党史硕士。徐焰将军出生于1951年9月，是国防大学战略教研部教授，少将军衔，军事史专家，博士生导师，国防大学军事历史学科带头人，中国军事科学学会历史分会副秘书长。曾任清华大学国际问题研究所兼职教授，后赴美国斯坦福大学、日本防卫大学等讲学。

徐焰将军1969年入伍，先后从事过工兵、炮兵和基层政工干部，后入吉林大学历史系学习。1979年考入中国人民大学中共党史系，跟随中共党史专业的奠基人胡华先生攻读研究生，1982年硕士研究生毕业，1985年调入国防大学。此后至今长期在军事学院、国防大学从事军事历史和军事思想的教学和科研。作为军事史专家，他潜心于中日关系的研究，曾多次去过日本，并在日本防卫大学做过访问学者。所撰写的《中国抗日战争史录》于1995年在国内由中央文献出版社、在日

本由官公厅株式会社以中、日两种文字同时出版,该书是战后在日本出版过的唯一一部全面研究中国抗战的学术专著。

徐焰将军主要从事军事思想和军事历史研究,十余年来个人撰写的专著共计400余万字。他出版过有关中国革命战争、抗美援朝、东南沿海作战、中印边界反击战、近现代人物、世界武器装备发展和国际战略形势等方面的十几部专著,其中主要包括:《中国抗日战争史录》《世界屋脊上的秘密》《毛泽东——中国出了个巨人》《金门之战》《两弹元勋邓稼先》《毛泽东与抗美援朝战争》《毛泽东军事思想发展史》《80个共产党员的故事》《最后的秋日》《第一次较量》等。徐焰将军的著作《毛泽东军事思想发展史》曾获全军科研一等奖,《最后的秋日》和《80个共产党员的故事》获解放军图书奖。其多部专著在美国、日本和中国台湾出版,如《抗日战争史录》《金门之战》等。其他著作还曾获全国哲学社会科学基金项目优秀成果二等奖、第六届中国图书奖二等奖。

由于在学术和研究上的卓越贡献,2003年徐焰将军被评为国防大学五名"杰出教授"之一,先后立三等功三次。同年,被三总部授予全军院校育才金奖。2004年被三总部授予"全军优秀教师"称号。2005年和2007年徐焰又再次被评为国防大学五名"杰出教授"之一。

徐焰将军是胡华先生的高徒,他继承了老师的衣钵,在国防大学燃起了中共党史之光。徐焰将军在国防军事历史方面的研究颇深,正如他的名字一样,他是在国防大学的焰火,是中国红般盛开的石榴花!

三、党史文献向日葵:黄一兵、王均伟

"青青园中葵,朝露待日晞。"历史的康庄大道上,需要

指引道路的方向牌；中共党史的浩瀚海洋中，亦需要校准航向的指南针。他们通过不断磨炼坚定的政治立场和锤炼强大的学术素养，最终在中共中央党史和文献研究院脱颖而出，中国共产党的光芒普照神州大地，他们就是那一朵朵盛开的向日葵——黄一兵、王均伟。

黄一兵，1968年11月出生，籍贯安徽，法学博士，研究员。2011年黄一兵入选了全国宣传文化系统"四个一批"人才，后又入选国家"万人计划"第一批哲学社会科学领军人才。担任马克思主义理论研究和建设工程课题组主要成员，中国历史研究院学术委员会委员、北京市社科联兼职副主席，享受国务院政府特殊津贴。曾

黄一兵研究员

任中共中央党史研究室第二研究部主任、研究员，现任中共中央党史和文献研究院副院长，是中国共产党十九大代表、二十大代表。中国人民大学中共党史系2000级博士。

黄一兵的专业研究方向是党的历史和党的思想理论，当前主要从事习近平总书记著作编辑和习近平新时代中国特色社会主义思想研究宣传工作，先后参与编写了《习近平新时代中国特色社会主义思想三十讲》《习近平新时代中国特色社会主义思想学习纲要》《习近平新时代中国特色社会主义思想学习问答》等基本理论著作；参与编写《中国共产党历史》（第一卷、第二卷）、《中国共产党的九十年》、《中国共产党简史》等党史基本著作。

同时，黄一兵还致力于钻研改革开放史、思想史等领域，其主要个人代表著作有《徘徊与觉醒——改革开放的酝酿与

第六章　启程：再飞行（2003.7—2012.11）

启动》（第七届中华优秀出版物奖图书奖）、《中国共产党指导思想发展史》（第一卷）（第四届中国出版政府奖提名奖）、《中国特色社会主义制度》、《马克思主义中国化研究——历史进程和基本经验》（合著）等。他先后在《求是》《人民日报》《光明日报》《中共党史研究》《党的文献》等中央媒体和核心学术期刊发表多篇文章。理论文章代表作有《习近平新时代中国特色社会主义思想的理论特色》《新时代中国特色社会主义与伟大社会革命》《党探索我国社会主要矛盾的实践和启示》《党加强思想政治建设的历史经验和当代意义》《"四个全面"是引领具有新的历史特点伟大斗争的战略布局》《〈中国共产党的九十年〉新突破的思想理论基础》等；中共党史类文章代表作有《理论工作务虚会与〈关于建国以来党的若干历史问题的决议〉的起草》《一九七八年前后"纲"的转移问题研究——以党的政策思想转变和调整为线索》《一九七八年国务院务虚会经济建设和改革思想研究》《一九七七年中央工作会议研究》《党的思想路线拨乱反正若干问题研究》《二十世纪三十年代"新启蒙"思潮研究》等。

王均伟，1967年2月生，研究员，中共中央党史和文献研究院学术和编审委员会主任（副部长级），全国宣传文化系统文化名家暨"四个一批"人才，国家"万人计划"哲学社会科学领军人才。参与《建国以来重要文献选编》、《建国以来周恩来文稿》、《建国以来刘少奇文稿》、江泽民《论社会主义市场经济》、《江泽民思想年编》、《李鹏论宏观经济》、《新时期劳动和社会保障重要文献

王均伟研究员

选编》等党和国家重要文献的编辑审核工作。参与《新中国》《使命》《走进新时代》《小平您好》《陈云》《陈云在浙江》《世纪宣言》《伟大的历程》《中国 1978》《中国道路》《信仰》《百炼成钢：中国共产党的 100 年》《我们走在大路上》等理论文献电视纪录片的撰稿工作，其中《使命》《走进新时代》获中宣部"五个一工程"特等奖。出版专著有《毛泽东邓小平江泽民与中国先进文化》（合著）、《铸造历史》、《党建方略》、《信仰永恒——中国共产党人的故事》《信仰至上》等。撰写学术论文有《城市人民公社历史的初步考察》《改革开放与中国共产党执政基础的巩固》《中国式的现代化，要从中国的特点出发——国情认识与发展目标》《消除贫困：治国安邦的大事》《江泽民与中国特色军事变革》《从三个历史决议看中国共产党如何把握历史主动》《论中国式现代化的基本立足点》等数十篇。

"阳春布德泽，万物生光辉。"中国共产党走过百年风雨，依然风华正茂。改革开放的春风吹满神州大地，中华民族的伟大复兴亦写上日程。在中国共产党的光辉照耀下，百花齐放，当然更少不了那一株株盛开的向日葵，他们走在了官方史学的道路上，一头扎进浩瀚的文献海洋，为党和国家的事业贡献出了自己的力量。他们化作了一盏盏明灯，指引着后辈学者向前进！

第三节　燎原者

一、最早的党史博士

中共党史领域的开拓者、奠基人，我敬爱的老师，我的博士生导师——胡华先生这一生培育了无数优秀的人才，或是如戴逸、彦奇这样在陕北公学听他讲授中共党史，而后成为中共党史领域的大家，扛起第二代中共党史大旗的；或是如张培森、梁柱这样在进修班、研究班等听过他授课，而后浸润中共党史多年，取得不菲成就的；或是如陈威、程振声这样改革开放前跟随他南下调研，在中共党史研究和资料建设上取得重大进展的早期导师制研究生，亦或是如牛军、谢春涛、徐焰、张兆本这样在中共党史系复系后成为胡华导师的弟子，而后在改革开放大业中不断奋勇向前，最终光耀师门的新时期研究生。某虽不才，却也有幸拜在胡华导师门下，跟随他攻读博士。胡华导师一生只有三位博士生，我们师门三人每次相逢，总会感慨叹惋，怀念曾经一同在中共党史系求学，跟随胡华导师做学问的日子。十一届三中全会以来，为了尽早完成中共党史领域的拨乱反正工作，胡华导师夜以继日地工作，长期的劳累使他的身体每况愈下，以至于竟突然离我们而去。这里谈到第四代中共党史人，又想起我们三个作为胡华导师生前唯一亲自培养的博士生，不禁潸然泪下，实在是说不尽的师生情谊。

我们三人中，年龄最长的是牛军，他自1978年开始，就来到中国人民大学就读于中共党史系本科，是人大复校以来第一批毕业的本科生。之后又连续在中共党史系攻读硕士、博士，是中共党史系最早的第一位硕士，其硕士、博士的导师都是中共党史学界名声斐然的胡华教授。据牛军回忆，他当年来到中共党史专业时还较为迷茫，还是在胡华导师和一众系领导的帮助下，这才不断增强了自己对中共党史系的认同感和光荣感。

牛军始终牢记胡华导师说过的"板凳宁坐十年冷，文章不要一句空"，在导师的精心指导下，出色地完成了他的博士论文，并且后来还出版成书，即《从赫尔利到马歇尔：美国调处国共矛盾始末》，该书不仅在国内学界得到了广泛的认可，甚至在国外也影响极大。作为史学著作，这部书除见解独到外，最难能可贵的是它的文采。新闻出版署、全国版协遴选的全国九位中青年出版理论家之一的阿正（郑俊琰）曾这样评论道："自大学起，便读惯且读厌了文字枯涩呆板的史学著作，工作数年，又编惯且编厌了面孔陈旧生硬的党史书稿，翻阅完'从赫尔利到马歇尔'书稿，真是耳目为之一新，十分激动。记得一次星期天在家看稿，看到精彩处，竟不禁诵读起来。"牛军的书稿在审议期间，曾有十余位年逾花甲的老学者看了该书打印稿，提了各种不同的意见，但有一点感受相同，那就是：洋洋20余万言，读起来竟如此轻松！

牛军就是用这样的笔触论述了两位美国总统特使来华的背景、目的、手段、结局，在国际政治的庞大背景下，通过对远东舞台上错综复杂的关系——美苏关系、美蒋关系、美国与中共的关系、国共关系及苏联与国共双方的关系等的剖析，揭示了美国对华政策的实质：一切服从于美国战后对远东的战略规划，美国的利益高于一切。该书如今成为中美关系研究中的必读之作，在《中共党史研究》《历史研究》《美国研究》等著名学术期刊上，也可随处见到其他学者对该书的高度评价和学研习得。然而，想到这里，我又想起了胡华导师在病床上还在为牛军审阅他的博士论文，提出各种修改意见的场景，仿佛那一日就在昨天，导师依然还在我们身边。胡华导师虽然对我们严厉，但他的批评句句发自肺腑，他是真心实意希望我们更加优秀。岁月如梭，当年那个站在病床前，聆听导师教诲的小博士生，如今早已是大名鼎鼎的国内中美关系研究的领头人，牛军如今一身的头衔，如北京大学国际关系学院外交学与外事管理系的著名教授，中美关系史研究会的秘书长，北京太平洋国际战略研究所的特约研究员等。但是，在我们心中，我们最值

第六章　启程：再飞行（2003.7—2012.11）

得骄傲的身份，永远是胡华导师的弟子，那个跟随导师做学问的小小博士生。

在我们三人中，我比谢春涛要略年长一些，我们二人都是同一届，于1985年在中国人民大学跟随胡华导师攻读博士学位，胡华导师是当时全国中共党史学科唯一的博士生导师。也唯有胡华导师有资历和能力为我们解决一些当前中共党史领域无法解决的问题。现在想来，能够跟随胡华导师攻读博士，实在是一生之幸运。

在当时，我发现学术界和各种中共党史书籍中，关于"新民主主义"的部分无人提及，甚至可以说是讳莫如深。学术界为什么要刻意回避如此重要的一个问题呢？带着这个疑问，当时还是一名博士生的我请教了胡华导师。导师告诉我，这么多年来，人们之所以对新民主主义社会这个问题不敢涉及和研究，主要是因为长期以来极"左"政治的影响，特别是"文化大革命"那个不正常年代的影响，人们普遍认为新民主主义社会就是资本主义社会的代名词，提倡新民主主义社会就是为资本主义翻案。在"文化大革命"时期，提倡宣扬新民主主义甚至会给个人和家庭带来毁灭性的灾难。直到1981年中共十一届六中全会作出了《关于建国以来党的若干历史问题的决议》，才重新肯定了"从一九四九年十月中华人民共和国成立到一九五六年，我们中国共产党领导全国各族人民有步骤地实现从新民主主义到社会主义的转变，迅速恢复了国民经济并开展了有计划的经济建设，在全国绝大部分地区基本完成了对生产资料私有制的社会主义改造。在这个历史阶段中，党确定的指导方针和基本政策是正确的，取得的胜利是辉煌的"。

听了胡华导师的一席话，我萌发了对新民主主义社会这个问题进行系统研究，并以此作为自己博士论文选题的想法。我当即征求导师的意见。导师思索了片刻后肯定了我的想法，认为新民主主义社会这个选题，不论在对学术界的理论贡献上，还是在对当时改革开放的社会实践上，都有着重大的意义；同时又是一个非常新颖、学术界当时还没有人进行系统研究的一个非常不错的选题。

在受到导师的肯定后，我便开始着手进行研究工作。当时因为受客观环境的限制，大量的档案文献都没有公开出版，当年的我就靠着自己手中的笔和稿纸，抄来了中央档案馆有关新民主主义的大量文献。经过半年多的艰苦劳动，1986年下半年，我带着摞起来有一米多高的手抄档案材料回到了人民大学，开始着手准备论文的写作。经过一年多的辛苦努力，到了1987年底，我的博士论文终于形成初稿。

但此时一件令人悲痛的事情发生了，我敬爱的导师胡华教授因为身患癌症，不幸辞世。他病重期间还一直不断肯定我的博士论文选题，并对我当面交代："你一定要把论文写好。死对我来说没有什么可怕的。我从小离家，1938年参加革命，一生中经历了许多磨难。但我有三大遗愿没有完成：一是《中共党史人物传》没有编完；二是想写一部《中国现代史（简本）》的书；三是没有把你们几个博士生带完。"多么可敬的导师，在他弥留之际，心里想的还是学生的论文和学业。在导师的谆谆教诲和感人精神的鼓舞下，我于1988年初，完成了20余万字的博士论文《滑轨与嬗变——新民主主义社会阶段备忘录》，并圆满通过了答辩，取得了博士学位。后来这本书以《共和国不会忘记：新民主主义社会的历史和启示》出版，得到了很大的反响，这离不开胡华导师对我的指导和教诲，想到这里，心中的思念便更加浓厚了。

第六章 启程:再飞行(2003.7—2012.11)

我们三人中,年纪最小的是谢春涛,他在跟随胡华导师学习的时候,可以说是极为认真,不管是资料的查阅还是文稿的写作,每次都会花上一整天。他的博士论文题目《大跃进的狂澜》也是胡华导师亲自拟定的,并为之注入了很高的期望。谢春涛也没有辜负导师的期望,圆满地完成了他的博士论文,并在随后出版成书,成为《40年国是反思丛书》中重要的一册,为读者所青睐。作为早期反思"大跃进"的文章,在当时极为难能可贵,谢春涛努力克服了资料收集等各种困难,在中共党史研究领域取得了突破性的进展,相信胡华导师也会为他而骄傲吧!

我们三个博士生,作为中国人民大学中共党史系暨新中国成立以来中共党史专业第一批博士生,能够拜在胡华导师门下实在是荣幸之至。走上工作岗位以后,我们一直秉承胡华导师的严格教诲,在艰辛而又光明的教学科研岗位上继续前进,也各自取得了不小的成就,光耀了导师的师门。如今,牛军在北京大学,我在中国人民大学,谢春涛在中共中央党校,我们三人都已从小小的博士生成长为国内比较知名的教授,也各自开枝散叶,发扬了师门,接过胡华导师的重担,继续传承下去。谢春涛更是出类拔萃,在中共中央党校执教数年,得到了众多党政领导干部的首肯,如今已是中共中央党校(国家行政学院)副校长(副院长)、中共第十九届中央候补委员、二十届中央委员。

作为胡华导师一生仅带的三名博士生之一,受到胡华导师亲自指点,我本应万分荣幸。可每每想到,导师在29岁就成为全国最年轻的副教授,35岁就成为全国最年轻的教授,如此之风华绝代,竟因长期积劳成疾,英年早逝,我们三人竟成为导师仅有的博士生,师门从此再无同辈的新人,不禁悲从中来,潸然泪下。我多宁愿失去这个光荣无比的头衔,而换胡华导师多陪我们数年,在他的指导下继续求学,师生齐心协力,完成他未完成的编写心愿,在中共党史领域继续留下一部恢宏的巨作呀!若非胡华导师英年早逝,或许现在师门应该更加壮大,中共党史领域的研究也早已取得更加实质性的突破了吧!不过,虽然我辈才疏学浅,不能与胡华导师比肩,但也一定会继续坚守在自己的岗位,让我们的师门,让中共党史系继续发扬光大!

2011年12月16日,中国中共党史学会、中国党史人物研究会与中国人民大学联合举办"胡华教授诞辰90周年纪念座谈会",同年出版了《革命史家胡华》《胡华画传》《追思史学家胡华》等书

斯人已逝，风范长存。胡华导师半个世纪以来，始终勤奋埋首于中共党史的教学和研究，著述如林，桃李满天下。"赤心写党史，妙手传群英"，"树人千秋业，功开万代基，科教兴业本，胡华是良师"，"为人师表，风范长存"，"教书育人，呕心沥血；秉笔直书，一身正气"等题词，就是对胡华导师一生兢兢业业、虚心向学、甘为人梯的科研和教学历程的最真实写照。胡华导师的高尚人品、渊博学识和治学精神深深打动着他身边的每一个人，激励着人们不断去开拓、进取和攀登！

胡华导师永远活在我们心中！

二、燎原的第一把火

1978年7月29日，中共中央、国务院任命成仿吾为中国人民大学校长兼党委书记，郭影秋为第一副校长兼党委第二书记。同年8月，中国人民大学即参加了全国统一招生工作，共招收14个专业的硕士研究生108名、15个系21个专业的本科生和进修生1077名。这些学生在9月即正式报到、上课。中国人民大学恢复和新建了哲学、政治经济学、科学社会主义、中共党史、法律、中国语言文学、新闻、中国历史、档案、计划统计、财政、工业经济、贸易经济、农业经济、经济信息管理15个系，马克思列宁主义发展史、苏联东欧、外国经济管理、清史、人口理论、语言文字6个研究所，外语、俄文、体育、电化教育4个直属教学单位，以及出版社、图书卡片资料社、青锋机械厂、附属中学等附属单位；学校设有24个本科专业、14个硕士研究生专业。

在仅有的24个本科专业中，中共党史本科就占据了一席，14个最初恢复的研究生教学点中更是少不了中共党史的一席之地。1978年对于许多人来说，注定是不平凡的一年，学生们纷纷重返校园,开启了人生新的征程。自复校以来,中共党史专业的本科教学就一直薪火不断,这50多位第一批本科生和仅有的第一批三位硕士生一起,燃烧起了第一把火。

据1978级中共党史系校友张军回忆:"我们作为1978年复校后的第一届学生,在当时感到庆幸与自豪,因为我们经历了十年都没有读书机会的岁月,大部分人有的到矿山采矿,有的修铁路,有的种田插秧,恢复高考后就从各个地方有机会到校园里来读书,十届的学生一起高考,而且一年才招38万人,现在一年招800万,可想而知我们回到校园会有多激动。"王学敏是中国人民大学出版社原党委书记,在1978年通过高考这条重开的路径,被人大中共党史专业录取。据他回忆,能够重新读书,获得在人大读书的机会,令他感到兴奋。在王学敏的印象中,中共党史是胡华老师带领下的"一门尖端的科学",中共党史系的教师也是中共党史研究与教学的一面旗帜。

然而,虽然能够来到中共党史系求学让他们兴奋不已,荣光无限,但是对于这一批最早的本科生和硕士生来说,毕业后去往何方,前途如何,仍是无法回避的问题之一,因为他们毕竟是新时期第一批中共党史专业的毕业生,他们没有前人的路可以借鉴。俗话说,"世上本无路,走的人多了便有了路"。这第一批中共党史专业的毕业生,披荆斩棘,独立自主,通过自己在中共党史系习得的知识、锻炼的本领,在改革开放的伟大事业中,创出了自己的一片天地,也为后来的中共党史系毕业生们,走出了一条路。

在中共党史系这一批的本科毕业生,有前往科研院所工作的,如原中共中央文献研究室的刘益涛,原中共中央党史研究室的庞松、姚鸿。刘益涛,曾任毛泽东研究组生平小组组长,参与了《毛泽东年谱》《毛泽东新闻工作文选》等的编写、编辑工作,现为中国中共党史学会秘书长。庞松后来担任中国中共党史人物研究会常务理事,中国经济史学会理事,获国务院政府特殊津贴专家。姚鸿则担任原中共党史研究室下中共党史出版社副社长、副编审,长期担任《百年潮》的常务副社长。

还有很多毕业生如刘宪苏、张引、邱进、张学军、张春雷、周维平、季如讯、贾英歌、彭大林等,选择了前往党政机关、事业单位工作。正如中共中央总书记习近平强调的,学习中共党史可以增加政治定力和信仰。中共党史系走出来的这第一批毕业生,更是突出体现了中共党史学科的这一特点。刘宪苏曾任北京市委统战部副部长;张引担任了北京市人大常委会法制办主任;邱进毕业后在北京共青团工作,后调任安全部,如今已是国家安全部副部长、副总警监;张春雷曾任中央宣传部政策法规研究室副主任;贾英歌担任了河南省档案馆馆长等。

当然这一批本科生中也有选择继续读研深造的,如丁俊萍、毛明华、阮虹、李亚飞、吴美华、萧延中、崔智友、黄嘉树等,关于他们的信息,在本节下面两目中会详细介绍。而与这一批本科生同时毕业的,还有1979年入学的三年制硕士生,作为更高学历的毕业生,这一批的硕士生只有三人,徐焰、王顺生、刘宗尧,他们也都成为学界知名的教授。徐焰现任国防大学战略教研部教授,少将军衔,国防大学军事历史学科带头人。徐焰将军在中共党史系攻读期间,由胡华担任其导师,亲自为其指导中共党史的研究与学习。徐焰将军在求学期间也对自己要求十分严格,不断提升和锻炼自我,胡华先生的治学与研究精神在徐焰的身上得到了很好的传承。王顺生和刘宗尧则在高校继续执教，王顺生留在中国人民大学，曾任中共党史系主任、博士生导师。刘宗尧是成都市四川教育学院的教授。另外，还有许多系友的信息，限于篇幅此处无法再继续一一展开。

三、那些漫天的巨火

党的十一届三中全会以来，解放思想、实事求是的思想路线深入人心。在胡华的带领下，中国人民大学中共党史系得到了蓬勃的发展，紧随燎原的第一把火，漫天的巨火也随之绽放。改革开放 40 余年来，回看从这里走出的国民表率、社会栋梁，他们走在了改革大业的先行军中，是中共党史系的骄傲，亦是中国人民大学的骄傲，更是闪耀在中共党史党建领域的漫天巨火，指引着后人继续前进。

他们有的选择留在高校、党校等教学科研机构工作，继续深耕于中共党史党建等相关领域研究，为学术界的繁荣发展贡献力量，如牛军、丁俊萍、孔繁斌、鄢显俊、萧延中、高新民、余科杰、杨德山、王久高、王春玺、张旭东、黄延敏、李永强、张晓京等。丁俊萍是中国人民大学中共党史专业 1978 级的本科生，本科毕业后在系继续读研深造，如今在武汉大学任教，曾任武汉大学政治与公共管理学院院长、政党研究所所长。孔繁斌为南京大学政府管理学院院长、教授、博士生导师。鄢显俊作为重庆大学马克思主义理论学科首位引进人才入职马克思主义学院，以创立"思想政治教育实验学派"，在思政教育领域卓有建树，还担任了该校教授委员会委员。萧延中本科毕业于中国人民大学第二分校，毕业后留系任教，2010 年转任华东师范大学政治学系，是国内著名的毛泽东研究专家，代表作有《巨人的诞生："毛泽东现象"的意识起源》等。高新民毕业后于中共中央党校任教，担任党建教研部原理教研室的主任，著有《中国共产党活动方式》《论党的领导方式与执政方式》等。余科杰为外交学院教授、博士生导师，外交学院政党外交研究中心主任，北京市首批思想政治理论课特级教授。杨德山在中共党史系获得硕士学位后，又继续跟随林茂生教授攻读博士，现为复旦大学马克思主义学院教授、教育部"长江学者奖励计划"特聘教授。王久高现为北京大学马克思主义学院教授、博士生导师，同时还担任党的建设研究所所长，在本科生思政教学领域卓有建树，同时是全国党建研究会的特约专家，著有《新时期中国共产党村级组织建设研究》等。吴景平毕业后前往上海工作，是复旦大学历史系的教授，还曾担任国务院学位委员会学科评议组成员，国家社会科学基金评审专家，上海市人大代表。王春玺是中共党史系2003级博士，现为北京航空航天大学马克思主义学院教授，在《求是》《政治学研究》《马克思主义研究》等期刊发表有多篇学术文章。同一级的还有张旭东，他现在是中共中央党校（国家行政学院）中共党史教研部教授，并长期担任省部级领导干部培训班、中青年干部培训班的主讲讲师。黄延敏是首都师范大学马克思主义学院教授、博士生导师，此外还担任学校党委宣传部常务副部长一职。当然，也有人选择留在高校的其他部门，从事学术研究的同时也承担着校务的相关工作，如1995年中共党史系本科毕业的李永强，他在毕业后留在学校机关工作，2012年10月任中国人民大学出版社党委书记、社长。再如中国人民大学教育学院的党总支书记、副院长张晓京，也是中共党史系本科（革命史专业）毕业的。另外，如北京大学教授牛军，中共中央党校（国家行政学院）分管日常工作的副校长（副院长）谢春涛等前文已详细介绍过，此处便不再赘述了。

习近平总书记指出，"对我们共产党人来说，中国革命历史是最好的营养剂"，"党的历史是最生动、最有说服力的教科书"，这些关于党史功能的形象表达，诠释了其蕴含的借鉴、参照、启迪作用。因此，还有很多中共党史系的毕业生选择进入党政机关工作，他们用自己在党史学习的过程中所磨炼出的坚定政治信仰和积累的宝贵经验，在改革开放的伟大事业和党的建设的伟大工程中贡献一份党史学人的力量，勇做国民表率、社会栋梁。李亚飞毕业后投身于两岸关系发展事业，曾担任国务院台湾事务办公室副主任，并于2018年4月27日，在海峡两岸关系协会第四届理事会第一次会议上被推举为海峡两岸关系协会副会长。刘后盛毕业后从事党的组织建设工作，现担任中共中央组织部干部三局局长，躬耕于经济与科技教育干部的任免工作。吴海英于2020年5月担任中共中央纪委国家监委驻国家税务总局纪检监察组组长、国家税务总局党委委员，后调任吉林省工作，现任中共吉林省委副书记。曾维伦任中共重庆市委宣传部副部长、一级巡视员。张茅在中共党史系取得法学硕士学位，曾任国家市场监督管理总局局长、党组书记，中共十八届中央委员，第十三届全国政协常委、科教卫体委员会副主任。崔智友是中国近现代政治思想史专业硕士，毕业后前往中共中央宣传部工作，2003年调往广西工作，曾任广西壮族自治区人民检察院党组书记、检察长，二级大检察官。于朝运毕业后在民政部工作，后来调任新组建的退役军人事务部，历任

第六章 启程：再飞行（2003.7—2012.11）

办公厅副主任、军休服务管理司司长等。戴茂林于1996年在中共党史系取得法学博士学位，曾任辽宁省社科院党组书记、副院长。于景森毕业后在中央直属机关工作多年，曾任天津市委宣传部副部长、市文明办主任，现任退役军人事务部就业创业司司长。孙运锋2000年8月加入九三学社，现任九三学社中央常委、河南省委主委，2022年11月当选为河南省副省长。此外，新华社社长、党组书记傅华也是中国人民大学中共党史系毕业的优秀博士，在校期间他的学术研究成果就备受老师肯定，他的博士论文是《当代中国先进文化及其传播路径研究》，深入透析和回答了当代中国先进文化的主要构成和传播路径着两大核心问题，这些在今天文化强国的建设中，都得到了检验，毕业后他继续躬耕于党的宣传事业，曾任经济日报社总编辑，中共广东省委常委、宣传部部长，2020年调任中共中央宣传部副部长，2022年6月担任新华社社长，在国家通讯社的岗位上继续为宣传战线而奋斗。

当然，还有许多人进入了其他各个领域，在改革开放事业中勇立潮头，如国企、军队、科研院所、人民团体、事业单位、民营企业等，遍布着中共党史系系友为民族复兴事业奋斗的足迹。邓纯东硕士研究生毕业后，先后在中共中央书记处研究室、中组部党建研究所、中央政策研究室工作，后调任中国社会科学院，曾任中国社科院马克思主义研究院党委书记、院长。满开宏投身国防事业，现为第十四届全国政协委员、装甲兵工程学院政治理论教研室教授，全国普通高校优秀思想政治工作者、少将军衔。高远戎毕业后在中共中央党史和文献研究院工作，2016年任党史党建领域权威期刊《中共党史研究》

主编一职。王均伟更是出类拔萃，现为中共中央党史和文献研究院学术和编审委员会主任，并入选第三批国家"万人计划"哲学社会科学领军人才。袁明刚先后在纪检部门、国有企业工作，2020年升任中国东方电气集团党组成员、纪检监察组组长。张剑锋选择了自主创业，建立了北京世纪高教出版传媒集团有限公司，专门从事研究生考试和英语四六级考试用书的选题策划、教育培训、图书销售，成为知名的民营企业家。张兆本于2003年任湖北省委组织部副部长、省人事厅厅长，2008年调任国企，担任中国船舶工业集团公司党组成员、纪检组组长，同时由于他在学术上的突出成就，还被武汉大学聘为兼职博士生导师。夏潮曾任中国文学艺术界联合会第九届全国委员会副主席、书记处书记，2020年当选为中国文艺评论家协会第二届主席。马英民毕业后前往当代中国研究所工作，后调中国革命博物馆，2003年起任中国国家博物馆副馆长、研究馆员，兼任四川大学教授、博士生导师。张星星曾任当代中国研究所副所长，现为中华人民共和国国史学会常务理事、秘书长。黄一兵师从石仲泉教授，毕业后也前往中共中央党史和文献研究院工作，参与编写了《中国共产党历史》第一卷、第二卷，《中国共产党的九十年》《中国共产党简史》等党史基本著作，入选了全国宣传文化系统"四个一批"人才，国家"万人计划"第一批哲学社会科学领军人才，现为中共中央党史和文献研究院副院长。胡陆军、黄曙明分别于1991、1992年本科毕业于中共党史系，后成立北京嘉源置业投资有限公司、北京嘉润鸿达投资有限公司等企业，自2008年起以其企业名义持续向母校捐赠合计人民币2000余万元，用于中共党史党建学科建设、收购陈独秀和梁启超等致胡适信札保管权、关爱师生基金等项目。

走出去的中共党史人都有着改革进取的精神和爱国奉献的情怀，正如1995级中共党史本科系友张剑锋在采访中谈到的那样，在中共党史系磨炼的四年中，把他自己成功打造成了新时期的钢铁："我重视对个人信念和精神的锻造；重视教育，崇尚教育，坚信只有通过教育才能改变人生，提升人的精神世界。因此，也愿意在改革开放的大军中，贡献自己的一份力量，为中国特色社会主义教育事业谱写新的篇章，同时，我也为身为中共党史系的一员而感到骄傲和自豪！"

四、化作蜡炬再燃烧

在燎原之势的巨火之中，总有那些不灭的火种，燃烧着希望之光，那是选择留在中共党史系的中共党史人，他们在人大或者中共党史系继续执教，继续充当着传承薪火的学者，继续化作蜡炬再燃烧……

在这一批留任中共党史系执教的学者中，有刘国新、黄嘉树、萧延中、吴美华、杨凤城、齐鹏飞、王东、何虎生、周淑真、杨德山等。

刘国新是七七级的中共党史本科生，是中国人民大学复校以来最早的中共党史专业毕业生，同时他还选择了继续留校攻读研究生。取得法学硕士学位后，他留在了中共党史系，曾任中共党史系中国革命史教研室副主任、中国当代政治教研室主任、系党总支副书记、代理书记。后来调任中国社会科学院当代中国研究所，现任第三（文化和社会史）研究室主任、现代化研究中心主任，中国社会科学院国史系博士生导师，中国人民大学兼职教授。

黄嘉树、萧延中、吴美华也都曾是中国人民大学的本科生，他们在毕业后选择继续在中共党史系读研深造。三人研究生毕业后留任中国人民大学中共党史系，黄嘉树后来成为国内台湾问题研究的权威、当代中国政治研究所所长，曾任国务院学位委员会学科评议组成员，领衔政治学科，是国家跨世纪人才"百千万工程"（一、二层次）人选，国家教委跨世纪工程人选，北京市社会科学跨世纪人才"百人工程"人选，1996年起获国务院颁发的政府特殊津贴；萧延中是中国著名的毛泽东研究专家之一，后来任中国人民大学当代中国研究中心教授、博士生导师；吴美华也成为中共党史系的著名教授，并先后在中国人民大学党委办公室、党委宣传部、纪委监察处任领导职务。

杨凤城于1984年在中国人民大学攻读硕士。现为中国人民大学中共党史党建学院院长、中共党史党建研究院院长，教授、博士生导师，兼任中国中共党史学会副会长、高等学校思想政治理论课教学指导委员会副主任委员、北京市中共党史学会会长。中国人民大学中共党史学科带头人，为国家社科基金党史党建评审组专家，中央组织部干部教育专家库专家，中央统战部专家咨询组专家，第十七届中央政治局第30次集体学习主讲专家，2021年党史学习教育中央宣讲团成员。

齐鹏飞现任中国人民大学党委副书记、教授、博士生导师。他于1985年来到中国人民大学，跟随何干之的夫人、中共党史领域著名专家刘炼教授攻读硕士研究生，1999年又师从政治学领域的大家彭明教授攻读博士研究生。后留系任教，曾任中国人民大学中共党史系副主任、马克思主义学院副院长、《教学与研究》主编等，同时齐鹏飞还在中国人民大学党委宣传部、统战部、组织部均担任过主要负责人，这使得他在进行学术研究的同时，也积累了丰富的管理实践经验。他的主要研究方向有中国共产党执政经验、当代中国外交史、当代中国国家统一问题和国土安全问题、"一国两制"理论与实践、统一战线理论和实践等。由于其在相关学术研究领域尤其是在"一国两制"与港澳台问题研究上产生了较大的学术和社会影响，1997年和1999年齐鹏飞接受邀请，先后担任了中国中央电视台国际频道（CCTV4）香港"移交大典"、澳门"移交大典"现场直播特别节目的学术顾问和嘉宾主持人。1998、2000、2002、2004、2007、2009、2012年又接受邀请，先后担任中国中央电视台国际频道（CCTV4）香港回归一周年、五周年、十周年、十五周年庆典和澳门回归一周年、五周年、十周年庆典"现场直播特别节目"的学术顾问和主访谈嘉宾。

王东于1985年师从中共党史系奠基人胡华先生攻读博士学位。现为中国人民大学马克思主义学院暨中共党史党建研究院教授、博士生导师。1991年晋升副教授，1997年晋升教授。中央组织部、教育部、北京市委专家宣讲团成员，陕西省委、中国华能等单位党建顾问。

何虎生于1987年在中共党史系攻读硕士研究生，现为中国人民大学马克思主义学院教授、博士生导师，中共党史党建研究院副院长。主要研究领域为中共党史、当代中国史。曾多次主持国家和省部级研究项目。出版《建党伟业》《建国大业》《伟人毛泽东》等数十部学术著作。在《人民日报》等国家级报刊上发表学术论文数十篇，文章多次被《新华文摘》、中国人民大学报刊复印资料、高等学校人文社会科学辑刊转载。

周淑真是中共党史系著名教授彦奇的学生，1988年跟随彦奇攻读博士学位，现为中国人民大学国际关系学院政治学系教授、博士生导师，国家哲学社会科学基金政治学学科评审组专家，兼任中央社会主义学院和多个省市社会主义学院兼职教授,中共中央编译局政党研究中心兼职研究员,国家监察部特邀监察员。曾任第九届北京市政协委员,第十、十一届北京市政协常委、学习和文史委员会副主任,中国人民大学统战部部长等。

杨德山师从中共党史系著名专家、政治思想史的开创者林茂生教授,1992年在中共党史系攻读中外政治思想史方向的硕士,1995年取得硕士学位后继续攻读博士,1998年毕业留校任教。现为复旦大学特聘教授,中国人民大学马克思主义学院教授、博士生导师,全国党建研究会特约研究员。主要从事中共党史党建研究和当代中国政治研究。新世纪以来,主持国家重大、国家重点、国家青年项目各一项;在《求是》《人民日报》《光明日报》《中共党史研究》《教学与研究》等中文核心期刊上发表学术论文90余篇,出版专著五部、合著两部,译著一部,主编"当代西方政党研究译丛"一套(五本),"中国政党学说文献汇编"一套(四本)。杨德山教授对中共党史有着极深的理解,在党建领域也取得了突破性的研究成果,执教数年来,培养了无数优秀的中共党史系的人才。曾入选2018年北京市优秀思想政治工作者、2015年马克思主义理论工程首席专家、2014年北京市"四个一批"人才、2010年教育部新世纪优秀人才计划、2007年中国人民大学"优秀共产党员"、2006年中国人民大学"优秀班主任"、2001年北京市"先进工作者"等。

这一时期,在中共党史系毕业后选择留系任教的教师还有很多,他们在三尺讲台上耕耘,他们在图书资料下伏案,他们燃烧自己照亮学界的精神,永远值得后人尊敬。

第七章

新时代:腾飞(2012.11.8—　)

2013 年 6 月 30 日，中国共产党历史与理论研究院成立

2017 年 6 月 30 日，中国人民大学中共党史党建研究院成立

第七章　新时代：腾飞（2012.11.8— ）

2012年中国共产党第十八次全国代表大会在北京召开，中国特色社会主义进入新时代。

新时代，中国人民大学在完善了自身最基本的教学体系之后，设立一系列专门的研究机构如中国共产党历史与理论研究院、中共党史党建研究院、习近平新时代中国特色社会主义思想研究院等。与此同时，中国人民大学以中共党史党建研究院为依托，马克思主义学院为主体，还邀请了多位中共党史党建领域的专家，汇聚群英，壮大师资，共同推动中共党史学科的发展，助力中共党史学科朝着一级学科前进。在中共党史党建学成为法学门类下一级学科前，中国人民大学的中共党史学科是全国高校系统唯一的中共党史国家级重点二级学科，也已经形成了学士、硕士、博士顺次培养的完整体系，提高了中共党史领域年轻人才的质量。为迎接中国共产党建党百年，中国人民大学还举办了"名师大家讲党史"系列讲座活动，增强了中国人民大学中共党史教学与研究的影响力，为中共党史党建学科进一步发展起到了推动作用。

如今，中共党史学科已不只是中国人民大学的特色，在经过了数年的发展，曾经的中国人民大学中共党史系早已将中共党史的火种洒遍大江南北。中国人民大学与延安大学、井冈山大学、湘潭大学、广西民族大学等拥有中共党史本科专业培养的高校进行战略支援和互动交流，更进一步加强了中共党史学科在全国范围内的影响力，也极大地推动了兄弟高校相关专业的发展。

第一节　腾飞序曲

中共中央总书记习近平历来十分重视中共党史的学习和研究工作。在党的十八大之前，他就曾多次强调学习中共党史的重要性。

2010年7月，全国党史工作会议举行，习近平在讲话时强调，"要以各级党员领导干部为重点，把党史教育纳入干部教育培训的必修课，把全面了解和正确认识党的历史作为一项基本要求，教育引导党员领导干部特别是年轻干部认真学习党的历史，努力提高思想政治素质和领导水平"，"加强党史的学习和教育，要着力抓好对广大青少年的教育。把党的历史作为各级各类学校思想政治课的重要内容，开展形式多样的党的历史知识、光荣传统和优良作风、英雄模范事迹的教育，从小培养青少年热爱党、热爱社会主义的感情，极为重要，任何时候都不可忽视。课堂教育之外，要组织青少年学生瞻仰革命遗址，参观红色旅游景点、革命博物馆和纪念馆，学习革命英烈事迹，等等。这些都是对青少年进行党史教育的重要形式"。这是第一次以中共中央的名义制定颁发了党史工作文件的会议，中共中央对加强和改进新形势下党史工作作出全面部署，也是在这场会议上，习近平首次提出了对党史教育和学习的重视。

2011年2月24—25日，全国党史研究室主任会议在北京举行，原中共中央党史研究室主任欧阳淞作了工作报告。原中共中央党史研究室和各省、自治区、直辖市及副省级城市、新疆生产建设兵团党委党史部门负责人出席会议。25—26日，中国中共党史学会第七次会员代表大会亦在北京举行，对于这

第七章　新时代：腾飞（2012.11.8—　）

两场中共党史学界的重要会议，习近平表达了高度的关注和重视。25日，时任中共中央政治局常委、中央书记处书记、国家副主席的习近平在北京人民大会堂会见了出席全国党史研究室主任会议和中国中共党史学会第七次会员代表大会的代表。他强调，各级党史部门和广大党史工作者要以中国共产党成立90周年为契机切实搞好党史宣传教育，引导广大党员干部加深对中国共产党光辉历史的认识，增强为中国特色社会主义伟大事业不懈奋斗的使命感和自豪感。

习近平指出，党史工作是党和国家工作全局中一项十分重要的工作。中共中央对党史工作高度重视，2010年中共中央第一次以中央名义制定颁发了党史工作文件，召开了全国党史工作会议，对加强和改进新形势下党史工作作出全面部署。随后，中共中央又批准出版了《中国共产党历史》第二卷、修订重印了第一卷。所有这些，都为进一步做好党史工作增添了强大动力，提供了有利条件。当前和今后一个时期，党史工作的中心任务就是认真贯彻全国党史工作会议精神，把各项任务落实好，充分发挥党史以史鉴今、资政育人的作用。

习近平还强调，中国中共党史学会是党史工作特别是党史研究的一支重要力量。学会成立以来，在历届理事会领导下，在中共中央党史研究室指导下，为推进中共党史学科和中共党史事业的发展作出了积极贡献。习近平希望中国中共党史学会更好地发挥学术团体的桥梁和纽带作用，坚持正确方向，发扬学术民主，鼓励科学探索，营造良好氛围，在推进党史研究和党史学科建设、开展党史宣传教育、加强自身建设等方面不断取得新的成绩。习近平的重视和关注为中共党史学会的发展起到重要作用，给予了会员们强大的信心和动力。

2011年3月,习近平在湖南调研,专程来到韶山瞻仰毛泽东故居,强调:"要把这些革命传统资源作为开展爱国主义和党性教育的生动教材,引导广大党员干部学习党的历史,深刻理解历史和人民选择中国共产党的历史必然性,进一步增强走中国特色社会主义道路、为党和人民事业不懈奋斗的自觉性和坚定性,永葆共产党人政治本色。"

习近平对中共党史的重视让中共党史学科的未来一片光明,在十八大召开之前,就已经为中共党史学会的会员打足了气,让中共党史研究的团队更早地感受到了党中央的关怀和支持。不仅如此,自十八大之后,习近平还陆续作出了许多重要的党史论述,以马克思主义唯物史观为根基,解释和论述历史,为中共党史的研究和教学作出了许多学术上的贡献。习近平所提出的"大历史观"更是在学界受到很大反响,并且他多次强调要充分发挥党史"资政育人"的作用,也成为在新时代引领中共党史党建相关学科前行的指路明灯。2021年2月,习近平《论中国共产党历史》和《毛泽东邓小平江泽民胡锦涛关于中国共产党历史论述摘编》的出版,将许多之前未公开的文稿出版,也极大地推动了中共党史的教育、学习和研究。

第二节　迎接新时代

2012年11月8日,中国共产党第十八次全国代表大会在北京召开。党的十八大是在我国进入全面建成小康社会决定性阶段召开的一次统一思想、凝聚力量,承前启后、继往开来的盛会,是高举中国特色社会主义伟大旗帜,从思想上政治上组织上为实现全面建成小康社会宏伟目标、奋力开拓中国特色社会主义更为广阔的发展前景作出战略部署的盛会,是展示中国共产党团结、胜利、奋进的盛会。中国特色社会主义进入新时代,意味着近代以来久经磨难的中华民族迎来了从站起来、富起来到强起来的伟大飞跃,迎来了实现中华民族伟大复兴的光明前景。中国特色社会主义进入新时代,意味着科学社会主义在21世纪的中国焕发出强大生机活力,中国用短短几十年时间完成了从世界边缘走向世界舞台中心的华丽转身,在世界上高高举起了中国特色社会主义伟大旗帜,让科学社会主义展示出强大生命力,吸引着众多国家和人民的目光。中国特色社会主义进入新时代,意味着中国特色社会主义道路、理论、制度、文化不断发展,拓展了发展中国家走向现代化的途径,给世界上那些既希望加快发展又希望保持自身独立性的国家和民族提供了全新选择,为解决人类问题贡献了中国智慧和中国方案。

自党的十八大以来,以习近平同志为核心的党中央更是高度重视历史,特别是党史、国史。2013年6月25日,习近平在十八届中共中央政治局第七次集体学习时强调:"历史是最好的教科书","学习党史、国史,是坚持和发展中国特色社会主义、把党和国家各项事业继续推向前进的必修课。这门功课不仅必修,而且必须修好。"党的历史是党的根、党的魂,是中国共产党的源脉,只有我们学好党史、国史,反对历史虚无主义,才能做到知史爱党、知史爱国,做到常怀忧党之心、为党之责、强党之志。重温党的历史,恒守初心使命,每一位党员都要不断增强历史意识,努力学会历史思维,自觉培养历史眼光,从党的历史中获取经验、汲取智慧和力量。捍卫党的百年历史,不仅有利于后辈人更好地认识和把握人类社会发展规律、社会主义建设规律、共产党执政和自身建设规律，还有利于我们深刻感悟共产党人的初心和使命，不断增强实现中华民族伟大复兴中国梦的信心与决心。

2013年12月26日，习近平在纪念毛泽东同志诞辰120周年座谈会上强调："不论发生过什么波折和曲折，不论出现过什么苦难和困难，中华民族5000多年的文明史，中国人民近代以来170多年的斗争史，中国共产党90多年的奋斗史，中华人民共和国60多年的发展史，都是人民书写的历史。历史总是向前发展的，我们总结和吸取历史教训，目的是以史为鉴、更好前进。"他强调，学习党史国史，必须坚持唯物史观，坚持辩证唯物主义和历史唯物主义。

2015年7月30日，习近平在十八届中共中央政治局第二十五次集体学习时强调："要坚持用唯物史观来认识和记述历史，把历史结论建立在翔实准确的史料支撑和深入细致的研究分析的基础之上。要坚持正确方向、把握正确导向，准确把握中国人民抗日战争的历史进程、主流、本质，正确评价重大事件、重要党派、重要人物。"

在学习和研究中共党史的队伍中，高校是重要的主阵地。在中共中央发出号召之后，各个高校积极响应，中共党史学科逐渐在新时代再显峥嵘。其中，尤其是中国人民大学，作为中国共产党探索创办新型高等教育，扎根中国大地办大学的典范和缩影，学校自身的光荣革命历史和中共党史系的辉煌系史更是让中国人民大学和中共党史系对此义不容辞。

中国人民大学以"独树一帜的人文社会科学"为学科整体建设目标，致力于构建"引领的马克思主义理论学科，卓越的基础学科、顶尖的社科学科、创新的交叉学科"学科布局。截至2024年1月，学校拥有8个国家重点一级学科，8个国家重点二级学科，在人文社会科学领域均居全国第一。学校设有学士学位专业86个，一级学科硕士学位授权点34个、一级学科博士学位授权点25个，专业学位类别硕士学位授权点32个、专业学位类别博士学位授权点1个；有博士后科研流动站21个。在教育部2017年公布的全国第四轮学科评估结果中，中国人民大学获评A类学科的总数共14个，其中理论经济学、应用经济学、法学、社会学、新闻传播学、统计学、工商管理、公共管理、马克思主义理论获评A＋，政治学、哲学获评A，图书情报与档案管理、中国史、中国语言文学获评A－，A＋学科数量位列全国高校第四；在教育部首轮"双一流"建设评价中，学校14个一流学科表现优异，继续入选第二轮"双一流"建设学科名单。理工学科按照"卓越的基础学科"定位不断优化布局并迅速发展，有力推动了学校创新交叉学科发展。

中国人民大学历来人才荟萃、名家云集。全国高等教育领域仅有的两位"人民教育家"国家荣誉称号获得者卫兴华教授和高铭暄教授均出自中国人民大学。学校有22人担任国务院学位委员会第八届学科评议组成员，47人入选新一届教育部高等学校教学指导委员会委员，共有132人入选国家重大人才工程、508人享受国务院政府特殊津贴、136人入选国家重大青年人才工程。截至2024年1月，学校有专任教师1956人，其中教授801人，副教授751人。

从陕北公学时期至今，学校共培养了38万余名高水平建设者和各行各业优秀人才。新中国法学、新闻学等学科的第一位博士，人文社会科学第一位外国留学生博士，第一批政治经济学、世界经济、货币银行学、统计学等专业的博士皆出自中国人民大学。对中国改革开放具有里程碑意义的两篇文章——

《实践是检验真理的唯一标准》和《东方风来满眼春》均出自人大人之手。进入新时代,学校以"复兴栋梁、强国先锋"为人才培养目标,教育引导学生坚定中国特色社会主义道路自信、理论自信、制度自信、文化自信,在全面建设社会主义现代化国家新征程中勇当开路先锋、争当事业闯将。

长期以来,中国人民大学为我国哲学社会科学繁荣发展作出了奠基性、引领性贡献,新中国的经济学、法学、新闻学、马克思主义理论等诸多学科由中国人民大学首先创立并走向全国。进入新时代,学校坚持把马克思主义基本原理同中国具体实际相结合、同中华优秀传统文化相结合,不断推进知识创新、理论创新、方法创新,积极传播中国声音、中国理论、中国思想,加快构建以中国自主的知识体系为内核的中国特色哲学社会科学学科体系、学术体系、话语体系。学校主持构建了"中国—中东欧国家高校联合会经济学学科建设共同体"、世界人文社会科学高校联盟、国际文化交流学术联盟等平台,开设了全球首个"管理学三学士国际项目"。截至2024年1月,学校同61个国家和地区的312所高校和国际组织建立了伙伴关系,参与了7所海外孔子学院建设。

中国人民大学坚持立足中国实际,解决中国问题,以回答中国之问、世界之问、人民之问、时代之问为学术己任,致力于研究重大政治、经济、文化和社会问题,为国家经济建设和社会发展提供强大的理论保证和有力的智力支持,成为国家重要智库。学校相关学科专家学者参与了新中国宪法、民法典、刑法等所有重要法律,以及历次财税体制改革等国家重要方案的起草和修改工作。经中央批准,学校设立了全国首家习近平新时代中国特色社会主义思想研究院和全国首家党史党建研究院;国家发展与战略研究院成为首批试点建设的国家高端智库，2019年在首次国家高端智库综合评估中成为唯一一家进入第一档次的高校智库；重阳金融研究院和首都发展与战略研究院也是具有重要影响的中国特色新型智库。

中国人民大学是我国重要的人文社会科学资料中心、信息中心和图书出版中心。学校图书馆文理兼顾、纸电并重，收藏纸质图书434.1余万册、电子图书452.28万册，并设有"教育部文科文献信息中心"。中国人民大学书报资料中心是当代中国最早从事人文社会科学学术研究文献搜集、整理、编辑、出版的学术信息资料提供机构和服务机构，公开出版发行148种期刊和六大系列数据库产品，编辑的年度报刊资料索引是中国四大文献检索索引之一。中国人民大学出版社是新中国成立以后建立的第一家大学出版社，是我国高等学校教材和学术著作的重要出版基地。

中国人民大学曾先后获得"全国'五·一'劳动奖状""全国模范职工之家""北京市高校党建与思想政治工作先进单位""首都劳动奖状""北京市教育创新先进单位""首都文明单位标兵""北京高校十佳美丽校园""首都城市环境建设样板单位""教育部国防教育特色学校""平安校园示范校""首都大学生思想政治教育工作实效奖特等奖""首都城市环境建设样板单位""全国五四红旗团委""全国工人先锋号"等荣誉称号。

一言以蔽之，中国人民大学早已做好了迎接新时代的准备，不忘"为党育人、为国育才"光荣使命，坚守"听党话、跟党走"精神信念，弘扬"党办的大学让党放心、人民的大学不负人民"精神品格，在走好建设中国特色、世界一流大学新路上，它为中共党史党建学科的更好发展提供了绝佳的平台，相信中共党史党建学科会在这个大平台下更好地向前发展。

第三节　腾飞在神州

一、立机构，专研究

雨后春笋，欣欣向荣。在党中央的高度重视和关怀下，中共党史党建学科展现出了蓬勃旺盛的生命力。中国人民大学也依然继续走在时代的前列，发挥着"母机"的作用，率先成立了一系列中共党史、党的学说和党的建设的相关研究机构。

2013年6月，《胡华文集》六卷本出版

第七章 新时代：腾飞（2012.11.8— ）

2013年6月30日，在中国共产党喜迎92周年华诞之际，中国人民大学中国共产党历史与理论研究院正式挂牌成立。这是国内首家在中国共产党历史与理论研究领域，集人才培养、学术研究与政策咨询为一体的综合性研究机构，旨在建设成为中共党史、党的建设、马克思主义中国化理论的主要研究基地，发挥资政育人、政策咨询作用的重要研究机构，国内外中共党史与理论的学术研究与交流合作的平台。中国共产党历史与理论研究院依托中国人民大学马克思主义学院中共党史系和相关教学科研单位组建。研究院定期举办"中共党史党建学科建设论坛"，策划出版《中国共产党历史与理论研究前沿》不定期集刊，并开办"中国共产党历史与理论研究前沿"等系列讲座。

《中共历史与理论研究》是由中国人民大学中共历史与理论研究院主办、马克思主义学院中共党史系编辑、社会科学文献出版社出版的以中共党史党建、马克思主义中国化、中国现当代史为研究领域的专业性学术集刊，主要刊载中国共产党历史与理论研究领域的原创性学术成果。它以推动跨学科的中国共产党研究为定位，以中国共产党的历史与理论研究为主轴，内容涵盖中国共产党与现当代中国的政

《中共历史与理论研究》（第1辑）书影

治、经济、社会、文化、外交、军事、理论、历史人物及海外中国研究等各方面。题材包括专题研究论文、历史考证、理论阐释、治学札记、学术动态、口述访谈、书评等。《中共

历史与理论研究》已出版 8 辑，共刊载论文 103 篇。中国人民大学人文社会科学学术成果评价研究中心联合中国人民大学书报资料中心，依据 2017—2019 年度复印报刊资料学术期刊的全文转载和评价数据，研制出《复印报刊资料重要转载来源期刊（2020 版）》名单。作为入选的 19 种集刊之一，在入选的 68 种历史学期刊中，《中共历史与理论研究》为唯一入选的中共党史类集刊。该刊在推动中国人民大学中共党史党建学科发展，提高学科影响力上起到了重要的作用。2017 年中共党史党建研究院成立后，由中共党史党建研究院负责主办。

2017 年 6 月 30 日，在中国共产党 96 周年华诞之际，中国人民大学在京成立中共党史党建研究院。中共党史党建研究院是中国人民大学成立的在马克思主义学院框架下的新型跨专业、跨学科、跨学院的综合性研究机构。它以 1958 年成立的中共党史系和 2013 年建立的中国共产党历史与理论研究院为基础，其前身最早可追溯至 1937 年陕北公学中国问题研究室。后历经华北大学、华北联合大学、中国人民大学的积淀，到 1958 年中共党史系正式成立，该系逐渐成为新中国中共党史党建学科开拓与奠基的重要阵地，拥有全国唯一的中共党史国家级重点二级学科。

在中国特色社会主义进入新时代，中共党史和党的建设学科获得了前所未有的发展机遇，也面临着适应新形势更好地为人民服务、为中国共产党治国理政服务、为巩固和发展中国特色社会主义制度服务、为改革开放和社会主义现代化建设服务的巨大挑战。在此背景下，中国人民大学的有关领导极富远见地带领中共党史系的师生们再次走在了全国众多高校的前面，成为中共党史党建学科的领路人。在新时代，中国人民大学中共党史党建研究院的成立可以说是应运而生，自然天成。这是国内首家在中共党史党建领域集人才培养、学术研究与政策咨询为一体的实体性综合性研究机构，旨在建设成为以中共党史党建研究为特色的世界一流教学研究中心、学术交流平台和新型高端智库。学校还聘任了原中共河南省委书记徐光春、原中共中央党史研究室主任欧阳淞、原教育部党组成员顾海良担任名誉院长，研究院由中国人民大学党委书记靳诺亲自担任院长，这也表现了校领导对中共党史党建学科发展的重视和关注。

中国人民大学党委书记靳诺出席了中共党史党建研究院成立仪式并表示，重视学习和研究党的历史，从中汲取智慧和力量，重视总结和研究党建的理论与实践，不断加强党的自身建设，是中国共产党的优良传统。中国人民大学成立中共党史党建研究院，将进一步发挥中国人民大学在中共党史党建方面的优势，打造学术研究和人才培养的专业性高端平台。研究院成立后，将深化中共党史重大理论、重大事件、重要人物的研究，打造一批精品性的研究成果和研究品牌；聚焦党的建设理论与实践，形成学科建设与学术研究良性互动的局面；积极探索党史党建人才培养和成果转化的新机制，为党的各项工作输送高质量人才。中国人民大学中共党史党建研究院名誉院长、河南省委原书记徐光春表示，中国人民大学中共党史党建研究院的成立，是研究中国共产党近百年历史的需要，是进一步推进党的建设和发展的需要，是进一步加强中国共产党自身建设的需要。中国人民大学中共党史党建研究院名誉院长、原中共中央党史研究室主任欧阳淞指出，把中共党史与党建研究统一于一个研究机构之中，这在全国高校尚属首次，有利于克服在党的历史研究中对党的自身建设研究不够、在党的建设研究中对历史问题研究不够两块短板，取得"1+1>2"的效果。原中共中央文献研究室副主任陈晋指出，"没有党史，党建无基；没有党建，党史无魂"，党史理论党建是统一的，中国人民大学把党史党建合二为一，成立实体研究院是很有必要的。

中共党史党建研究院自成立以来，始终坚持开门办院，聘请了虞云耀、金冲及、李君如、石仲泉、沙健孙、邵维正、朱佳木、卫建林等知名专家担任学术顾问，打造形成一支专兼职相结合、老中青传帮带的卓越团队。团队成员主要来自中国人民大学、中共中央党史和文献研究院、其他兄弟高校、国家重点科研院所有关研究领域的专家学者等。在研究院下，设由中共党史研究所、党的建设研究所、马克思主义中国化研究所、当代中国研究所和党史党建文献研究中心。

研究院创办以来，围绕党史党建领域的重大历史问题、理论问题和现实问题，组织编写了"中国改革开放40年"大型书系，举办了胡华大讲堂、"中国共产党与中国道路"论坛、"中共党史学科青年教师工作坊"，创办了全国高校党建学科高端论坛、党建学科师资培训班，编辑出版了学术集刊《中共历史与理论研究》《青年党史学者论坛》，产生了广泛持久的社会影响。在主持承担省部级以上项目、党史重大纪念活动宣讲、为有关部门提供决策咨询等方面，发挥了资政育人、服务社会的重要作用。作为献礼中国共产党百年之作，由研究院组织编写的欧阳淞、靳诺主编"中国共产党建设史丛书"、杨凤城主编的"中国共产党思想史丛书"，将分别交由人民出版社、中共党史出版社于2021年推出。中国人民大学中共党史党建学科的学术影响和学术声望正持续获得提升。

第七章 新时代：腾飞（2012.11.8— ）

当前，研究院正在进一步提升学科建设质量和学术影响力，着力集聚多学科和各领域的党史党建研究专家学者，打造一流的中共党史党建学术共同体。研究院聚焦中国共产党成立百年的历史时刻，谋划推出一批重要学术活动，申请创办中共党史党建学科的全国学术精品刊物，努力为支撑学校"双一流"建设、服务党和国家事业发展大局、加快构建中国特色哲学社会科学体系作出新的更大贡献。

2020年11月20日，中共党史党建研究院举办了学习贯彻党的十九届五中全会精神座谈会暨中共党史党建研究院研究员聘任仪式。来自中共中央党校（国家行政学院）、中共中央党史和文献研究院、中国社会科学院、教育部高校社科发展研究中心、北京大学、清华大学、中国人民大学、北京师范大学、中共北京市委党校、首都师范大学等单位相关研究机构的在京受聘研究员代表，《中国教育报》《中国社会科学报》《北京日报》等媒体代表，我校马克思主义学院、中共党史党建研究院、党委宣传部等有关负责人，马克思主义学院中共党史、党的建设、当代中国史、马克思主义中国化、中国近现代史基本问题研究等相关专业学生代表等参加座谈会。本次座谈会是中共党史党建研究院学习贯彻中共十九届五中全会精神，聚焦研究员队伍建设的一次学术活动，希望借助中共中央党史文献部门、党校、社科院、兄弟高校的受聘研究员的力量，在搭建学科平台载体、合作开展课题研究、拓展跨学科新领域、创新人才培养机制、加强国际化交流等方面，凝聚共识、加强合作，为学校中共党史党建学科立足中国特色、跻身世界一流、纳入中央决策咨询、服务社会发展作出新的更大贡献。

党的十九大闭幕后次日,中国人民大学举行"习近平新时代中国特色社会主义思想研究中心"成立仪式,为全国首家习近平新时代中国特色社会主义思想研究中心

2017年12月,中国人民大学习近平新时代中国特色社会主义思想研究中心更名为"研究院",并于2018年1月13日揭牌

第七章 新时代：腾飞（2012.11.8— ）

2017年10月25日，中国人民大学在继中共历史与理论研究院和中共党史党建研究院后，又成立了习近平新时代中国特色社会主义思想研究中心，于2018年1月12日更名为"习近平新时代中国特色社会主义思想研究院"。中国人民大学习近平新时代中国特色社会主义思想研究院是直属于中国人民大学，受中宣部、教育部直接领导的研究机构。该研究院旨在研究中国特色社会主义新时代党的理论创新成果，尤其是习近平新时代中国特色社会主义思想，将21世纪马克思主义理论发展、中国特色社会主义理论体系、中国特色社会主义制度体系和中国特色社会主义文化研究等联合起来，发展当代中国的马克思主义。该研究院自成立以来，先后开展了编写习近平新时代中国特色社会主义思想研究丛书、承办万寿论坛等活动。它的成立使得中国人民大学马克思主义学院的团队在研究习近平新时代中国特色社会主义思想的学术道路上，更加迈进一步。同时在中共党史系的深厚积淀下，中国人民大学习研究院将以其结合中共党史的更加深邃的分析为中国特色社会主义理论体系注入新的活力。

中国共产党历史与理论研究院、中共党史党建研究院、习近平新时代中国特色社会主义思想研究院，这三大研究院的相继成立，为中国人民大学在中共历史、党的建设、党的理论与学说三个方面的研究都起到了重要的推动作用。

二、聚专家，壮师资

中共党史党建研究院为打造一支专兼职相结合、老中青传帮带的卓越团队，聘请了多名优秀的专家学者。团队成员不仅有来自中国人民大学和其他兄弟院校的高校教授，还有来自中共中央党史和文献研究院及国家重点科研院所有关研究领域的专家学者。群贤毕至，少长咸集。诸位专家学者齐相聚，共同助力中共党史党建学科的研究与发展。

曾经在中共党史党建研究院担任兼职教授、博士生导师的专家学者有石仲泉、张启华和李捷等人。石仲泉是我国著名的中共党史学家，现为毛泽东思想邓小平理论研究会会长。他始终关心中国人民大学中共党史学科的发展，不仅曾于2016年为中国人民大学联合主办的"中共党史视域下的马克思主义中国化研究"学术冬令营作首场专题讲座，还于2021年应邀作题为"长征——长征精神——走好新时代长征路"的报告，在由中共党史党建研究院联合承办的"名师大家讲党史"系列网络公开课上讲述了很多在长征路上发生的惊心动魄、感人肺腑的故事，并对长征精神进行了深刻解读。

张启华是原中共中央党史研究室副主任、研究员，同时兼任中国中共党史学会副会长、中华人民共和国国史学会副会长、中国历史唯物主义学会副会长。她著有《一个伟大的女性——燕妮·马克思》《马克思主义与中国》《毛泽东的创举——人民民主专政》《毛泽东中国社会主义理论》《读懂毛泽东》《史哲集》等，还担任马克思主义理论与建设工程"中共党史若干重大历史问题研究""中国共产党历史"两个课题的首席专家。

李捷为毛泽东思想研究中心教授、博士生导师、中国史学会会长。曾任中共中央文献研究室副主任，中国社会科学院党组成员、副院长兼当代中国研究所所长，求是杂志社社长。他曾在2012年应邀为中国人民大学马克思主义学院师生作题为"关于马克思主义中国化研究的视角问题"的讲座，用马克思主义哲学的方法、中国特色社会主义革命和建设的事例、中共党史的史实三者结合，以恢宏的视野、宽广的胸怀、理论与实

第七章 新时代：腾飞（2012.11.8— ）

践相结合的方法为人大马院师生带来了一场精彩的学术盛宴。

现任中国人民大学马克思主义学院暨中共党史党建研究院兼职博士生导师有张树军、欧阳淞、顾海良、陈喜庆、徐志宏，这些专家学者在各自研究领域负有盛名，学术经历丰富，这为培养高水平、高质量的博士生，加强科研学术之间深度合作并扩大学术成果影响提供了保障。

张树军曾是原中共中央党史研究室副主任兼秘书长、中共中央党史和文献研究院原院务委员，现任第十三届全国政协委员、中共中央党史和文献研究院研究员及中国中共党史学会副会长兼艺术专业委员会会长。张树军曾在中国人民大学中共党史党建研究院举办的"新时期与新时代：'中国改革开放40年丛书'出版座谈会"上指出，中国人民大学与原中共中央党史研究室形成了团结协作的好传统，在中共党史工作中建立密切联系和结成深厚友谊，2018年由原中共中央党史研究室与中共中央文献研究室、中共中央编译局合并组建的中共中央党史和文献研究院成立后，中共党史研究有了新的更广阔的平台，希望今后双方能一如既往地密切合作、携手前进，共同开展新时代的中共党史研究，共同推动党的历史和理论研究事业不断向前发展。

欧阳淞曾任中共中央组织部副部长、原中共中央党史研究室主任，中国共产党十七大、十八大代表，第十一届全国政协常委会委员，第十二届全国人大常委会委员。现为中国中共党史学会会长、中国中共党史人物研究会会长、全国党建研究会顾问，中央马克思主义理论研究和建设工程咨询委员会委员、研究员。欧阳淞曾在中共党史党建研究院成立之初，就表达出他对研究院极大的信心，指出把中共党史与党建研究统一于一个研究机构之中，这在全国高校尚属首次，有利于克服在党的历史研究中对党的自身建设研究不够，在党的建设研究中对历史问题研究不够两块短板，取得"1+1>2"的效果。

顾海良曾任中国人民大学马列主义发展史研究所所长、国务院学位委员会办公室副主任，教育部社会科学研究与思想政治工作司司长，武汉大学党委书记、校长，教育部党组成员、国家教育行政学院院长。现任全国人大教科文卫委员会委员、教育部社会科学委员会副主任。中国共产党十七大代表，第十届、十一届、十二届全国人大代表。兼任的学术职务主要有中央马克思主义理论研究和建设工程咨询委员、首席专家，国务院学位委员会学科评议组理论经济学组召集人、全国马克思主义经济学说史学会会长、中国《资本论》研究会副会长、全国科学社会主义学会副会长。

陈喜庆长期在共青团北京市委和中共中央统战部工作，历任共青团北京市委青运史研究室副主任、主任，共青团北京市委研究室主任；中共中央统战部研究室综合处处长、研究室副主任、主任，中共中央统战部副秘书长，中共中央统战部副部长。陈喜庆是中国人民大学的校友，对人大有着很深的感情，再加上他长期从事的统战工作，对中共党史、民主党派史都了解颇多。他担任兼职教授，也为培养实践和理论兼备的人才提供了保障。

徐志宏曾任中国人民大学马克思主义学院副院长、中国人民大学党委组织部部长，2008年9月，被中共中央组织部选派作为中央国家机关第六批援疆干部任新疆财经大学党委常委、副校长，2015年调任首都师范大学，任党委副书记。曾参编教材《马克思主义史》《毛泽东思想史》等多部著作。其中，他参加写作的《马克思主义史》四卷本获第六届精神文明"五个一工程"奖和国家图书奖，并且论文《社会主义：

第七章 新时代：腾飞（2012.11.8— ）

中国的人间正道》获第八届全国精神文明"五个一工程"奖。

此外，中国人民大学中共党史党建研究院特聘研究员有王炳林、章百家等81名著名学者。研究院借助研究员的力量，搭建合作平台、开展深度合作，为中共党史党建学科立足中国特色、跻身世界一流、服务党和国家事业发展大局、作出新的更大贡献提供保障。

王炳林现任北京师范大学中共党史党建研究院院长，教授，国务院学位委员会学科评议组成员，国家社科基金评审专家，教育部高校思政课教指委咨询委员，兼任中华人民共和国国史学会副会长，曾任教育部社科中心主任、北京师范大学党委副书记。他于2021年在中国人民大学胡华大讲堂"首都百万师生同上一堂党史课"网络公开课中，聚焦"中国共产党在长期奋斗中铸就的伟大精神"为首都师生授课，通过丰富的史料、案例和严谨的论证，围绕"伟大精神从何而来""伟大精神的精髓要义是什么""新时代弘扬伟大精神的意义何在"三个问题展开授课，直播浏览量达37万人次。

章百家曾任中国社会科学院近代史所中外关系第一研究室主任，原中共中央党史研究室副主任，中国中共党史人物研究会副会长，十一届全国人大法律委员会委员。长期从事中共党史、中国近代史、中国外交史和改革开放史研究。他曾于2015年在中国人民大学胡华大讲堂发表题为"重庆谈判的台前幕后"的学术讲演，回顾了史学界关于重庆谈判的研究状况，介绍了自己20世纪90年代初参加《胡乔木回忆毛泽东》回忆录的写作活动的宝贵经历，根据自己看到的国、共、美、苏三国四方的档案史料，对重庆谈判的来龙去脉和前因后果做了一番详尽考察；后来又在2018年在中国人民大学作题为"改革开放与中国的变迁"的讲座，从改革开放的历史背景、发展阶段、改革开放所带来的变化、改革开放顺利推进的经验以及当前中国面临的新挑战五个方面进行阐释，资料翔实，逻辑清晰，高屋建瓴，得到广大师生一众好评。

中共党史党建专业是反映中国人民大学办学传统的代表性学科，中国人民大学亦是全国高校中共党史党建学科的领航者。中国人民大学中共党史党建研究院作为专业的研究性综合机构，拥有丰富专家资源，这不仅有利于发展中共党史党建学科，而且对于搭建学科平台载体、合作开展课题研究、拓展跨学科新领域、创新人才培养机制、加强国际化交流等方面大有裨益。

三、跨学科，大党史

自1956年在历史系开始招收第一批中共党史专业的本科生算起，中共党史专业至今已有60多年的历史了，中国人民大学的中共党史专业是高校同类招生历史最悠久、教学体系最系统、人才培养层次最完整的专门学科，也是我校八个国家重点二级学科之一，是全国高校系统唯一的中共党史国家级重点二级学科，被誉为中国人民大学的"金字招牌"。

与此同时，中共党史专业（本科阶段为"中国共产党历史"专业）作为全国高校马克思主义学院系统中首批实现"本硕博"全层级、一体化培养的学位点，已形成从学士、硕士到博士，并接受国内外访问学者和招收博士后的系统完整的教学工作和人才培养体系，积累了丰富的专业教学和人才培养经验。以中共党史专业为依托，党史学科逐渐发展出一些新的生长点和增长极，初步形成一个包括中共党史、党的建设、马克思主义中国化研究、中国近现代史基本问题研究、当代中国史在内的大党史学科群。

第七章 新时代：腾飞（2012.11.8— ）

作为中国人民大学马克思主义学院下设的"一系两所"之一，依托中国共产党历史与理论研究院和中共党史党建研究院，中共党史系下设中共党史、党的建设、中国近现代史、当代中国史四个教研室，承担中共党史、党的建设、马克思主义中国化、中国近现代史基本问题研究、当代中国史五个学科（方向）的建设任务，构成中国人民大学马克思主义理论、政治学、历史学三个一级学科的重要支撑，为本专业的学习和研究提供了多学科交叉互渗的复合型的发展空间。

2016年10月15日，庆祝马克思主义学院成立20周年大会暨"面向21世纪的中国马克思主义论坛"同期举办

中共党史学科点在继续保持传统项目的优势地位如马克思主义中国化，20世纪中国的政治发展、文化发展、经济发展和社会发展，港澳台问题等的研究基础上，与时俱进，积极开拓新领域，努力直面国家和社会发展的重大理论与实践课题。在中国特色社会主义理论体系研究方面，在执政党的

执政方式、执政规律、执政经验的研究方面，在当代中国的文化建设和精神文明建设研究方面，在当代中国统一和国土安全问题的研究方面，在中共党史学的理论与方法创新的研究方面，以及本科生思想政治理论课"毛泽东思想和中国特色社会主义理论体系概论""中国近现代史纲要"的教学内容和教学方法创新的研究方面，都产生了一批有学术影响和社会影响的新成果，始终站在本学科的学术前沿。

新世纪以来，本学科点又先后搭建了胡华大讲堂、中国共产党历史与理论研究前沿讲座、中共党史学科青年教师工作坊等新的学术交流平台。以中共党史系和相关教学科研单位为依托组建的中国共产党历史与理论研究院和中国共产党党史党建研究院秉承"厚重学术、资政育人"的宗旨，正在倾力打造培养一流中共党史党建研究人才的领军单位和承担政策咨询功

2019年12月，在王东教授指导开办的"党建e站"入口，王东与其学生王昆等合影

能的重要机构。此外,本学科点的对外学术交流活动也日益频繁,每年均邀请数十名的国内外学者来学科点进行讲学,每年举办2—3次学术研讨会,每年均派出2—3名教师去国外或中国的台港澳地区进行访学或讲学。

在人才培养上,中共党史专业坚持专业特色和综合素质并重,按照"以历史学为根基、以政治学和马克思主义理论为两翼"的专业建设思路,把历史与现实、理论与实践的结合贯穿学生培养的全过程、各环节,使学生具备宽广的学术视野、系统完善的知识体系和扎实的理论功底,造就一批党政管理、理论宣传、决策咨询和学术研究的精英人才。设有校级的中国共产党历史与理论研究院、当代中国研究中心、台港澳研究中心等培养平台。此外,依托马克思主义学院,中共党史系实施本科新生成长导师制、"一对一"的本科生导师制、为本科新生开设新生导师课等举措,使得师生共同开展研究性、参与式的教学研究活动,为学生打造具有个性化的培养方案。中共党史系还举办课外学术、实践活动,包括"五四杯"党史本科生论文竞赛,定期在延安、井冈山、湘潭等地进行中共党史专业教学实践和毕业实习等活动。

中共党史专业培养面向新世纪的具有良好的政治素质、人文素质、科学素质和心理素质,具有良好的终身学习能力、文字表达能力和语言表达能力与社会工作能力、社会实践能力和人我关系协调能力,熟练地掌握计算机、外语这两门最基本的学习工具,具有扎实的专业基础和适合自己特点同时也适合社会发展需要的开放型、创新型的科学、合理的知识结构,既能在学校和中央、地方的学术研究、政策研究部门从事本专业的教学、研究和宣传等深层次的工作,又能在党政机关、企事业单位从事以专业为基础的党务政务管理、文字、秘书等实际工作的德才兼备的复合型、普适性人才。自1956年中共党史（中国革命史与中国共产党党史）专业本科招生以来，共培养本科毕业生2000余人，分布在共和国建设的各行各业。近十年来，本专业的本科毕业生一半以上通过保送或考试成为本专业或相关专业的硕士研究生，继续深造，余者则进入各级党政军机关、各类企事业单位以及高等院校、科研机构和新闻出版单位等。

这里引用中国人民大学党委副书记齐鹏飞的一段话：

> 大江流日夜，慷慨歌未央；潮平两岸阔，风正一帆悬。中国特色社会主义新时代，是一个需要马克思主义理论创新的伟大时代，也是一个一定能够产生马克思主义创新理论的伟大时代。让我们以马克思的名言"在科学上没有平坦的大道，只有不畏劳苦沿着陡峭山路攀登的人，才有希望达到光辉的顶点"为砥砺，秉持"为天地立心、为生民立命，为往圣继绝学，为万世开太平"远大志向，立时代之潮头、通古今之变化、发思想之先声，积极为党和人民述学立论、建言献策；秉持立德树人的根本宗旨，努力培养担当中华民族伟大复兴大任的时代新人，培养德智体美劳全面发展的社会主义建设者和接班人，为建设一个国内领先并具有重大国际影响力的一流马克思主义学院而共同奋斗！

四、小插曲：迎接百年——"名师大家讲党史"

为了深入贯彻落实习近平总书记关于深入学习党史、新中国史、改革开放史、社会主义发展史的重要指示精神，提

第七章 新时代：腾飞（2012.11.8— ）

升思想政治理论课教师队伍的综合素养，深化思政课改革创新，以实际行动迎接建党 100 周年。在北京市委教育工委领导下，中国人民大学马克思主义学院联合北京高校思想政治理论课高精尖创新中心、中国人民大学中共党史党建研究院、中国人民大学习近平新时代中国特色社会主义思想研究院，发挥学校在中共党史研究、阐释和宣传方面的优良传统和学术优势、专业优势，自 2020 年 7 月开始举办"名师大家讲党史"系列网络公开课，每月一讲，截至 2021 年底，已连续举办 17 讲。

"名师大家讲党史"系列网络公开课前 10 讲简表

举办时间	报告人	报告主题	主要内容
2020 年 7 月 31 日	欧阳淞教授	关于党的近百年历史的几个问题	全面回顾了中国共产党团结带领中国人民争取民族独立、人民解放和实现国家繁荣富强、人民共同富裕的主题主线，从中国共产党的不懈奋斗史、理论探索史、自身建设史三个方面阐述了中国共产党的主流和本质，系统梳理了不同历史时期中国共产党面临的紧要关头以及作出的重要抉择，系统总结了党的初心使命在指导思想、奋斗历程、坚强意志、担当精神以及与人民群众的血肉联系中的体现
2020 年 8 月 31 日	李捷教授	伟大斗争与中国共产党的政治哲学	中国共产党历史是一部伟大斗争史。在伟大斗争中，我们可以凝聚党心军心民心，形成团结奋斗的强大力量。中国共产党的政治哲学是进行伟大斗争的思想武器。从《矛盾论》这一中国共产党政治哲学的奠基之作，到邓小平时期中国共产党政治哲学抛弃了以阶级斗争为纲的错误思想，确立了"一个中心、两个基本点"的政治路线，再到中国特色社会主义进入新时代，伟大斗争与伟大梦想、伟大工程、伟大事业统一，形成了更加完整严密的中国共产党政治哲学理论体系

(续表)

举办时间	报告人	报告主题	主要内容
2020年9月23日	陈晋教授	从"四史"看中国道路	讲"四史"是为了知来路,守初心,强自信,走好未来的路。学习"四史"的关键是弄通中国道路的历史逻辑、理论逻辑和实践逻辑,科学总结了中国道路在"四史"中的特点和本质,深刻阐释了中国道路与"四个自信"的内在联系,并在授课最后指出要坚定"四个自信",做到对中国道路真懂、真信、真磨、真为
2020年10月28日	杨凤城教授	中国共产党百年奋斗与全面建成小康社会	回顾了中国共产党在百年奋斗中全面建成小康社会的艰辛历程和取得的巨大成就,科学总结了全面建成小康社会的特点和本质并阐释了中国共产党能够领导全国人民全面建成小康社会的根本原因,指出中国共产党的领导和中国特色社会主义制度是全面建成小康社会的根本保障,全面建成小康社会是中国共产党率领人民接续奋斗的事业
2020年11月25日	李君如教授	历史关键时刻对国家发展走向的战略指引	全面回顾了中国共产党制定经济社会发展规划（计划）的历史,透彻分析了中国共产党治国理政方式的重要特点,深刻阐释了党的十九届五中全会及《中共中央关于制定国民经济和社会发展第十四个五年规划和二〇三五年远景目标的建议》的历史定位、机遇挑战和时代条件,科学总结了中国共产党在历史关键时刻的战略抉择和对国家发展走向的战略指引
2020年12月30日	冯俊教授	学习和研究"四史"的理论指引——深入学习习近平总书记关于"四史"的重要论述	对习近平总书记关于"四史"的重要论述进行了系统梳理,科学总结了论述中学习"四史"的重大现实意义和中国共产党的伟大历史贡献,并就论述中正确把握历史关节点、弘扬伟大的革命精神、科学评价党的领袖人物以及构建中共党史的学科体系、学术体系和话语体系进行了深入阐述

第七章 新时代：腾飞（2012.11.8— ）

（续表）

举办时间	报告人	报告主题	主要内容
2021年 1月27日	李忠杰教授	中国共产党历史起点史实解析	首先解析了中国共产党诞生时中国社会的历史背景：两大矛盾决定了中国的两大历史任务——民族独立和人民解放，中国共产党就是应这两大历史任务的需要而诞生的；谈到了"七一"作为中国共产党成立纪念日的由来，强调思政课教师授课时要规范用语；还就党成立初期的党员出身和经历勉励党员铭记初心，并分享了关于党的早期组织、中共一大召开、中国共产党与共产国际的关系等课题的诸多历史细节和新的学术成果
2021年 2月24日	石仲泉研究员	长征——长征精神——走好新时代长征路	概括了长征的基本概念和主要内涵，指出长征在党和军队历史上的重要意义；回顾了湘江血战、遵义会议、张国焘分裂党的罪恶活动、西路军与长征的关系等红军长征中若干重要历史事件的史实；分享了他在十几年里重走长征路、进行实地考察的发现和心得；紧密结合长征精神的重要内涵，对习近平总书记"走好新时代的长征路"这一重要表述进行了深入解读
2021年 3月24日	徐焰少将	党领导下的人民军队建设历程及其传承的红色基因	回顾了中国共产党领导人民军队在内忧外患中诞生、在磨难挫折中成长、在攻坚克难中壮大的艰辛历程，描绘了一幅革命武装从星星之火发展成燎原之势的波澜壮阔的历史画卷，准确凝练并系统总结了人民军队所传承的红色基因，深刻揭示了人民军队的胜利与中国共产党的正确领导密不可分的道理。这对持续强化理论武装，学党史、悟思想、办实事、开新局具有重要意义
2021年 4月28日	柳建辉教授	百炼成钢——中国共产党应对重大困难和风险挑战的基本历程与经验	以大革命失败、第五次反"围剿"失败等十二个中国共产党百年历程中的重要事件为例，概述了党应对重大困难和风险挑战的基本历程和划分类型；总结了中国共产党不断应对风险挑战、实现发展壮大的七点经验启示：始终依靠科学理论的指导，始终依靠人民群众的支持和力量，始终依靠自我革命，始终依靠民主法治，始终坚持全面发展，始终坚持独立自主的和平外交方针，始终依靠和发挥精神的力量

"名师大家讲党史"自2021年4月22日起正式登录学习强国平台时的宣传海报

"名师大家讲党史"系列活动，围绕中国革命新道路的开辟、社会主义制度在中国的确立等主题，面向北京市思政课教师和学生党员，开展为期一年半的课程教学。活动以线上线下相结合的模式创新开展党史学习教育形式，在北京高校持续营造喜迎建党100周年的热烈氛围，为教育引导北京教育系统广大干部师生全面深入了解中国共产党领导人民进行艰苦卓绝的斗争历程，做到知史爱党、知史爱国，也更加增强了中国人民大学中共党史教学与研究的影响力，为中共党史党建学科进一步发展起到了推动作用。

第四节 撒遍大江南北

一、对口支援：延安大学

延安大学中国共产党历史专业的办学历史，可以追溯到延安时期。在延安时期，延安大学就开展了"中国革命历史与现状"的研究，为新民主主义革命斗争和陕甘宁边区建设服务。1958年延安大学恢复重建，学校十分重视中共党史学科的发展，把中共党史学科、中共党史课程分别作为第一学科和第一课程进行建设。中国共产党历史专业建设以"特色"化建设思路为指导，立足中共中央在延安13年的历史，形成一批卓有成效的科研成果和优秀的师资团队，并在此基础上建立延安精神研究中心、中共党史资料研究中心和全国首家红色资源数据库。

2005年延安大学开办中共党史本科专业，成为国内第四家拥有中共党史本科专业的高校。2007年中共党史学科成为国家特色专业建设学科。2012年延安大学被教育部列为中国人民大学对口支援高校。为落实教育部精神，2013年4月9日，中国人民大学在延安大学正式举办签署仪式，同根同源的兄弟高校就这样又走到了一起。2019年3月16日，曾诞生于延安的九所革命高校包括中国人民大学和延安大学，又齐聚延安发起成立"延河高校人才培养联盟"的活动。基于此，中国人民大学对延安大学的支持有条不紊地开展起来，尤其是对马克思主义理论学科建设的支持。2005年以来，中国人民大学中共党史系不断为延安大学中共党史学科培养人才，提供交流的机会，并选派延安大学优秀本科生来人大交换或选派教师参与指导。

2013年4月25—29日，中国人民大学马克思主义学院中共党史系师生一行40余人来到延安学习考察，与延安大学政法学院中共党史专业开展了系列学术交流活动，中国人民大学教授辛逸、何虎生、王向明、吴美华、杨凤城、齐鹏飞、杨德山等为延安大学师生作了《新民主主义的历史反思》《五四运动再评价》《说不尽的毛泽东——关于如何评价毛泽东》等学术报告；两校中共党史专业师生还在延安大学图书馆707教室和窑洞广场进行座谈，开展"共筑中国梦，我们齐奋进"为主题的联谊活动，加深了两校同学之间的情谊。2008年10月，双方联合举办了中共党史专业本科生学术论坛，并联合井冈山大学等召开了纪念改革开放30周年暨中共党史学科专业建设研讨会，延安大学政法学院教师高尚斌、杨延虎、邹腊敏、贺永泰、雷小倩，紧扣红色资源，先后为中国人民大学师生做了《党中央在延安十三年》学术报告和《张思德精神与毛泽东〈为人民服务〉》《六届六中全会及其历史意义》《南泥湾精神》《白求恩与白求恩精神》《习近平同志的知青岁月》的现场教学课。2019年6月，延安大学又聘请中国人民大学马克思主义学院教授、中共党史党建研究院副院长何虎生为马克思主义学院副院长，成立延安大学张雷声社科名家工作室等，为延安大学注入新鲜的血液。2021年3月19日，在"延河联盟"成立两周年之际，延河九校齐聚延安，举行高校红色育人基地揭牌仪式暨党史学习教育活动。

延安大学和中国人民大学具有共同的红色基因和历史传统，都曾是陕北公学的"一分子"，是同根同源的兄弟院校。在中国人民大学中共党史系的对口支援延安大学中共党史学科及课程建设下，双方形成了十分密切的合作交流关系。中共党史的火种,就这样在兄弟般携手努力下,再次播撒在中国大地。

二、对口支援:井冈山大学

除了延安大学,中国人民大学还对井冈山大学进行了支援,在革命的摇篮播撒中共党史学科的薪火……

井冈山大学,位于江西省吉安市,是江西省人民政府和教育部共同重点支持建设的高校,是科技部与江西省人民政府会商支持建设的高校。学校创办于1958年,历经了撤并和数易校名的办学过程。1977年以来,学校前身为江西师范学院井冈山分院、吉安师范专科学校、井冈山师范学院和江西医学院吉安分院、井冈山医学高等专科学校;2003年7月,由井冈山师范学院、井冈山医学高等专科学校、井冈山职业技术学院合并组建井冈山学院;2007年8月,井冈山学院正式恢复更名为井冈山大学。

2011年10月31日,中国人民大学与井冈山大学共同签署了《中国人民大学支援井冈山大学协议书》,这是继延安大学之后,中国人民大学建立的又一个友好支援合作伙伴关系,在师资队伍、学科建设、师生交流等方面进行卓有成效的友好支援,进一步提升双方的办学实力,为国家和社会服务。中国人民大学与井冈山大学签署友好支援合作协议具有十分重要的意义。因为中国人民大学的前身是在延安创办的陕北公学,是一所具有光荣革命传统、由党亲手缔造的新中国第一所新型正规大学,而井冈山大学立足革命老区、扎根红色土壤,为服务革命老区的现代化建设和培养更多优秀人才作出了重要贡献。因此,两校具有天然的亲近感和历史感,两校的合作具有重大而深远的意义。

井冈山大学的中共党史专业便是于 2011 年开始招生，为了推动该专业发展，根据《中国人民大学对口支援井冈山大学框架协议》《井冈山大学学生管理规定》的相关规定，两所大学的中共党史系（井冈山大学为马克思主义学院下的中共党史专业）每年互派学生进行专业学习和实践教学交流活动。在学习交流期间，井冈山大学的学生们听取中国人民大学专家为全体学生开设的专题学术讲座，与中国人民大学中共党史专业本科班随班听名师授课，感受中国人民大学教授们的讲课风格和讲课水平，还会安排交流的学生们观看天安门广场升国旗仪式，瞻仰毛泽东遗容，参观国家博物馆等，为学生们增添许多实践活动考察，亲临历史的踪迹。

在中国人民大学对井冈山大学的对口支援期间，井冈山大学通过与中国人民大学学生的交流与共同专业学习，使其学生进一步了解该专业的发展趋势，激发他们热爱党史专业和继续深造的热情，亲身感受中国人民大学学生那种自由、洒脱、发奋努力的学习氛围，达到了加深相互友谊、端正学习态度、明确学习目标和增加学习动力的目的。井冈山大学马克思主义学院前院长刘家桂教授就是主要负责中共党史学科建设的。刘家桂教授曾多次来到中国人民大学，与中国人民大学中共党史系进行交流，是人大西部之光访问学者计划的成员之一，和中共党史系的杨德山教授、宋学勤教授等都很熟悉，也参考了中国人民大学中共党史系的培养方案，为井大学子制订相关培养计划。

中国人民大学中共党史系师生也曾多次来到井冈山大学，与井大马院学子互相交流切磋党史专业学习经验，亲身感受井冈山大学浓厚的红色文化与育人氛围，共同参观井大美丽的校园、聆听井大马院教授们的精彩讲座，并在井大马院师生的陪同下赶赴革命摇篮井冈山进行专业实践活动。通过旧址参观、研讨互动等形式，实地了解波澜壮阔的井冈山斗争历史，感受毛泽东、朱德、陈毅等老一辈无产阶级革命家的革命精神与崇高品质。

中共党史的星星之火，由中国人民大学的中共党史系撒下火种，双方共同努力，在新时代，在红色胜地井冈山再次燃烧，直至燎原。

三、对口支援：湘潭大学

湘潭大学，创办于1958年，同年9月10日毛泽东亲笔题写"湘潭大学"校名，是毛泽东亲自倡办的综合性全国重点大学。它是湖南省人民政府和教育部共建高校、湖南省人民政府与国家国防科技工业局共建高校。该校的中共党史党建研究院是在中共党史专业的基础上建成的，其中共党史专业已有40余年的长久历史，是全国具有中共党史本科专业的五所高校之一，是全国具有中共党史专业本科、硕士、博士完整教育体系的两所高校之一，另一所便是中国人民大学。因其地处毛泽东主席故乡和"党史大省"湖南，具有得天独厚的政治和地域优势，而中共党史学科也是学校建设的重点学科。

湘大的中共党史专业早在1978年就招收本科生，比中国人民大学的中共党史系仅晚了一年，成为培养全国中共党史人才的重镇，有"北有人大，南有湘大"之称。那时，胡华在全国中共党史学界带头进行拨乱反正工作，湘潭大学的中共党史专业也是其中之一。胡华在担任学科评议组成员时，为中共党史学位点的设立花费了不少工夫，也成功让中共党史专业的学位点得到确立。1984年湘潭大学中共党史专业开始招收硕士生，

1996年被确定为湖南省重点学科，2006年被批准设博士学位点，2007年被遴选为教育部高校二类特色专业，成为湖南省仅有的两个文科二类特色专业之一。2013年原中共中央党史研究室和教育部批准成立湘大中国共产党革命精神与文化资源研究中心。2014年湘潭大学成立中共党史研究院，2018年在马克思主义理论一级学科下增设党的建设二级学科方向，2023年成立中共党史党建研究院。

2019年1月，教育部认真贯彻习近平总书记在学校思想政治理论课教师座谈会上的重要讲话精神，积极落实中央领导关于办好湘潭大学的指示精神，在教育统一部署下，湘潭大学成为中国人民大学继对延安大学和井冈山大学后又一个对口支援的大学。中国人民大学对于湘潭大学的对口支援既是一项具有重要现实意义的工作，也是一项具有战略意义的政治任务。中国人民大学发挥马克思主义学院的优势，切实做好对湘潭大学的支援工作，帮助湘潭大学优化专业布局，强化学科特色，提高马克思主义学院的研究与教学质量，推动师资队伍水平、人才培养质量、学术科研能力不断提升。

在两所学校的交流和合作中，中国人民大学将继续发挥学科优势，进一步加大对湘潭大学马克思主义学科建设、中共党史系建设、人才培养、师资队伍、思政课教学、科研合作等方面的支持力度。兄弟携手，同舟共济，将中共党史的火种撒遍大江南北！

第五节　党学姓党创一流

一、中国特色：中共党史学

1938年10月14日，毛泽东在《中国共产党在民族战争

第七章 新时代：腾飞（2012.11.8— ）

中的地位》一文中写道："学习我们的历史遗产，用马克思主义的方法给以批判的总结，是我们学习的另一任务。我们这个民族有数千年的历史，有它的特点，有它的许多珍贵品质。对于这些，我们还是小学生。今天的中国是历史的中国的一个发展；我们是马克思主义的历史主义者，我们不应当割断历史。从孔夫子到孙中山，我们应当给以总结，承继这一份珍贵的遗产，这对于指导当前的伟大运动是有重要的帮助的。"历史是我们永远的老师，而中共党史则是对中国而言，关系最密切的那个"老师"。在当今的中国，中共党史学科就是中国最具特色的学科，最需要学好的学科，最值得研究的学科。

前中共中央党史研究室副主任章百家在接受采访时，提出了他对中共党史学科的最新解读，非常值得学界深思。他认为，中共党史这门学科严格来说，和历史学是不一样的。党史的起源是工作汇报，对之进行的总结主要是为接下来的政策方针服务，为政策的执行、动员、解释而服务。这就是传统中共党史的记述方法，也充分彰显了资政育人的作用。在改革开放以后，中共党史逐渐趋向学术化，这是一个很好的征兆。不过，当前的中共党史学科呈现出了全面向历史学靠拢的趋势，这也对中共党史学科的独立地位起到了一定冲击，会淡化中共党史学科的特性，使之成为历史学科的附庸。因此，中共党史研究的工作应主要注意两方面：首先，是对史实的复原，由于在当时可能了解的信息有限，或者由于个人动机等主观需求影响了历史的实际记录，这些都需要中共党史学科的学者来进行复原；其次，从中国共产党的角度来看，对党的中长期政策做一个评估，审视中国共产党政策的实际效果，研究这些政策对中国社会有什么影响，对社会走向起了哪些作用更是中共党史学科不可或缺的重要作用。中共党史学科如今实际上应该注重的是权力的分配、运作和社会关系等一系列现实问题,而不应该偏向纯粹地、埋头扎进浩瀚史料闭门造车的研究。将现实和历史相结合,把实践和理论相统一,才是中共党史学科未来蓬勃发展的根本方向。①

中国共产党的历史蕴含着党百年奋斗的宝贵经验和财富,是中华民族团结奋斗的共同价值依托。新时代中共党史研究面临良好的发展机遇,党的长期执政地位为中共党史研究和发展奠定了根本政治保障,中国式现代化建设的不断推进开辟了中共党史研究和发展的广阔空间,习近平总书记的高度重视和关于党的历史与党的建设的重要论述为中共党史研究和学科发展提供了方向引领和根本遵循。

早在 2013 年全国宣传思想工作会议上,习近平总书记就明确提出,在全面对外开放的条件下做宣传思想工作,一项重要任务是引导人们更加全面客观地认识当代中国、看待外部世界。要精心做好对外宣传工作,创新对外宣传方式,着力打造融通中外的新概念新范畴新表述,讲好中国故事,传播好中国声音。

党的十八大以来,中国特色社会主义进入新时代的宏伟蓝图牵动世界目光;中国同各国共创美好未来的愿景赢得各界赞叹;习近平新时代中国特色社会主义思想引发世界对人类发展路径的深层次思考。在新的形势下,要着力加强国际传播能力建设、全面提升国际传播效能,形成同我国综合国力和国际地位相匹配的国际话语权,需要在内容阐释和国际交流方面实现有效沟通和思想引领,也需要将最具中国特色的学科——中共党史党建的研究成果传递给世界。要了解中国共产党为什么能,就要深入学习研究中国共产党的历史,这是一个不争的事实。

---

① 2020 年 10 月 29 日,王东、喻伟、蒋慧敏、侯翔元于汇贤春华厅采访章百家的记录。

第七章 新时代:腾飞(2012.11.8—)

习近平总书记指出,中国最大的国情、中国特色社会主义最本质的特征就是中国共产党的领导。总书记的一系列重要论述,推动着中共党史学科继续向前发展,使得新时代的中共党史研究有了更大的机遇和更广泛的发展空间,研究队伍不断壮大,研究领域不断扩宽,这门中国特色的学科前景一片光明。不过在迎接机遇的同时,还应该看到当下的重要挑战,新时代中共党史研究和发展面临着学科定位不清、学科基础薄弱、教研师资缺乏、课程教学缺位、历史虚无主义思潮冲击等诸多挑战。推进新时代中共党史研究需要主管部门和学界多措并举,并在学科凝练、师资培育、课程建设、资政育人等层面协同推进,如此才能共同助力新时代中共党史研究保持世界显学的地位,才能进一步用研究关怀现实,用扎根于中国实际的科学理论去为中华民族伟大复兴提供最深层次的动力。

需要指出,中共党史学科最大的特点与争议在于党性与科学性的对立统一规律。该学科确实不适合继续放在马克思主义理论一级学科下,当然,归于历史学也并不科学。2001年国务院学位委员会下发的关于学科目录的修订方案(征求意见稿),曾拟把"中共党史(含党的学说与党的建设)"作为一级学科独立出来,但由于种种原因,这一方案未能实行。[①] 但这并不能说明中共党史学科不足以成为一级学科。作为最具中国特色的学科,中共党史包含的"不懈奋斗史""自身建设史""理论探索史"三个板块分别衍化出"中国共产党历史""党的建设""马克思主义中国化"三门已经较为成熟的二级学科,同时对中共党史的研究还促进了对中国特色社会主义的理论、道路、制度、文化的理解,对坚定"四个自信"也有

---

① 丁俊萍:《中共党史党建学科建设之断想》,载《党史研究与教学》,2007年第6期。

重要的意义。

对中国人民大学的中共党史学科进行历史考察的过程，已能初步有所感悟，中共党史的教学绝不只是狭隘地包括革命、建设和改革的历史，作为用历史的方法研究中国唯一执政党的学科，必然要追问现实的价值。正如胡华所提到的党史理论课要服务于现实，服务于青年人思想改造的政治实践，"如果忘记了这一任务，把这门课仅仅当作一门一般地传授一些知识的课，这就失去了本课的党性意义"①。其中思想改造就是作为思政课培养的那一部分，而服务现实则是发挥党史资政育人的重要作用，也就是中共党史专业培养的那一部分，从中共党史系走出的几代人的成长经历来看，他们要么是走上党史教学与研究的相关岗位，要么就走向了执行和管理国家各项行政事务的部委工作，从这个现实能够看出，这才是中共党史学科的真正含义。

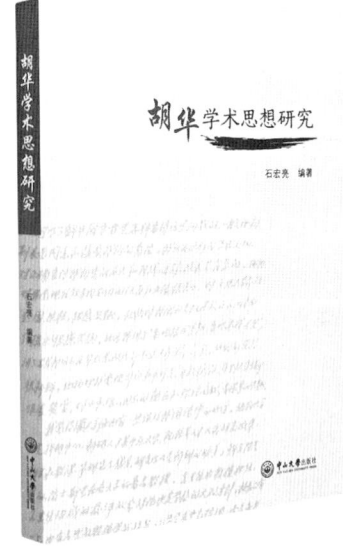

2021年恰逢胡华诞辰一百周年，石宏亮编著《胡华学术思想研究》一书的问世，也是对胡华很好的纪念

对于那些想要学习中国，亦或理解中国社会的学者来说，首先必须要学的便是最具中国特色的学科——中共党史学。而作为政治学和历史学的交叉点，党性和科学性对立统一的中国特色学科，中共党史也必将在新时代焕发出更光芒的色彩，为社会主义现代化建设，为中国共产党永葆青春活力，为中国人民

---

① 《胡华文集》第4卷，中国人民大学出版社2013年版。

第七章　新时代：腾飞（2012.11.8—　）

不断推动历史向前发展，作出更大的贡献。

二、世界显学：海外中共学

改革开放以来，随着中国日益崛起，中国共产党也开始令世界刮目相看，海外学者对中国共产党的研究日益增多，在国际学界逐步形成了一门新兴学科——海外中共学。

海外中共学起初是区域研究、政治学研究、国际关系研究的一个方向，现在已经发展成为一个综合交叉学科，成为海外中国学的重要内容，也成为国际社会了解当代中国的一个重要窗口。海外中共学这一新兴学科具有相对明确的研究对象，包括对中国共产党中党的性质、党的地位、党的历史、党的建设、党的思想理论、党的国际形象、党际交往等有关问题的研究。

国外对于中共党史研究由来已久，最初是滥觞于20世纪初国外对中国状况的关注、报道和研究。中国共产党成立后，许多国家便开始有意识、有目的地展开了对中共党史的研究。100年来，国外中共党史研究虽然存在着国别间、时段间的不平衡和差异性，但从整体来看，也能呈现出一些共性的状况和特征。在20世纪初，美国、日本等国家是较早开始关注中国的工人运动和马克思主义传播情况的国家。1920年起，俄国便也开始搜集资料，并重点研究中国革命的特殊性，为联共（布）和共产国际做决策提供参考意见。这些研究虽与纯粹意义上的中共党史研究存在差异，有的研究甚至发生在中国共产党成立之前，但却与中共党史研究密不可分。

在中国共产党成立之后，研究便有了更加明确的主体对象。1926年苏联人葛萨廖夫撰写了《中国共产党简史》，介绍了中国共产党早期情况。1932年美国外交官柯乐博给美国国务院报送了《共产主义在中国——1932年来自汉口的报告》，向美国政府介绍中国共产党领导的红色政权的发展情况。1937年美国记者斯诺的《红星照耀中国》（又名《西行漫记》）在英国伦敦公开出版，让西方社会了解到中国共产党和红军的真实形象。1947年美国记者白修德、贾安娜撰写出版《中国的惊雷》一书，介绍了中国共产党情况。这些研究当然还比较初步，可以视为海外中共学的萌芽。

新中国成立后，中国共产党开始在全国执政，国际学界关于中国共产党的研究开始蓬勃兴起，到20世纪50年代中期初步形成规模。新世纪以来，海外中共学则日益成为国际学界的热点。在美国，哈佛大学、哥伦比亚大学、乔治·华盛顿大学等高等院校是海外中共学研究的主力军，像哈佛大学就设立了十几个研究中国共产党的教授岗位。以费正清、麦克法夸尔等著名学者为主要代表，形成了比较独立的研究和教学群体。

由于中国国情的特殊性和共产党在国际上地位的不同，应在较宽泛的意义上理解和使用"中共党史研究"的概念，既指国内具有明确学科属性、专业形态独立的中共党史研究，又需包括中国近现代史、中国学、汉学等涉及的中共党史研究，可称之为"海外中共学"。因此，海外中共学涉及的内容实际上就极为广泛了，中国共产党领导下的中国特色社会主义社会，可谓"万物皆可研究"。中国人民大学马克思主义学院副教授，习近平新时代中国特色社会主义研究院研究员路克利曾有过系统的总结，认为海外中共学主要包括以下六个部分，得到了学界的广泛认同。

第一，关于中国共产党的性质的研究。这是海外研究中共党史的首要问题。20世纪50年代，史华慈和魏特夫就对中国共产党的性质是否是列宁主义政党论争过。新世纪以来，狄忠蒲、贝淡宁等探讨了中国共产党的先进性和民族性,强调中国共产党的中国性;约瑟夫·奈认为中国共产党正在从领导人民的"致富党"转为更加注重发展民主的"民主党"。

第二,关于中国共产党的历史的研究。20世纪末,《剑桥中华人民共和国史》(《剑桥中国史》第14、15卷)成为海外中共党史研究的名著。麦克法夸尔等撰著的《毛泽东最后的革命》等著作在国际学界也产生了较大的影响。

第三,关于中国共产党的建设的研究。狄忠蒲等对新世纪以来中国共产党的建设进行了研究,认为中国共产党是更具适应性和坚韧性的党。为了加强对党的理论建设的研究,哈佛大学费正清中国研究中心研究员施拉姆主持了"英文版《毛泽东文集》"编辑项目,已经出版了8卷。

第四,关于中国共产党的执政方式与执政能力的研究。这个问题是西方学者在他们的话语体系中绞尽脑汁,迫切想弄明白的问题。其中一些学者对中国共产党的执政方式、执政能力的构成要素等进行了研究,认为中国共产党已经具有强大的韧性,能够长期执政。赛奇撰著的《中国政治与治理》、李侃如撰著的《治理中国:从革命到改革》等,都认为中国共产党具有强大的国家治理能力。

第五,关于中国共产党的主要人物的研究。在这方面,对毛泽东的研究比较多,一些国际著名哲学家如齐泽克还发表了研究毛泽东《实践论》和《矛盾论》的专著,认为毛泽东是"哲学王"。傅高义的《邓小平时代》以国外学者视角叙述邓小平的丰功伟绩,肯定中国的改革开放事业,产生了较大社会影响。

第六,关于中国共产党的软实力的研究。约瑟夫·奈认为中国共产党在国内外都已经有了强大的软实力。中国共产党的软实力是这个政党本身的吸引力和凝聚力,是吸引党员和群众自愿跟随的能力。改革开放40多年来,中国共产党带领数以亿计的中国人摆脱了贫困,在经济管理上取得巨大成功,这是中国共产党软实力的重要来源。

随着海外中共学的蓬勃发展,中共党史研究逐渐呈现出国际显学的态势。出于对此学科的重视,国外为此建立了众多研究机构。有些国家甚至还明确了中共党史研究的学科属性,设置了学位授予点,并且还创办了《中国季刊》等学术期刊,中共党史的研究队伍越来越庞大,人才资源越来越丰富,涌现出诸如费正清等享誉全球学术界的学者。很多国家在战略上也开始高度重视中共党史研究,从国家和政府的层面支持中共党史研究,甚至列入政府工作的范围。如"二战"期间美国集中培养研究中国的专业人员,在客观上涉及并推进了中共党史研究。有些国家或财团为此还设立了基金组织,在资金上保障研究的开展。

国外中共党史研究蓬勃发展的原因大致有二:一是国家利益和国家战略的需要,研究作为中国最重要政治角色的中国共产党,可以为制定国家内外战略和具体政策作参考;二是中国共产党100年的历史风云变幻、波澜壮阔,其所蕴涵的丰盈的思想价值和独特的文化魅力,对国外学者构成了浓烈的吸引力。

由于国外中共党史研究的指导思想历来多元化,思想观念开放,所以其在中共党史研究的研究范式上就较为新颖,尤为注重跨学科研究。国外中共党史研究领域宽广,研究对象丰富,既重视宏观研究,也关注个案研究。其研究领域涉及政治史、经济史、文化史、社会史等诸多方面。研究对象更是不胜枚举,针对工人罢工、农村变迁、土地改革、教育制度、生活方式、权力斗争等展开研究。研究对象就开始呈现出越来越微观化、越来越边缘化的特征。

然而指导思想作为根本性、深层次的思想形态，决定了具体的研究范式和研究方法。如果不能很好地站在中国的角度看问题，抛开意识形态的偏见，那么就不能取得真正有意义的研究成果。如在20世纪70年代以前，美国中共党史研究长期抱守"西方中心论"的指导思想，在其支配下产生了"冲击—回应""近代化""帝国主义"等三种研究范式。其实质是用西方观念僵硬地观照中国历史，将中国置于被动的角色，疏于考察甚至完全不顾中国实际。

回看国外中共党史的相关研究，正是由于受意识形态、文化观念等因素的影响，研究成果存在相当的不足和局限。从研究中共党史的国外学者方面分析，在立场上存在截然相反的两种情况。一是全然以局外人的身份参与研究，不存在政治负担和思想顾虑的羁绊。这使其有可能站在较为客观中立的立场上，大胆开放地进行研究，所得结论较能符合历史实际。二是由于意识形态的影响，尤其是在"反共"情绪强烈的历史时期、在由政府主导的政策研究等项目中，研究者已然预设了角色，不仅难以站在客观中立的立场上，而且深受"反共"思维的影响，政治偏见最终会导致结论偏颇。同时由于中外文化观念和价值观念的差异，也影响着国外学者观点的生成。比如，曾经产生巨大影响的《剑桥中华人民共和国史》，把中华人民共和国的诞生视为中国"王朝循环"链条中的一环，无视中华人民共和国与封建王朝的本质差异，得出了不符合历史实际甚至根本站不住脚的结论。从这些角度观察得到的结论来说，正是因为在政治立场、文化观念、指导思想、研究方法、资料使用等方面存在偏差，国外中共党史研究往往出现偏颇或错误的观点，存在很大的局限性，有效性也很难得到保证。所幸1980年以后，部分美国的中共党史研究指导思想开始逐步实现了向"中国中心观"的转型，研究范式也相应地作出调整和创新，整个大势还是呈现出很好的发展局面。

不管怎样，海外中共学已经发展起来，在此领域也产生了史华慈、费正清、麦克法夸尔、施拉姆、李侃如、傅高义等诸多著名学者。还有一些学者基于自身的政治学或者经济学、社会学的学科背景从而产生了独特的见解，这些学者的研究成果也有一定的参考意义，比如弗朗西斯·福山所著《政治秩序的起源：从前人类时代到法国大革命》、罗纳德·科斯所著《变革中国——市场经济的中国之路》、周雪光所著《中国国家治理的制度逻辑：一个组织学研究》等。

如今，中共党史成为世界显学已然是不争的事实。面对海外中共学的发展，国内学界应当积极回应国际学界对中国共产党的关切，讲好中国共产党的故事，提升有关中国共产党研究的国际话语权，为中国发展营造良好外部环境。同时，海外中共学要想更进一步地发展，中共党史要想继续保持世界显学的地位，还必须做到"两个坚持"。

首先，中共党史研究必须坚持马克思主义的指导。国外的中共党史研究之所以出现某些错误观点，就是因为站在了狭隘的立场上，坚持了错误的观念，运用了不科学的方法。应坚持马克思主义的立场、观点、方法，站在人民大众的立场上，坚持用辩证唯物主义和历史唯物主义来研究中共党史的问题，这样才有可能得出客观、全面、科学的结论。

其次，中共党史研究必须具有世界眼光，批判地汲取海外中共学的相关成果。国内的中共党史研究必须拓宽视野，在对海外中共学进行辨析、剥离，取其精华、去其糟粕的前提下，高度重视其研究成果，广泛地吸收对方的先进观念和独到见解，深入开展中外交流。唯有如此，才能开创中共党史研究繁荣发展的新局面。

三、小插曲：建党百年的对外交流

在建党100周年之际，中国人民大学以中共党史党建研究院、习近平新时代中国特色社会主义思想研究院、当代政党研究平台等多个研究机构为依托，积极参与党的对外工作研究，不断拓展与世界政党间的学术交流与合作。在中联部、中国驻外使馆的大力支持下，与国外政党政要开展多次理论研讨，为进一步讲好中国共产党的故事作出了重要贡献，也加强了习近平新时代中国特色社会主义思想的国际宣传与阐释。

2021年2月2日，由中联部与南非共产党联合举办的"中国共产党与南非共产党同迎建党100周年"网络研讨会上，南非共产党第一副总书记马派拉（Solly Mapaila）出席并致辞，南非共14位中央政治局委员、24位中央委员等近70名高级干部在线参加。中国人民大学马克思主义学院副院长兼国际交流处副处长张晓萌出席会议，并作了题为《南非共产党建党百年的历史经验与启示》的报告，表示通过对南非共产党百年党史的回顾和总结，对加强党史党建的理论研究具有重要意义。

2月3日，中国人民大学中共党史党建研究院执行院长杨凤城教授作题为《共产党建设和社会主义探索：中国共产党的理论与实践》的报告，指出立足本国，放眼世界，以海纳百川的胸怀开放、改革、与时俱进、与时代共舞，是中国共产党领导社会主义建设的另一重要历史内容和经验。共产党必须有坚定的理想信仰信念，这是共产党区别于其他政党的显著标志。共产主义的远大理想、马克思主义的信仰、中国特色社会主义的共同理想，是中国共产党的根和魂。文化是最基本、最深沉、最持久的力量，其对于政治生态的基础性作用不言而喻。这些为国外共产党对中国的学习提供了很好的视角和启示。

3月27日，中国人民大学习近平新时代中国特色社会主义思想研究院院长秦宣教授受邀参加巴西劳工党智库 Perseu Abramo 基金会组织的"21世纪社会主义研讨会"并作题为《21世纪社会主义与中国道路》的主题发言，分享了中国共产党治理框架的基本原则，以及中国取得今天成就的根本原因；指出中国共产党带领人民艰苦奋斗，取得的最大成就就是开辟了中国特色社会主义道路，形成了中国特色社会主义理论体系，确立了中国特色社会主义制度，发展了中国特色社会主义文化，从而使中国迎来了从站起来、到富起来，再到强起来的伟大飞跃，也为世界社会主义注入了新活力，为广大发展中国家开辟了一条新的现代化道路；还为国外友人总结了中国特色社会主义道路带来的经验启示：中国道路是一条从本国国情出发确立的道路，是一条把人民利益放在首位的道路，是一条改革创新的道路，是一条在开放中谋求共同发展的道路。这些都为国外了解中国，了解中国共产党的治国理政脉络提供了帮助。

相信此处的插曲，旋律永远不会停歇。百年中共党史，七一的盛乐已奏响，并且中共党史对世界的强大吸引力已喷薄而出。类似这样的学习交流活动已成为奏响的主旋律之一，中共党史党建学科的发展前景也必将在海内外都呈现出一片广袤的天地。海阔凭鱼跃，天高任鸟飞！

第七章 新时代：腾飞（2012.11.8— ）

第六节 走新路再谱新篇

一、学院新立开新局

习近平总书记强调："党的历史是最生动、最有说服力的教科书。"[①] 学习党的历史是坚持和发展中国特色社会主义，把党和国家各项事业继续推进向前的必修课，这门功课不仅必修、还得修好，建强建优中共党史党建学科，加强中共党史党建人才培养，是总结和研究党的百年奋斗历史经验的迫切需要，是构建中国特色哲学社会科学学科体系、学术体系、话语体系的题中之义，是培养具有正确大历史观的社会主义建设者和接班人的必由之路，是传承红色基因、赓续红色血脉、落实立德树人根本任务的必然选择。中国人民大学是新中国高校中共党史党建学学科的开拓者、奠基者，是新时代高校中共党史党建学学科建设的推动者、引领者，具有悠久的办学传统、系统完整的学科体系、实力雄厚的师资队伍、厚重的科研积淀和卓越的社会声誉，充分具备建强建优中共党史党建学学科的坚实基础和先发优势。

在此背景下，2021年5月，中国人民大学主办首届中共党史学科建设高层论坛，以"中国共产党百年历程与中共党史学科建设"为主题，向全国党史党建教研工作者发出加强中共党史学科建设的倡议书。同月，教育部党组与中国人民大学党委理论学习中心组举行党史学习教育联学活动，时任教育部党组书记、部长陈宝生要求建设大学科，加快论证设置党史

[①] 习近平：《在党史学习教育动员大会上的讲话》（2021年2月20日），载《求是》，2021年第7期。

党建一级学科。同年12月,国务院学位委员会下发《博士、硕士学位授予和人才培养学科专业目录(征求意见稿)》,在法学门类下增设中共党史党建一级学科(学科目录代码：0307)。

中共党史党建学科是最具有中国特色、中国气派、中国优势的学科之一,党和政府始终关注、大力支持并一直致力于推动中共党史党建学一级学科建设。2022年3月,中共中央办公厅印发《关于推动党史学习教育常态化长效化的意见》,要求"着眼坚定历史自信,坚持不懈把党史作为必修课、常修课","深化党史研究,加强党史学科建设,发挥专业研究机构、研究力量作用,不断推出高质量研究成果,为推动党史学习教育常态化长效化提供有力学理支撑"。同年5月,中共中央宣传部、教育部联合印发《面向2035高校哲学社会科学高质量发展行动计划》,要求加强马克思主义学科体系建设,建优建强中共党史党建一级学科,推动中共党史党建与马克思主义理论、马克思主义哲学、政治经济学、科学社会主义等学科联动发展。同月,教育部党组书记、部长怀进鹏在《学习时报》发表《胸怀国之大者 建设教育强国 推动教育事业发生格局性变化》,总结十年来教育事业历史性成就,明确指出"系统开展'四史'特别是党史学习教育,设立中共党史党建一级学科"。随后,中国人民大学举行第二届中共党史党建学科建设高层论坛,以"中共党史党建学科的新定位与建设进路"为主题,进一步谋划推动中共党史党建一级学科的建设与发展。中国人民大学党委书记张东刚表示,中国人民大学将采取有力举措,战略性支持马克思主义理论学科、中共党史党建学科和其他相关学科的优先发展、优势发展、优质发展,采取超常规的手段和举措,加强"马"字头、"党"字口的学科建设；把中共党史党建学科作为新一轮"双一流"建设的重点学科，纳入"新时代党的创新理论建设工程：习近平新时代中国特色社会主义思想研究工程"，以做好中共党史党建学科建设这篇"大文章""好文章"。在此基础上，国务院学位委员会、教育部于2022年9月印发《研究生教育学科专业目录（2022年）》和《研究生教育学科专业目录管理办法》，对一级学科与专业学位类别进行调整，新版目录在法学门类下新增中共党史党建学和纪检监察学两个一级学科。随后，中国共产党中国人民大学第十五次党员代表大会召开，提出"成立党史党建学院"。

党始终强调，治国必先治党，治党务必从严，聚精会神抓好党的建设，开创和推进党的建设新的伟大工程。2022年10月，中国共产党第二十次全国代表大会提出"坚持理论武装同常态化长效化开展党史学习教育相结合"，强调深入推进新时代党的建设新的伟大工程，要求"深入实施马克思主义理论研究和建设工程，加快构建中国特色哲学社会科学学科体系、学术体系、话语体系，培育壮大哲学社会科学人才队伍"；大会通过的《中国共产党章程（修正案）》明确将"学习党的基本知识和党的历史"作为党员必须履行的义务，将推进"党史学习教育常态化制度化"作为党的基层组织一项基本任务。在党的二十大精神指导下，中国人民大学学位评定委员会于当月召开会议，审议通过马克思主义学院新增中共党史党建学目录外交叉一级学科博士学位授权点论证方案，提出中共党史党建学下设中共党史党建学理论、中国共产党历史、党的建设、党内法规学、中华人民共和国史五个二级学科，探索构建"一体五翼"的一级学科发展布局。同年11月，中国人民大学同中共中央党校（国家行政学院）中共党史教研部、中共中央党校（国家行政学院）党的建设教研部、中央党史和文献研究院科研规划部签署战略合作框架协议，就党的创新理论开展合作研究，为中共党史党建学建设与发展搭建平台，并且中国人民大学中共党史党建研究院承担中央党史和文献研究院"中共党史党建研究基地"的具体建设。随后，中国人民大学发布《关于成立中国人民大学中共党史党建学院的决定》，成立中共党史党建学院。同年12月，中国人民大学党委下发《关于成立中共党史党建学院党委的通知》，成立中国共产党中国人民大学中共党史党建学院委员会。

功以才成、业以才广，建好建强中共党史党建学科，关键在人才。2023年1月，中国人民大学召开部分中层领导人员集体谈话会，宣布学校党委有关干部任免决定，聘任杨凤城教授为中共党史党建学院院长，宋学勤教授任中共党史党建学院党委书记兼副院长，耿化敏、侯新立任学院副院长，杨澜洁任学院副书记。同日，中共党史党建学院领导班子召开第一次党委会和第一次党政联席会，研究部署学院建设与发展有关事项。

在学习贯彻党的二十大精神，加快构建中国特色哲学社会科学，建优建强中共党史党建学的新形势下，中国人民大学以历史悠久、积淀厚重、建制完整、人才荟萃、声誉卓著的中共党史系为基础，以新型跨专业、跨学科、跨学院的综合性研究机构——中共党史党建研究院为科研平台，成立中共党史党建学院。这是全国首家以中共党史党建命名，推进中共党史党建学的专业教学、科学研究、人才培养、学术交流、智库建设一体建设的实体性、成建制的学院。中国人民大学中共党史党建学科历经奠基起步、建制成型、曲折发展、改革创新的历史跨越，而今迈上以中共党史党建学院引领中共党史党建学高质量发展的新阶段。

中共党史党建学院主要负责中共党史党建学学科相关的本硕博人才培养、学科规划与建设、师资队伍建设、科学研究、社会服务、国际合作与交流等工作任务,下设五个教研室,分别为中共党史党建学理论教研室、中共党史教研室、党的建设教研室、党内法规教研室和中华人民共和国史教研室。展望未来,以习近平总书记关于党的历史与党的建设的重要论述为引领,坚持唯物史观和正确党史观,贯通中国共产党的历史、理论与实践,探索形成富有创新、充满活力的管理体制,建设完善富有人大特色的中共党史党建学教学模式,培养造就堪当民族复兴重任的党史党建专业人才,在建构中共党史党建学自主知识体系上不断实现新突破,持续为学校新型高端智库建设贡献新力量,推动形成政治过硬、专业精深、结构合理、在国内外有重要影响的中共党史党建学"人大学派",走出一条扎根中国大地、具有中国特色的中共党史党建学院发展新路。

二、风流人物看今朝

毛泽东在赴重庆谈判时,曾在柳亚子等民主人士的"逼诗"下,将《沁园春·雪》题下,词有云"数风流人物,还看今朝",颇为符合当时的情景:一轮红日冉冉升起,曙光也初现在地平线上……

在绵延战火中诞生的陕北公学,如混沌中的惊雷,一声开天辟地,为培养"革命的先锋队"而勇毅前行;在百废待兴中成立的中国人民大学,如迷雾中的明灯,一光照耀神州,为培养"万千建国干部"而披荆斩棘;在改革开放的春风中复校的中国人民大学,提出了培养"国民表率、社会栋梁"的目标；在中国特色社会主义新时代，中国人民大学又提出了造就大批"复兴栋梁、强国先锋"的目标。贯穿着其中的一条红线，就是始终不渝"为党育人、为国育才"，中国人民大学（陕北公学）在党领导人民进行革命时期，冲锋陷阵，成为革命的"先锋队"；在党领导人民进行建设时期，奋勇争先，担当建国的"开路人"；在党领导人民进行改革开放的新时期，勇于开拓，果毅力行，自觉践行"表率""栋梁"的要求；在党领导人民跨入中国特色社会主义的新时代，踔厉奋发，笃行不怠，自信担起"复兴""强国"的重任。

在党成立一百周年的重要历史时刻，在党和人民胜利实现第一个百年奋斗目标、全面建成小康社会，开启全面建设社会主义现代化强国、以中国式现代化全面推进中华民族伟大复兴的第二个百年奋斗目标的关键节点，习近平强调："站在新的历史起点上，回顾过去，展望未来，全面总结党的百年奋斗重大成就和历史经验特别是改革开放40多年来的重大成就和历史经验，既有客观需要，也具备主观条件。"[①] 2021年11月11日，党的十九届六中全会通过了《中共中央关于党的百年奋斗重大成就和历史经验的决议》（以下简称"第三个历史决议"）。第三个历史决议明确强调必须坚持唯物史观和正确党史观，展现了百年党史的主题主线、主流本质，对重大事件、重要会议、重要人物的论述和评价既与党的历史文献的相关论述、结论相衔接，又反映出新时代党中央对党史的新认识；着重论述了百年党史与中华文明的关系，强调中国共产党深深扎根于中华大地、中华文明；阐释了百年来中国共产党对世界社会主义运动和人类文明进步作出的贡献，全面、深刻、系统反

---

① 《习近平谈治国理政》第四卷，外文出版社2022年版，第18页。

映了党对中国、对人类作出的历史性贡献，对党史研究的进一步发展极具现实指导意义。

正如习近平总书记在 2022 年 4 月 25 日考察中国人民大学时对其的评价，"展现了党办的大学让党放心，人民的大学不负人民"的精神品格。同时，习近平总书记还指出，建设世界一流的中国特色社会主义大学，培养社会主义建设者和接班人，必须有世界一流的大师、经师、人师，有为学、为事、为人的大先生。要求人民大学高度重视教师队伍建设，特别是要加强中青年教师骨干的培养，努力把自身打造成为我国人文社会科学研究和教学领域的重要人才中心和创新高地。

与习近平总书记的要求完全一致，如今，在中国特色社会主义新时代，中国人民大学中共党史领域也涌现出了一批又一批的"风流人物"，他们是如今继续奋斗在科研一线的骨干们，他们在中国人民大学的中共党史系默默耕耘，他们在迎接新时代的潮流中，继续推动着中共党史的研究与教学向前发展。

在这一批人中，有默默耕耘多年的资深教授，他们在中共党史的领域笔耕不辍、始终如一地坚守在岗位上，为中共党史系的发展书写了数十年不朽的篇章；也有冉冉升起的学坛新星，他们刚刚迈入中共党史研究的大门，但他们风华正茂、意气风发，正在时代的潮流中奋勇争先。总之，他们都是这个时代的"风流人物"，他们正领衔着一个崭新的未来，他们正为响应习近平总书记提出的"中国特色、世界一流"的目标而不懈奋斗着。

2023年3月19日，中国人民大学中共党史党建学院正式成立，这是全国首家推进中共党史党建学科建设和发展的实体性、成建制的学院

结　语

2021年是中国共产党成立100周年,百年历史波澜壮阔。党的历史是最生动、最有说服力的教科书。我们党历来重视党史学习教育,注重用党的奋斗历程和伟大成就鼓舞斗志、明确方向,用党的光荣传统和优良作风坚定信念、凝聚力量,用党的实践创造和历史经验启迪智慧、砥砺品格。毛泽东说:"如果不把党的历史搞清楚,不把党在历史上所走的路搞清楚,便不能把事情办得更好。"邓小平说:"每个党、每个国家都有自己的历史,只有采取客观的实事求是的态度来分析和总结,才有好处。"江泽民强调:"要努力学习中国历史特别是中国近现代历史和党的历史,并通过这种学习努力掌握和发扬中华民族的优良传统和党的优良传统。"胡锦涛指出:"要通过开展各种纪念教育活动,促进广大中青年干部进一步学习党的知识和党的历史,深入了解党的优良传统和作风,不断增强党的意识,更加坚定自觉地为党的事业而奋斗。"习近平更是强调全党同志做到"学史明理、学史增信、学史崇德、学史力行,学党史、悟思想、办实事、开新局"。100年来,"中国共产党紧紧依靠人民,跨过一道又一道沟坎,取得一个又一个胜利,为中华民族作出了伟大历史贡献",取得了辉煌成就,实现了民族独立和人民解放,实现了国家富强和人民幸福。

从 1921 年到 2021 年，中国共产党走过了整整 100 年的历程。这是用鲜血、汗水、泪水、勇气、智慧、力量写就的百年；是筚路蓝缕、披荆斩棘、艰苦创业、砥砺前行、充满艰险、充满神奇的百年；是苦难中铸就辉煌、挫折后毅然奋起、探索中收获成功、失误后拨乱反正、转折中开创新局、奋斗后赢得未来的百年。争取民族独立、人民解放和实现国家富强、人民幸福，是中国共产党百年历史的主题和主线；"不懈奋斗史""不怕牺牲史""理论探索史""为民造福史""自身建设史"，是中国共产党百年历史的主流和本质；把革命、建设、改革、复兴事业不断推向前进，是中国共产党百年历史的鲜明特征；逐步实现救国、兴国、富国、强国的奋斗目标，是中国共产党百年历史的庄严使命。习近平总书记在庆祝中国共产党成立 100 周年大会上的重要讲话中指出："初心易得，始终难守。以史为鉴，可以知兴替。我们要用历史映照现实、远观未来，从中国共产党的百年奋斗中看清楚过去我们为什么能够成功、弄明白未来我们怎样才能继续成功，从而在新的征程上更加坚定、更加自觉地牢记初心使命、开创美好未来。"

中国共产党百年历史，可以划分为四个历史时期，即新民主主义革命时期、社会主义革命和建设时期、改革开放和社会主义现代化建设时期、中国特色社会主义新时代。这四个时期的 100 年历史，就是为中华民族的独立、解放、繁荣、富强，为中国人民的自由、民主、幸福而不懈奋斗的历史。这 100 年，是马克思主义基本原理同中国具体实际相结合、不断推进马克思主义中国化的 100 年；是中国结束近代饱受屈辱的历史和长年战乱的局面、战胜各种困难和风险顽强奋进的 100 年；是中国人民掌握自己的命运、意气风发地建设新生活的 100 年；是中国共产党经受住各种风浪考验、不断发展壮大、不断

结　语

开创各项事业新局面的 100 年。

1921 年中国共产党成立时，仅有 50 多名党员，现在已经发展为具有 9191.4 万党员的世界上最大的政党。中国共产党由简而巨的秘诀就藏在中共党史之中。加强对中共党史的研究与教学，为中国共产党继续维持生机活力在理论层面提供了最深层的力量。

时至今日，中共党史研究的基本内涵已经逐步明了清晰，主要包含三个方面和维度，即不懈奋斗史、理论探索史和自身建设史，这三者的有机统一就是中共党史学科的真谛所在，也即新成立的中共党史党建一级学科的基本要求。通过对中国共产党理论和实践的历史进行外因总结，辅之以中国共产党自我革命的内部动力，最终完成马克思主义唯物史观下的中共党史的科学分析，为中国共产党更好地领导中国人民进行社会主义现代化建设，实现中华民族伟大复兴提供源源不断的支持。中国共产党的不懈奋斗史是中国共产党人带领中国人民和中华民族披荆斩棘、乘风破浪，进行革命、建设、改革、复兴的历史，是中国共产党的实践史，是为中国共产党继续向前发展源源不断地供给养分的土壤。从历史的角度进行考察和分析，梳理出中共党史发展的脉络和逻辑是中共党史研究的重要根基。理论探索史，是一部马克思主义中国化的历史，是中国共产党人带领中国人民和中华民族另辟蹊径、探赜索隐，将马克思主义基本原理和中国国情相结合的历史，是中国共产党的理论史，是为中国共产党不断保持在正确道路持续不竭地提供指南的向导。把马克思主义指导思想的演变过程刨根问底，探索出中共党史深层的动力和规律是中共党史研究的活的灵魂。自身建设史，是一部理论与实践相结合的自我革命的伟大历史，是中国共产党全党勠力同心、团结奋进，以政治建设为统领，全面推进政治建设、思想建设、组织建设、作风建设、纪律建设，把制度建设贯穿其中，深入推进反腐败斗争的历史，是中国共产党的自我革命史，是为中国共产党始终走在时代前列，永葆青春活力的重要保障。深入研究中国共产党自身建设的历史，扎根于中国实际而追问现实，为中国共产党不断完善自身建设提供理论支撑是中共党史研究的核心所在。将这三者有机结合，就能体会到中共党史的精髓。中共党史的研究不是纸面的研究，更不是宣传的话术，它在中国特色社会主义不断向前发展的新时代有着不可估量的作用。

中共党史是一门必修课。中共党史是每一个中共党员必须修的课程，不仅要修，还要修好，只有从中国共产党的百年历程中不断收获学习，才能更加明确中国共产党党员的基本要求，进而深刻领悟百年党史，提升自我的党性修养。历史总是向前发展的，总结和吸取历史教训，才能以史为鉴更坚定地走上正确的道路。只有学习党史、研究党史、借鉴党史，才可以了解昨天、把握今天、开创明天。在学习中要旗帜鲜明地反对历史虚无主义，反对用细枝末节来否定党史、否定马克思主义的指导地位和中国走社会主义道路的历史必然性。同时学习党史还要贯彻历史唯物主义，将党史放在历史长河中去考察学习，与中国古代史、中国近代史、社会主义发展史联系起来，不断领悟中国共产党百年前诞生的必然性。总之，努力把这门新时代新征程中坚持和发展中国特色社会主义的必修课修好是每个中国共产党人义不容辞的责任。

中共党史是一剂营养剂。在100年的非凡奋斗历程中，一代又一代中国共产党人顽强拼搏、不懈奋斗，涌现了一大批视死如归的革命烈士、一大批顽强奋斗的英雄人物、一大批忘我奉献的先进模范，形成了一系列伟大精神，构筑起了中国共产党人精神谱系，为中国共产党立党兴党强党提供了丰厚滋

结　语

养。在新民主主义革命时期，孕育了建党精神，井冈山精神、苏区精神、长征精神、遵义会议精神、延安精神、抗战精神、红岩精神、西柏坡精神、照金精神、东北抗联精神、南泥湾精神、太行精神（吕梁精神）、大别山精神、沂蒙精神、老区精神、张思德精神等；在社会主义革命和建设时期，构筑了抗美援朝精神、"两弹一星"精神、雷锋精神、焦裕禄精神、大庆精神（铁人精神）、红旗渠精神、北大荒精神、塞罕坝精神、"两路"精神、老西藏精神（孔繁森精神）、西迁精神、王杰精神等；在改革开放和社会主义现代化建设新时期，铸就改革开放精神、特区精神、抗洪精神、抗击"非典"精神、抗震救灾精神、载人航天精神、劳模精神（劳动精神、工匠精神）、青藏铁路精神、女排精神等；在中国特色社会主义进入新时代，新增了脱贫攻坚精神、抗疫精神、"三牛"精神、科学家精神、企业家精神、探月精神、新时代北斗精神、丝路精神等，这些精神共同构成了中国共产党人精神谱系，而正是从中共党史的学习中，才可以将这些百年来一脉相承的精神追求、精神特质和精神脉络内化于自身。中国共产党人只有将其深深镌刻在心中，才能内化成稳定而持久、自觉而执着的认同感和责任感，最终融合汇聚成矢志不渝的政治灵魂。当然，对于中华民族和中国人民而言亦是如此，也要充分发挥中共党史这一剂最具深层力量的"营养剂"的作用，构筑精神文明强国。

中共党史还是一剂清醒剂和防腐剂。在中国共产党百年光辉历程中，也出现了一些错误的思想和路线，对中国革命和建设造成了严重的危害，是极为惨痛的教训。加深对中共党史的理解和学习，再次体会当年的切肤之痛，更能增强人的定力，坚定其在大是大非面前的立场，让党员干部时刻保持清醒的头脑。同时，中共党史还是一剂强有力的防腐剂，每个党员干部学习中共党史，不仅可以从正面的精神谱系中汲取营养，亦可以从反面教材中吸取教训。一路走来，风风雨雨，中国共产党能够历经百年而不衰反而焕发更加旺盛的生机活力，"防腐剂"的作用不可忽略，批评与自我批评的优良作风，就是依托对中共党史的学习，方能深刻认识到问题的所在，以史为鉴，方知正道。中共党史这一剂清醒剂和防腐剂，深深扎进了中国共产党的血肉之中，为之保持先进性和纯洁性提供源源不断的动力和保障。

当今世界风云变幻，国际形势复杂严峻，中国共产党的百年光辉历程，深刻启示我们必须坚持和坚信中国共产党的领导，坚持推进伟大斗争、伟大工程、伟大事业、伟大梦想，坚持走中国特色社会主义道路，坚持唱响时代的主旋律，确保中国共产党在世界形势深刻变化的历史进程中始终走在时代前列，在应对国内外各种风险和考验的历史进程中始终成为全国人民的主心骨，在坚持和发展中国特色社会主义的历史进程中始终成为坚强领导核心，领导中国人民实现从站起来到富起来到强起来的民族复兴的光辉伟业。

党的十八大以来，中共中央总书记习近平高度重视对党的历史的学习研究和总结运用，强调"党史是记载我党从诞生、发展到壮大的百科全书"。认真总结党的历史，更好地发挥党的历史鉴今、资政作用，是新形势下推动党和国家事业不断发展的迫切需要。习近平总书记还用了很多形象的比喻以强化对中共党史的认知，"历史是最好的教科书，也是最好的清醒剂"，"中国革命历史是最好的营养剂，能增加正能量"，要从中共党史中汲取营养，不断壮大自我。"学习党史、国史，是坚持和发展中国特色社会主义、把党和国家各项事业继续推向

结　语

前进的必修课"，只有学好了这门课程，才能更好地推进中国特色社会主义的伟大事业向前发展。

2021年2月20日，党史学习教育动员大会在北京召开。习近平总书记出席大会并发表重要讲话。总书记强调，在全党开展党史学习教育，是党中央立足党的百年历史新起点、统筹中华民族伟大复兴战略全局和世界百年未有之大变局、为动员全党全国满怀信心投身全面建设社会主义现代化国家而作出的重大决策。全党同志要做到学史明理、学史增信、学史崇德、学史力行，学党史、悟思想、办实事、开新局，以昂扬姿态奋力开启全面建设社会主义现代化国家新征程，以优异成绩迎接建党一百周年。

2021年3月25日，习近平总书记在福建考察时又强调，要在党史学习教育中做到学史明理，明理是增信、崇德、力行的前提。要从党的辉煌成就、艰辛历程、历史经验、优良传统中深刻领悟中国共产党为什么能、马克思主义为什么行、中国特色社会主义为什么好等道理，弄清楚其中的历史逻辑、理论逻辑、实践逻辑。要深刻领悟坚持中国共产党领导的历史必然性，坚定对党的领导的自信。要深刻领悟马克思主义及其中国化创新理论的真理性，增强自觉贯彻落实党的创新理论的坚定性。要深刻领悟中国特色社会主义道路的正确性，坚定不移走中国特色社会主义这条唯一正确的道路。

习近平总书记强调："只有顺应历史潮流，积极应变，主动求变，才能与时代同行。"要顺应潮流，首先要做到的就是分析了解潮流，这就必须考量中共党史，对中共党史进行深入研究和学习，如此才能找到中国共产党自身历史发展的潮流，方能顺应之，始终与时代同行。习近平总书记还强调："历史发展有其规律，但人在其中不是完全消极被动的。只要把握住历史发展大势，抓住历史变革时机，奋发有为，锐意进取，人类社会就能更好前进。"这为研究中共党史更加给予了肯定和鼓励，人在历史的长河中不是完全消极被动的，当然中国共产党人在中共党史中也可以充分发挥主观能动性，只有积极学习研究自身的历史，方才能够突破各种束缚，从黑暗中摸索出一条正确的道路。现如今，中国特色社会主义走在了康庄大道上，中国共产党人将马克思主义基本原理和中国的具体实践相结合，开辟了中国特色社会主义道路。然而，这条道路虽然康庄，但通向何方仍是未知，假设一路通畅无阻，直达终点，那能否一直保持在这条正确的道路上亦是未知。因此，对中共党史的研究就极为重要，因为这一切都只有从历史中寻找答案。历史照进现实，理论指导实践，自我革命带来永生动力，这就是中共党史的三重奏，亦是中共中央总书记习近平一直强调中共党史重要性的原因所在。

回顾全书，梳理了中共党史这门学科、承载中共党史研究与教学的重要主体——中国人民大学中共党史系以及中共党史系走出的众多人才的发展状况的历史。我们不难发现，中共党史从萌芽诞生之初，就一直发挥着举足轻重的作用，中国共产党在成立之初就极为重视自身的历史。毛泽东能够几次挽救红军和中国共产党于危难之中，能够找到一条将马克思主义和中国革命实践相结合的正确的道路，这些都离不开他对中共党史的研究与重视。一个善于总结自身历史，敢于正视自身历史，勇于研究自身历史，精于利用自身历史的马克思主义政党是不会被时代所抛下的，从历史中汲取力量和营养，使之拥有顽强不竭的生命力，从历史的反面为自身打上一剂强心针，更能使之永葆先进性和纯洁性。中共中央总书记习近平对中共党史的重视，是中国共产党始终与时代同行，始终与人民联系，始终

结 语

站在历史潮流的浪尖披荆斩棘、乘风破浪的重要环节。

百年大党、愈久弥坚,在中国共产党成立100周年之际,我们再次回顾中共党史的发展历程,重拾中共党史研究的历史精髓,追忆那些为了中共党史这个隐藏在历史背后的重要学科的创立而呕心沥血、鞍前马后的英雄先辈们,不禁感慨万千,亦更能体会到中共党史学的举足轻重之地位。可以说,中共党史学是扎根在中国共产党百年历程最深层次的隐学,不显山不露水,桃李不言下自成蹊,那是一种最强大的力量,是历史的力量,是大音希声、大象无形的力量。

任何一个历史事件都是复杂的,是多种因素的归结,但不可否认的是,苏联对自身历史的否定,对联共(布)党史的抛弃都是极为重要的一个原因,一个不易察觉的内因。一个政党,如果不能辩证地看待自身发展过程的党史,不能从中汲取营养和力量,仅仅对历史作出肯定和否定的简单评价,甚至会走向历史虚无主义的深渊,这对于一个政党而言是极为致命的。对党史的全盘否定会导致一系列的连锁反应,加速一个政党的崩塌,而如果不能很好地利用党史,那么跟随时代潮流,继续前进的道路亦会愈发艰难。幸运的是,中国共产党一路走来,从未放弃过对中共党史的重视,并且在中国特色社会主义新时代,中共中央更加强调和重视中共党史,这是中国共产党的幸运,更是中国人民和中华民族的幸运。如今,中国共产党的历史故事正在被全世界所学习和研究。中共党史从一门隐于历史深处、伴随中国共产党成长发展起来的中国特色学科发展成为世界显学。这门世界显学所回答的是西方所谓攻无不克的普世理论所无法解决的问题,这门世界显学将在新时代继续见证中华民族伟大复兴,继续默默发挥着大象无形、润物无声的作用。

习近平总书记在 2022 年 4 月 25 日考察中国人民大学时强调："我国有独特的历史、独特的文化、独特的国情，建设中国特色、世界一流大学不能跟在别人后面依样画葫芦，简单以国外大学作为标准和模式，而是要扎根中国大地走出一条建设中国特色、世界一流大学的新路。"而显然，中共党史学科的诞生、发展、成熟乃至如今成立中共党史党建一级学科的发展历史就是扎根中国大地，构建中国特色学科体系的伟大实践和壮举。加快构建中国特色哲学社会科学，归根结底是建构中国自主的知识体系，以中国为观照、以时代为观照，立足中国实际，解决中国问题。中国最大的国情就是中国共产党的领导，那么中国最特色的学科体系就理所当然是中共党史党建一级学科，要回答"世界怎么了""人类向何处去"这样的时代之题也当然必须抓住中共党史党建这样一门充分践行马克思主义基本原理和中国具体实际相结合、同中华优秀传统文化相结合的特色学科。唯有如此，才能彰显中国之路的正确性，增强中国之治的说服性，构建中国之理的系统性，在解决事关党和国家全局性、根本性、关键性的重大问题上拿出真本事、取得好成

中国人民大学明德广场全景图

果。换言之，如今中共党史党建学科所承担的就是融通中外文化、增进文明交流的独特使命，所要发挥的就是传播中国声音、中国理论、中国思想，让世界更好读懂中国的重要作用，中共党史党建学科的发展不仅会为构建中国特色哲学社会科学体系添砖加瓦，更将为推动构建人类命运共同体做出积极贡献。

中国共产党百年奋斗不负韶华，中国共产党第二十次全国代表大会蓝图绘就前程壮阔，愿中国共产党能够永葆青春活力，中共党史党建学科亦随时代继续向前发展、再创辉煌！中国人民大学也将继续依托中共党史党建学院、研究院，聚集众多专家学者，在中共党史党建学科的建设和发展中继续发挥引领作用。谨以此书向新时代更加成熟、更加坚定、更加自信的伟大的中国共产党献礼！

参考文献

本书稿的相关档案资料大部分都参考自中国人民大学档案馆所提供的原始档案，为此，对中国人民大学档案馆所提供的帮助表示由衷的感谢。另胡华教授的女儿胡玲女士和女婿刘涓迅先生提供的有关胡华以及中共党史系历史的相关资料也对本书成稿有巨大帮助，在此表达对二人的感谢。

此外，本书其他可公开查到的主要参考资料如下。

一、档案、资料汇编、文集

中央档案馆编：《中共党史报告选编》，中共中央党校出版社1982年版。

张静如、唐曼珍主编：《中共党史学史》，中国人民大学出版社1990年版。

中国人民大学图书馆文献情报研究室编：《中国人民大学中共党史专业参考书目文献情报资料研究集》，1991年。

中共中国人民大学委员会组织部等编：《中国共产党中国人民大学组织史资料 1937年7月—1991年12月》，1992年。

中国人民大学高等教育研究室、校史编写组编：《中国人民大学大事记（1937年7月—1992年2月）》，1992年。

《毛泽东文集》第2卷，人民出版社1993年版。

中国人民大学高等教育研究室、校史编写组编：《中国人民大学人物传》，1993—1995年。

中国人民大学中共党史系编：《中国人民大学中共党史系同学录》，1996年。

中国人民大学校长办公室编：《中国人民大学》，浙江大学出版社1999年版。

王晋、汪洋主编：《华实录——华北大学回忆文集》，中国人民大学出版社2003年版。

北京市高等教育志编纂委员会编：《北京高等教育志》，华艺出版社2004年版。

中国人民大学党委宣传部、新闻中心编：《新世纪·新人大·新形象：传媒上的中国人民大学（2000—2006）》，中国人民大学出版社2006年版。

中国人民大学校史研究丛书编委会编：《中国人民大学纪事（1937—2007）》，中国人民大学出版社2007年版。

刘葆观主编：《血与火的洗礼：从陕北公学到华北大学回忆录（1937—1949）》，中国人民大学出版社2007年版。

刘葆观主编：《在神州大地上崛起：中国人民大学回忆录（1950—2000）》，中国人民大学出版社2007年版。

中国人民大学编：《中国人民大学史：造就革命的先锋队第一卷》，中国人民大学出版社2007年版。

中国人民大学离退休工作处编：《踏遍青山——校庆七十周年纪念文集》，中国人民大学出版社2007年版。

教育部社会科学司编：《普通高校思想政治理论课文献选编（1949—2008）》，中国人民大学出版社2008年版。

中国人民大学中共党史系党史本科特色专业建设点编：《全国中共党史学科点情况简介（初稿）》，2010年9月。

陈威、杨凤城主编：《追思史学家胡华》，中国民主法制出版社2011年版。

《胡华文集》第4卷，中国人民大学出版社2013年版。

国务院学位委员会第六届学科评议组编：《学位授予和人才培养一级学科简介》，高等教育出版社2013年版。

中国人民大学档案馆编：《人大·档案·记忆》，中国人民大学出版社2017年版。

中共中央党史和文献研究院编：《毛泽东邓小平江泽民胡锦涛关于中国共产党历史论述摘编》，中央文献出版社2021年版。

二、传记、著作、论文集

刘涓迅：《革命史家胡华》，当代中国出版社2011年版。

耿化敏：《何干之传》，中共党史出版社2012年版。

习近平：《论中国共产党历史》，中央文献出版社2021年版。

三、报纸、杂志

《联大生活》《晋阳学刊》《党史研究与教学》《中共党史研究》《社会科学论坛》《中国高校社会科学》《临沂大学学报》《思想理论教育导刊》《百年潮》《党史通讯》《上海党史与党建》《中国浦东干部学院学报》《近代史研究》《党史信息报》《党的文献》《人民日报》《光明日报》。

附　录

中国人民大学人文楼前

1. 1977—2016年中共党史系全体本科生名单[*]

中国人民大学中共党史系七七级全体同学毕业留念

1977年

曹建林、董士伟、耿彦纯、郝景泉、何迪、简启华、李伟、李晓军、刘国新、刘瑜、马晓辉、米鹤都、彭红、乔丛启、秦惠民、苏长青、杨卫东（杨奎松）、杨玉生、翟卫华、赵志军、牛军

---

[*] 这部分依照教务处名单排序，其中1980年的名单缺失。

1978 年

陈铁魂、崔智有、邓纲、丁俊萍、丁晓强、傅京童（傅思）、顾小平、胡正豪、华建中、黄嘉树、黄培国、黄燕民、季如汛、贾英歌、李强、李亚飞、李永丰、刘孟秋、刘宁元、刘宪苏、刘星星、刘益涛、卢锋、毛明华、庞松、彭大林、邱进、阮虹、孙宏、孙京玲、田刚、王学敏、王宜秋、吴根樑（吴梁根）、吴美华、薛钰、闫洪贵、杨小兵、姚鸿、姚雨虹、尤文科、张春雷、张劲、张军、张添亮、张晓峰、张学军、张引、周维平、左正三

1979 年

陈思豪、吉昌华、陈卫平、丛佩英、邓纯东、董宏、高峻、龚新明、黄勇、李国继、隋学斌、唐明华、汪云生、王保国、王燕东、肖星、徐庆钢、闫放鸣、尤存、张洪、张伟瑄、赵刚、赵新源、钟国兴

1981 年

陈雯、段宏、侯兆水、李永、梁皋、廖敏辉、卢德全、吕恒、满开宏、孟文彪、苏光明、孙国平、唐启伟、熊学年、杨国华、张学军、张志坤、赵士红、郑国强、郑颖、钟真真

1982 年

暴淑琴、毕坚（毕贺成）、曾扶星、陈健、封金章、郭年、何敏智、何晓雨、母稷祥、邱凌、宋海庆、王明鉴、王忠国、吴时丰、邢培哲、徐福庆、许斌祥、杨亲华、于科杰、岳京生、翟彪、周瑞明、周澍钢、周学才

1983 年

曹亚红、陈刚、陈克伟、董民建、董哲、高蜀卉、谷正平、黄嵩海、江海丰、孔繁斌、李焕成、李明、李玉琪、刘京东、刘晓钟、马仕生、苗利锋、莫开毅、穆学锋、庞连生、沈宝黎、唐公吉、唐永革、王春雁、王仁国、王忠国、杨伦、杨支柱、翟金忠、周亚权、宗义、邹东山、纪晓华、丁梅、吴恺娟、李利平、胡慧红、王琳娣、唐婧、彭英力、刘明俐、龚连英、周爱华、贺娟、邵丽英、涂颖

1. 1977—2016年中共党史系全体本科生名单

1984 年

曹华、陈泽良、丁福根、韩伟庆、侯开荣、黄东明、黄金平、贾源、江方盛、姜维东、李庆田、刘美东、潘奇志、宋小刚、唐刻著、王辉、王增武、吴国祥、吴寿文、吴昱、夏清溪、向欣荣、徐采兵、杨采宏、杨帆、杨忠科、叶道余、叶继松、张中国、周平、朱佐山、朱作林

1985 年

曾维伦、陈松、郭生河、黄先锋、蒋永清、李东启、李其报、李小苗、李亦军、李永勤、梁洪江、林应良、刘后盛、唐国平、田和平、万学军、王爱成、王均伟、韦天学、肖泳冰、谢志浩、徐钢、徐建国、许剑波、鄢显俊、杨陟、叶卫东、袁明刚、张承泽、张清、郑汉江

1986 年

曹树恒、韩红民、韩玲、黄武鹰、贾保权、蒋兆斌、李真、卢梅、彭涛、谈火生、田仲勋、王东升、王志文、王中、向爱武、肖胜华、薛晓蓓、张乔、赵锦英、赵云彤、周黎明、周月红、邹辉、蔡家东、曹蕉红、曹立新、陈启明、邓舸、樊晓娟、冯晓莉、管廷文、郭莉、琚宜海、李安亮、李海超、李永明、李竹红、李宗文、刘纲、骆金平、律桂军、戚文红、邱翠明、宋军、宋霞、汤晓霖、唐莉、王培祥、温和、吴微波、项东民、薛文凯、闫文滨、杨日兴、余国飞、袁跃、张红、张进文、张晓京、赵晓强、赵永春、郑淑琴、朱文蔚

1987 年

陈永红、甘彦杰、侯青山、李常海、李根、梁国仙、刘德文、刘洪海、马维功、潘明忠、潘文红、田忠卿、王锋、吴云、杨秀福、于涛、张顺凯、张武寅、赵世亮、赵缀英、陈东恩、陈东海、陈红玉、陈胜、陈霞、程岱、顿时春、费虹寰、高小军、韩敏、韩宜、胡陆军、霍中和、嘉秀娟、姜勇、李杰、连红、林红、刘冬云、鲁国梁、马万超、马招法、彭红梅、阮玉琳、孙华玲、王建梅、王良琪、王明中、吴际元、吴礼华、徐艳、杨红梅、杨裕民、张怀军、张友华、赵起河、朱荣辉

1988 年

曾茹、段林萍、耿百峰、侯枫、胡邓、黄曙明、李归鸽、刘少兵、刘永华、马郁葱、慕东、史君红、吴彬、吴雷、肖明葵、徐峰、杨建华、余学会、张靖、邹战博、曹亚飞、程国顺、付平、韩金胜、侯宪利、季立新、康鑫、李国安、李乐意、李平、李桥、刘晓根、沙依拉、陶宁、王贺、王艳、王志润、吴涛、杨丹、易华、张春生、张强华、章叶青、赵宇冲、周淑红

1989 年

郭春燕、黄江、黄涛、黄祥春、黄以伟、景晓莉、康熙如、楼朝明、盘黎明、邱红杰、苏秀妍、谭小飞、王宏宇、王学军、王振宇、魏芳、吴向阳、夏汇、许蕾、许琳、杨涛、禹正权、詹曾明（立展华）、张红喜、张华、张志斌、赵卫、朱民

1990 年

冯来刚、高立忠、侯春、胡苓、胡雅明、李宏宇、李文良、梁兴国、刘革学、刘杰、刘勇、马礼、欧阳烈丹、裴明慧、曲红利、圣文、盛道文、王玉强、杨斌、雍舰、张晨、朱浒、程瑞、戴伟、邓福田、韩丽、何艳、贺飚、侯京辉、黄祥春、蒋娇、靳发、刘慧君、刘黎珍、庞道锋、任蕾、史晓辉、孙静、孙小中、伍子练、袁胜军、张永亮、张志鹏、周峰林、朱甲斌

1991 年

陈建新、陈军波、陈薇、崔晓丽、党红昕、邓宏伟、董中良、付宇峰、付长岭、甘青树、郭小兰、韩勤英、胡颂文、黄玉琴、姜广武、蒋海军、赖其再、李建娥、李菁、李宁、李永强、李章鹏、刘建美、刘守瑞、卢蓬、牛国栋、彭才栋、邱朝阳、史春明、孙芳、唐怡、王润宇、王燕红、王永东、吴慧君、谢华刚、杨胜、于保政、张德辉、张俊、张瑞霖、张陶、张蔚、张文汉、张志强、章建伟、赵凌、周建宁、朱淑丽、邹品祥

1. 1977—2016年中共党史系全体本科生名单

1992年

曾润梅、陈海舟、陈于武、董涛、高红梅、韩燕煦、郝玉明、何超明、何强伟、洪蕾、华彦龙、黄成、黄其军、黄文豪、姬安岳、康晓明、李道刚、李敬茹、李响、梁定中、刘常青、刘培宝、吕文江、马小林、牛占斌、平措、平措旦增、任智勇、孙成君、田小平、万映斌、王大楠、王志刚、武钢、徐彬、叶张瑜、张广生、张军、张可、张丽虹、张寅、张永英、张云

1993年

鲍云啸、曹科、陈雏婉、储建军、黄天立、刘合捧、刘文富、卢阳杨、陶正宇、王丹、王俊杰、吴旭明、吴兆旭、谢启辉、许洪彬、颜妍、杨柳纯、张勇刚、周建华、周守高

1994年

曾林、单智勇、丁虹艳、董素玉、龚大成、何婕、贾宇琰、李明曙、鲁力、尚文、史飞军、王菲、王永杰、幸明军、袁贺、张小争、赵飞飞、赵元茂、朱诚亮

1995年

郭艳、刘巧丽、屈湘辉、王剑冰、王瑞辉、王燕妮、韦学恩、尹钛、于华云、雨乔、郑玉臣、祝秀森、董明强、高素群、高英、李明奎、李涛涛、刘京杰、刘艳宇、刘祖盛、彭岭果、史飞军、田湘红、韦崇义、詹细明、张剑锋、朱辇

1996年

郭晓明、李贤涛、刘洁、刘亚南、梅钟、彭芬、茹静、邵冬霞、疏博、孙诺、孙彦辉、巫晓怡、武贤芳、肖兵、肖中华、张岩、赵京

1997年

毕宗奎、陈德林、陈华、陈言覃、程立新、戴圆、董风云、高见、苟轶、金蕾、刘志刚、唐从荣、田蕾、王启仁、谢军样、谢全锋、张珺

1998 年

巴合提、江涛、李宛瑾、廖铭华、刘莹、刘志宏、冉冉、尚蕾、唐觐英、田亮、王钢、王蕾、王立刚、王亮亮、王亚红、徐振伟、张云召、赵峰、郑融、周志胜

1999 年

曹小媛、韩冰、黄王莹、蒋海嫒、李彪、李少卿、林文娇、刘畅、刘亚东、刘志辉、吕海燕、马东、齐莘、苏雯、汤磊、王国荣、吴强、谢德盛、杨永新、张劼

2000 年

包元杰、卞维庆、常颖、陈娟、胡雅清、姜一炜、隆冰、满永、石磊、孙黎萌、孙欣、王春泳、王鸽子、王坤、王敏、王英、武烈珍、谢倩寒、原斌、张海波、朱佳

2002 年

丁燕、高翔宇、刘捷、马青竹、蒲雪瞳、王刚、王亚丽、杨大伟、杨琼华、尹丽花、赵淑梅、周小川、朱明旺、邹文洁

2003 年

陈曲、董海博、段蕾、贺赞、姬芬芳、刘永峰、饶赟、王登芬、伍璇、许庆林、许书源、叶翔、袁一功、张露璐、张师琦、赵金磊

2004 年

符永星、高愉、韩玉瑜、胡晶、李慧平、李铭、刘飞、田王兵、王琨、王玮、魏燎、闫嘉博、张博婉、张健

2005 年

崔美龄、韩艳梅、何羽、黄新雄、江月、李晨程、李良、李晓雨、钱万宁、权雪梅、叶峰屹、余惠娟、张记合、朱雪冬

2006 年

黄玲、李瑶、刘建磊、曲晨、王汇鑫、王磊、王萍、吴朝云、向金

1. 1977—2016年中共党史系全体本科生名单

芳、肖丹、姚道磊、赵园媛

2007 年

董航、胡实、李湘雪、林昉、刘菲、马力、毛素莹、齐姣、万宣辰、王江、王伟丽、王元力、阴志璟、于泽、张尔葭、张司洋、朱若蕾

2008 年

曾祥誉、陈斯晗、陈媛、杜洋、付吉佐、黄赛健、黄伟婕、黄曦、姜希伦、孔维烨、刘润梓、庹晓芹、叶蔚然、于卓言、张湘忆、章舜粤

2009 年

朱诗宇、汪涛、傅晓骏、管田欣、郝通、姬泰然、李佳金、梁吴颖、刘博雷、罗辰茜、马雪飏、梅笑雪、王菲、王昆、姚超博、张骏尧、张翼鹏、赵恩骁、钟徐楼芳、周全、朱万悦、宿艺晨、熊海君、齐康

2010 年

杜家丞、侯凯、杨丛维、王伟民、张雪君、钟扬、左锐、陈阳、高长健、谢佳、张牧云、张萌、张淇、王玮、罗豪、董彦琳、刘明昊、王乔、李若辰

2011 年

尹云锋、代旭东、丁明阳、巩致、郭丹嫒、何惧、胡宸玮、胡竞方、姜林宏、雷平、李玠、李佳钰、李璎珞、刘菲桐、刘宇豪、刘羽辰、楼沁阳、路子达、马骐骓、吴桐、张冬冬、张琳珏、张群、张肖桐、张逸真、周旻、周雪、周雪薇

2012 年

崔学芳、邓雯雯、邓舒予、李亚男、曾智轩、柯绍清、芦艺洋、王姿、李晋珩、卫林宏、李卓伦、龙春利、赵继鹏、周琪凯、吴宇潇、刘璇、孙希紫、李智宇、赵文心、郑凌、张玲蔚、甄佳航、吴秋婷、张彤

2013 年

付政齐、关灵子、高雅、黄菊、马艺桐、何超杰、范予琦、方霁、

倪雯、姜浩薇、黄瑾璨、王家琪、张天宇、梁姝、周思睿、王淼、夏熙雨、王怡菲

2014 年

刘露、林凡力、胡雪娜、张聪颖、吴成园、王维佳、汪文慧、赖根发、张天乐、孔梓菲、马骋、郭明玥、罗健男

2015 年

李欢、王雨昕、吴娇、周子衿、车宗凯、吕金纹、林一翀、于磊、李少杰、宋谙、王祎玮、秦泽、曾文萱、何成云、叶夕羽、陈奥、田自豪、吕晓莹、吕玥、胡明路、刘名传、夏实远、桑恬、李津萱

2016 年

李伟、杨盛维、董正有、张志立、唐努尔·阿卜拉、石蓼萧、魏依岚、林子、边峥贤、张林、郭蕊、揭祎琳、李雅婷、王明月、程莉涵、何拜亮格、雷引杰、李睿哲、徐周、葛雯、王雪微、葛松成、马菲、郭昊天、李迪敏、迪丽达尔·吐尔逊、周嘉惠、卫雨欣、王琦、姜良旭、彭紫薇、吴璇

2. 1979—2014年中共党史系全体硕士生名单*

1982年6月24日，中共党史系研究生论文答辩会

1979年
刘宗尧、王顺生、徐焰

1981年
方申、刘国新、牛军、王平莎、王真、武力、张毛毛

---

* 这部分依照教务处名单排序，其中1980年的名单缺失。

1982 年

白树新、崔智有、邓纲、张会文、陈改户、黄嘉树、黄铭、刘永利、马虹鄂、阮虹、张春雷、张国星、张茅

1983 年

王树盛、邓纯东、樊天顺、李亚飞、刘晔华、王江生、魏苇、文新明、肖星、谢德胜、张癸、张兆本

1984 年

叶卫平、黄小玲、武市红、萧延中、闫润鱼、蔡开松、肖铁肩、许之微、喻禾芳、张喜阳、朱正威、曾卓明、陈先奎、邓建彪、高新民、刘跃进、王进、王树荫、夏潮、杨凤城、杨江华、仉晓华、周宁、周维平、曹光哲、丁俊萍、杜世伟、李强、刘建德、刘晓、马宏、申晓云、史会来、张建昌、张民、赵国青、左用章

1985 年

楚序平、崔义中、黄知正、齐鹏飞、宋波、苏光明、苏国霞、孙国平、田继胜、王维佳、尤存、尤文科、张鸣、张仁付、郑颖、陈东岗、邓传淮、洪禹侯、胡晓光、江英、李耀东、孟文彪、温乐群、文子房、杨建英、杨晓捷、易豪精、张书欣、周大计、费英秋、黄凤武、黄老秋、黄志秋、王坚强、王君正、李晓明、孙红、唐启伟、杨国华

1986 年

陈日发、贺渊、鲍静、丛培英、董英申、高明、刘朝晖、杨亲华、余科杰、张静生、张守新、张文光、朱卫东、庄宾湘

1987 年

李文杰、郑自文、程农、李明、李旺、南东风、杨慧清、周亚权、艾晓宁、陈建华、龚赛红、贺娟、胡叶平、李刚、梁作新、潘光伟、吴悦娟、张旭光、郑晓国、朱诗柱、陈建、陈煦、傅玉能、韩保卫、何虎生、贺汲泉、洪鉴、贾德臣、李利平、李学东、刘泽武、刘知林、罗湘成、王成南、王根生、王晓明、游国立、甄其云、邹德辉

2. 1979—2014年中共党史系全体硕士生名单

1988年

涂仲林、徐涛、甘韶球、何文辉、李华？（军）①、任军、王世理、曹英、顾祥胜、黄四清、孔凡军、孙金伟、王礼平、王银师、王志明、许睢宁、姚大跃、于剑波、于伟峰、包志敏、戴长征、窦清洋、侯学元、贾国申、李永、蒙子良、明强华、欧阳小松、裴匡一、邱凌、吴新光、张金合

1989年

蔡典维、陈开仁、徐晓明、章其祥、石树梅、汤乐毅、田扬群、杨基龙、隋淑英、朱伟芳、雷晓霞、赵熙盛

1990年

丁莉、晋永权、胡华平、李竹红、徐晓建、常克英、曹普华、向彪、熊玉林、薛晓蓓、闫文滨、姚振军、汪云生、申晓方、王淀

1991年

姜运华、卫庶、徐荣兴、洪剑斌、刘超杰、彭济晓、王均伟、仪根平、周桃明、罗道全

1992年

仇东方、张冬梅、盛恩泽、朱莉涛、曾忠恕、段林萍、康鑫、李爱民、刘智峰、西康武、徐衍、杨克文、李明圣

1993年

李亚彬、马进甫、陈明显、郭淼、潘光杰、邢念东、蔡双全、李帮、宋安明、原良志

1994年

崔挽源、何艳、马克家、宋云峰、曾庆科、单加勤、龚英辉、胡本志、宋建超、杨斌、胡晓珂

---

① 1988年的原始档案中就这样记录。

1995 年
李之洋、谭经文、唐建军、王献雨、洪晓斌、李军晓、马先军、彭才栋、王卫东、张俊

1996 年
曾润梅、高文志、高志勇、龚加成、何强伟、胡荣昌、黄成、刘建美、王立勇、吴海东、谢长贵、徐昭、俞文冉、池垠妸、韩献栋、罗时文、田小平、王春龙、王志刚、张永英、周金宗、黄海舰、徐炤、郑永彪

1997 年
冯宝晶、贺立峰、高永干、鞠海涛、卢海燕、任智勇、杨柳纯、于保政、陈雏婉、韩莉、王丹、余国飞、周建华

1998 年
张少勇、曾林、陈光、董素玉、刘培元、刘向东、龙志坚、孙庆章

1999 年
康旭芳、王艳敏、徐丹丹、高向阳、郭保东、郭艳、黄黎明、廖胜华、刘巧丽、刘艳宇、苏振良、田湘红、王大江、于朝运、张德辉、张云、张政伟

2000 年
邓燕、李云山、胜令霞、单威、郭晓朋、黄冬娅、李亚平、刘星航、刘志刚、彭芬、史莉芳、童越善、王久高、闫闰间、张兴继、赵京、邹艳

2001 年
熊光清、尹倩、崔晓忠、董明发、都玉涛、段玿、黄薇、金蕾、李美华、李永军、刘洋、刘忠昌、路君燮、苏海舟、王燕妮、徐再波、姚兰、张春燕、张华、张珺、张长江、左骏

2002 年
李智慧、程江、高菲、高卫民、耿化敏、李明、李菀瑾、林忠鹏、

刘芳、刘佳宏、刘锰、刘伟、刘莹、吕建明、马民、孙杰、孙兰友、田亮、魏旭斌、吴伟锋、吴智鹏、杨宏伟、张健、周清

2003 年

公维常、焦艳丽、奚海燕、臧伟、陈志、褚明鹤、董静、董嫱嫱、冯淑慧、贾雁鹏、李春霞、李健、李金、李瑗、凌云、刘期彬、潘立豹、滕开莲、田科瑞、王红霞、王森、王云霞、徐焕、徐庆群、闫宁、张楠、张雪飞、赵兴宏、朱玉超、回永广、许丽丽、安晓丽、崔雪松、段志丹、付世魁、何莉、侯晓梅、黄瑾、贾向云、金燕、李春峰、刘畅、刘勇、毛胜、牛威威、潘玉民、王兵、王国荣、王琼、王亚强、吴志军、谢添、张东明、张雪明、赵庆林

2004 年

杜磊、冯云飞、满永、邱华德、王会敏、许新年、单志强、郭宝兴、张莹莹、周平、邹积铭、白雪枫、班惠英、陈娟、陈前、韩海彬、黄晨、黄江、黄想平、江涛、姜芳、李丽忠、厉娜、刘英红、邵开封、孙黎萌、汪欣、王鸽子、王华、王善军、王伟、易美丽、尤国珍、袁诚琨、朱晓艳

2005 年

陈彬、陈庆、葛玲、侯卫刚、乔晓玲、谭培育、谭水阳、唐国容、吴绮雯、何淑彩、鲁涛、詹一哲、陈明玉、冯越、韩平、刘福军、南凤琳、倪进、彭世杰、宋洁、苏莉莉、孙洋波、田冬雷、王娜娜、王莹、闫茂旭、杨汉强、余英、张辉、周秀明

2006 年

高洁、刘辉、石恩、孙力、汪振友、武烈珍、袁世琨、郑几纬、代贤萍、冯银娟、孙红林、文道远、陈晓婧、高宛玉、郭省娟、李桂华、李媛媛、刘捷、马硕、皮坤娥、邵宝胜、石宏亮、万政、王欢、王辉、夏文强、许华卿、叶斌、张延明、赵淑梅、邹文洁

2007 年

林文、刘彦文、王优、玄坤、方涛、韩禄、韩文乾、韩笑鹏、刘丘

科、马经纬、韩宇、刘明、苗晓东、庞飞、唐琳、于宇、余冀楠、陈玲玲、韩晓青、何兰丰、贺赞、晋江艳、李继、李明明、刘丹、马冰莹、马瑞、孟永、苗宇芳、曲洛松、任玮、邵长波、石立国、仝玉生、万丹、王登芬、闫甲佳、杨留堂、张露璐、张阳、朱金玲

2008 年

魏德平、伍璇、陈志环、杜文娟、郭建、吕宁、任旺、杨燕、姚单华、张亚平、李凤菊、李慧、李丽、李铭、李霞、刘庆军、刘新花、刘洋、施亚设、王晶晶、王玮、王尧、王振、韦勇、武蓬勃、杨娅娟、杨悦、张旭东、张宗兰、郑杰、张旭东、张宗兰、郑杰

2009 年

何羽、朱雪冬、郭婷婷、石莲、王阳、臧小芳、周杨、曹金锡、陈红、陈浚、董传奇、胡志虎、金阳、靳妍、李晓雨、李易明、濮灵、权雪梅、申谦、宋超、谭军、王静、王召杰、吴文珑、杨海亮、叶峰屹、张彦琛、甄志强、周小飞

2010 年

孟宪斌、渠爽、王汇鑫、吴双娜、甘军仁、郝清羽、华飞、牛珊珊、亓静、苏志翠、孙真、朱洋波、蒋丽、李成浩、连龙飞、南丽娜、秦睿、王东辉、王磊、王萍、王雪楠、吴大远、肖丹、谢群、许丰、杨祺涛、张玥莹、赵园媛、刘露、王玉瑾

2011 年

聂宇彤、张尔葭、崔双龙、李琛、刘娜娜、唐婷、滕明政、王文齐、王鑫、张昊、张虹、高健飞、黄相波、兰菲菲、林昉、罗丹、吕薇、马力、毛素莹、茅文婷、齐雪、孙明增、田田、王延梅、谢辉元、阴志璟、张南、张培周、张司洋、张延晶、赵玲玲、陈丽云、张瑾

2012 年

陈斯晗、崔龙浩、曹琳、李露珠、王聪杰、王旭、王玉玲、伍健婷、杨丽颖、原晓艳、张驰、张廷广、朱丽雅、陈媛、付吉佐、关燃

2. 1979—2014年中共党史系全体硕士生名单

敏、胡淦、黄伟婕、黄曦、孔维烨、李婧、李阳、李永康、刘进伟、申灿、庹晓芹、徐明强、许莉、叶蔚然、赵璐、周家彬、周长建、朱小龙、王孟秋、王天、高颖、姜希伦、李昂、刘宝达、唐震东

2013 年

管田欣、史雅楠、杨羚、袁文净、李莉、李威、李伟、刘翠、牛冬杰、万建兰、于兵兵、曹佐燕、杜庆凤、苟志影、黄杰、蒋常勇、李佳金、李树新、梁凯钦、梁吴颖、刘润梓、马雪飐、邱云、沈苏敏、王菲、王婧倩、王昆、吴起民、游逍遥、庄俊青、曹晋丽、李育洋

2014 年

杜家丞、姬断萍、李琳琳、郭鹏华、郑秀梅、张涛、郑珊、王昱清、张淼、黄泽文、郭超、耿苗苗、李文轩、蔡超、刘伟、贾鑫、郭扬、罗豪、宋颖超、石瑶、王九零、汪涛、马群、张骏尧、张翼鹏、王学飞、王帅帅、杨丛维、巫依阳、于施洋、张耀、王延勇、刘国栋、侯昭、马骁、梁越、罗士轩、柳相宇、赵洲洋、张水山

3. 1984—2013年中共党史系全体博士生名单*

1989年，中共党史系博士生论文答辩会

1984年
牛军

1985年
王东、谢春涛

---

* 这部分依照教务处名单排序，其中1986年的名单缺失。

3. 1984—2013年中共党史系全体博士生名单

1987年
叶卫平、吴景平

1988年
曹一建、秦宣、辛向阳、夏洪跃、臧具林、周淑真

1989年
赵汇、贺渊

1990年
李德福、吕明军、张晓峰、戴茂林

1991年
郭悦、巴图、王地久、李建华

1991年（访问学者）
党玲、郭云波、胡明华、江秀平、李建珍、李孟卿、李延明、梁剑锋、梁莹、刘金祥、马丽萍、马雅丽、王铁军、王新、王志中、文红梅、徐修宜、杨榕、翟昌民、张传英、张春艳、张虹、张莉、张晓川

1992年
马英民、杨亲华、余科杰、袁本文、曹希岭、上官天保、沈谦芳、陈答才

1993年
陶文昭、张丽曼、李燕奇、邵建红、张军赋、曹天生、马宏、马庆钰、张珊珍

1994年
姜辉、卫庶、徐百尧、徐付群、程杞国、韩月香、江伟、林秋朔、张鸣

1995年
刘辉、王心富、李玉刚、刘亚玫、罗平汉、吴美华、徐成芳、刘

晓、史桂芳、王续添、杨德山、张绪刚

1996 年
李庆四、周春明、储成仿、郭伟伟、李平植、李永丰、王春聆、许睢宁、原良志、张静生、王旸、杨斌、梁波、牛彤、许蕾

1997 年
杜创国、房乐宪、高燕宁、江涌、董悦华、卢志强、陆世宏、温乐群、席富群、辛逸、徐衍、范明强、李军、尹生德

1998 年
范强威、高鹏怀、李之洋、刘名军、李光洙、刘杰、刘娅、蒙子良、潘宏、彭才栋、宋安明、杨凤城、张高兴、周战超、戴长征、董江爱、金英勋、卡里发、岳明君、张彦丽

1999 年
胡志高、李跃华、杨海英、张国凤、陈家刚、李秋学、李学通、齐鹏飞、王英津、张广生、张立鹏、高晓林、李敬煊、李军、李强、刘建萍、刘先春、汤涛、王海军、王丽萍、王燕晓

2000 年
陈先奎、孔祥富、刘志明、罗海林、牛晋芳、权伟太、王宏伟、谢晓娟、姜继为、鞠海涛、李俊清、刘宝东、王鸿生、王玉强、赵海立、周大计、何虎生、何云峰、胡占君、黄一兵、马小芳、屠静芬、杨建英、张金才、张胜男、张世飞、朱洪强

2001 年
宫志刚、李聚云、李群英、刘保国、刘卿、刘维芳、欧阳和霞、王小岩、董克汩、李刚、张晓京、陈坚良、何龙群、何永红、侯德泉、刘波、路爱林、潘焕昭、王以忠、吴玉才、游国立、张青山

2002 年
陈海莹、陈永胜、段霞、贺新元、姬文波、李丹、唐莉、王淑梅、

徐丹丹、赵英臣、陈自才、崔晓庚、崔晓麟、杜玉芳、黄黎、姜建芳、刘建伟、卢轶、曲丰霞、宋海琼、谭首彰、王树林、肖建杰、张丰清、张海荣、钟真真、朱奕冰

2003 年

段霞、冯来兴、高莉娟、贾朋俭、祁刚利、孙静、向红、徐琛、许峰、张晓敏、白琳、陈林堂、程立涛、范笑仙、冯静、邰世奇、郝潞霞、江洋、李庚全、刘云章、吕梁山、孙国梁、肖立斌、赵成、郑小九、傅华、哈战荣、黄志高、江燕、李芬、李伟、马聪、史莉芳、孙苹、王春玺、王久高、王瑞芳、姚力、张冠军、张文灿、张旭东、黄培、于景森、孙运峰

2004 年

陈宗海、房正宏、耿宝云、耿化敏、刘建美、赵东苹、周杰、周苏玉、段霞、李智慧、宋一、王芝茂、吴涛、吴学凡、尹倩、郑卫丽、周家雷、周志武、操申斌、陈立媛、成海军、黄延敏、金雄鹤、李芬、刘荣华、宋毅军、孙东方、肖际唐、姚力、仇东方、谭荣邦

2005 年

杜敏、段志丹、高强、李葆珍、秦利、苏海舟、孙功、王金玲、王燕、姚宏志、宋黎明、谭虎娃、徐贵相、姚建军、张红、赵学琳、曹蓓蓓、陈琼、高美红、胡杰华、黄亚玲、刘颖、孟平、唐棣宣

2006 年

冯云飞、江俊伟、李海玉、孙翠萍、谢冠富、姚润田、尤国珍、张华、张亚、房彬、孟宪平、吴君、赵春丽、周淼、高军峰、宋爱茹、孙照红、杨志强、于红、张国茹、张昭国

2007 年

常卫兵、丁剑波、马冀、杨献民、张海星、刘洋、王虎、杨利英、张金霞、郑丽平、秦国伟、吴信、刘洋、刘勇、沈波濒、魏立帅、徐玉凤、严宏、臧爱绒、张春燕

2008 年

江静、李桂华、苗伟东、王钦双、何玉江、梁玉春、刘勇、陆轶之、王舒圆、王四炯、黄家茂、刘长军、王立宪、陈文胜、巩志华、黄金魁、刘海飞、石宏亮、魏建克、闫茂旭、张永英、赵淑梅、朱文伟

2009 年

普瑞敏、王铁成、吴绮雯、张露璐、周守高、朱广亮、白洁、李春江、刘丽琼、唐琳、蔡文华、顿时春、韩晓青、雷小倩、曲洛松、万理、王继凯、周秀明、朱晓艳、陆静

2010 年

阿勒泰、储著武、孟永、宋洁、滕方炜、张放、陈志环、胡刚、刘会、刘文愚、潘顺照、韦斌、白雪枫、郭晓明、史代罗、王峰、王志刚、许丽丽、张舒平、郑宁波、冯越、何桂宏、张安、赵志刚

2011 年

刘福军、濮灵、刘贵彬、石文卓、尹俊芳、周杨、李先波、王群燕、吴文珑、谢伟、杨海亮、张彦琛、赵秀华、穆阿妮、郑晓军、胡顺强、刘保

2012 年

黄晓霓、刘国旗、毛胜、王玉瑾、牛珊珊、亓静、王东红、陈坚、李中天、王雪楠、贺赞、徐伟、张忠山、汪振友、郑伟、布超、陈晓杰

2013 年

王超、滕明政、王路坦、吕薇、郭昊、简繁

后 记

中国人民大学中共党史党建学院（原中共党史系）、中共党史党建学科的发展和中国共产党带领人民走向伟大复兴的历程同频共振、一脉相承，院系和学科都经历了从小到大、由弱到强的过程，正所谓"草鞋没样儿，边打边像"。伟大的中国共产党百年历程波澜壮阔，而中国人民大学中共党史党建学院（原中共党史系）70余载成果丰硕，从院系作为全国高校唯一的中共党史系发展到全国唯一一家中共党史党建学院，从系内的中共党史学科作为唯一的国家级重点二级学科到推动中共党史党建学正式成为法学门类下的一级学科，中共党史系和中共党史学科的发展可谓红日初升、其道大光。

2024年2月，中共中央印发了《党史学习教育工作条例》，这是第一部系统规范党史学习教育工作的基础主干党内法规，具有很强的政治性、规范性和指导性。本条例以习近平新时代中国特色社会主义思想为指导，以党章为根本依据，对党史学习教育的领导体制和工作职责、内容、主要方式、保障和监督等作出全面规范，成为在全党开展党史学习教育工作的基本遵循和制度保障，也再次证明了当初建立中共党史系、中共党史专业的历史意义和中共党史党建学科未来发展的潜力和空间，鼓舞着一代又一代党史学人和党史工作者百舸争流、英姿勃发，努力推动新时代党史学科和党史学习工作的高质量发展。

恍惚间，一部中共党史学和人大中共党史系上的历史书已然完成了。该书从前期构思准备到之后的具体落实并收集资料再到采访各位前辈，记录他们的口述史，至最后与我的两位硕士生喻伟、蒋慧敏和中国科学院大学马克思主义学院的董昊共同着力撰写此书，前前后后有一年多的时光了。和中共党史系的前辈以及同事们交流时，总以为此项任务难以下手，一来是因为很多党史系的老人都不在了，很难更深层次地还原这段中共党史系、中共党史学发展的历史了，二来我个人精力和能力也有限，总感觉不够资格来完成这项巨大的任务。然而，各位前辈老师们都告诉我，这项任务你必须扛起来，也只有你能扛起来。我也深知，身为胡华先生的学生、关门弟子、身为中共党史专业的第一批博士生，虽才疏学浅、忝列门墙，但责任在肩，也必须要尽全力保留下这段中共党史学上的慷慨之歌，为后人展现出一代又一代前辈们的不懈奋斗史和积极探索史。

在这一年多的时间里，我带着三位作者前前后后采访了数十位中共党史系的前辈和学者们，光整理成文字的采访稿都有上万字，然而由于疫情的限制以及时间的仓促，能接触到的中共党史系前辈也少之又少，他们的回忆和提供的资料对于我们成书起到了重要的作用，然而这些对于中共党史系前辈们筚路蓝缕、开创党史学科伟大事业的这段历史而言，只能说是杯水车薪。但路总是要走下去的，哪怕再艰难，也要干出点样子来。有许多的中共党史系前辈们，他们为中共党史的事业奋斗了一生，但在如今中共党史党建学科逐步走向辉煌的高光时刻，他们的名字却逐步消散为历史的尘埃。我必须要和时间赛跑，争取早日让他们能够看到咱们中共党史系的历史，看到人

后　记

大中共党史系开创党史学科的点点滴滴的记录。材料紧缺，就用采访来弥补，采访不准，再用档案来校对……就这样，在诸多客观条件不便的情况下，我们终究还是在建党百年的七一前后，将此书成功撰写完成了，也希望可以给各位对此书寄予很高期待并持续关注着我们工作的各位同志一个尽可能完美的交代，再次跟同志们道一声感谢！

同时，在本书成稿的过程中，也有许多为我们无私地提供帮助的单位和个人，这里我也代表我们编写组对他们表示由衷的感谢。首先，本书稿中的相关档案资料大部分都参考自中国人民大学档案馆所提供的原始档案，后期在为文案配图的工作中，也是中国人民大学档案馆为我们提供了高质量的一些照片，为此，我们对中国人民大学档案馆所提供的无私帮助致以最崇高的敬意，感谢他们对我们的支持。另外，中共党史学科领域奠基人、我亲爱的胡华导师的女儿胡宁女士及女婿刘涓迅先生提供的有关胡华以及中共党史系历史的相关资料也对本书成稿有巨大帮助，他们二人对于我们的采访工作非常支持，在前期就提供了大量的口述材料和文本著作。在书稿初稿写成后，他们二老又竭力提供修改意见和珍贵的影像资料，极大地升华了书稿的科学性和文本的可读性，我们被二老这种无私的品质深深打动了，在此我们编写组也对二人表示由衷的感谢。当然，值得感谢的人还有许多，何沁、陈明显等中共党史领域的老一辈学者，何沁还为本书写了序言；滕文生、谢春涛、章百家、李亚飞、王均伟、张兆本等中共党史系走出的杰出系友，滕文生还为本书题写了书名；吴本丽、何丁萌、柯林谓、胡宁、刘涓迅等对中共党史教育领域有着突出贡献的前辈的后人们……他们愿意用自己宝贵的时间接受我们的采访，提供他们手中珍贵的文本和影像资料，并十分耐心地讲解了他们记忆中的人大中共党史系，他们的这种精神也让我们深有感触，在对他们表示感谢的同时，也希望能够在书中记录下他们对中共党史系、中共党史专业的一片温情，希望读者能够在书中感受到他们的这种情感和精神。最后，在本书前期的资料收集过程中，中国人民大学相关单位也给予了很大的支持，如档案馆副馆长蒋利华、校史研究室研究员王学军、劳动人事学院原党委书记周石等，都分别在他们自己所熟悉的领域给予了我们无私的帮助，对我们成稿也起到了重要的作用，还有一些毕业后仍关心母校发展的校友如张剑锋、萧琳珠玉等也在本书出版过程中作出了贡献。另，马克思主义学院中共党史专业的 2019 级本科生侯翔元在早期也参与了我们的相关工作，帮助我们收集资料，并整理了部分文稿，本书的顺利成稿当有他的一份功劳。

　　本书成书仅用了不到一年的时间，虽然已经算得上成果不菲了，但我深知仅仅 20 多万字显然说不尽人大党史系的那些历史，也道不尽党史系在中共党史党建学科的奠基和发展过程中起到的重要作用，甚至于有些系友的信息和经历我们都没能展现在本书中。但，本书对于我们而言，只是开始的第一步，不能因为第一次未能做到完美，我们就永远不肯迈出那一步。或许多年以前就有前辈想要著这么一本书，或许中共党史系的光辉历史早就有人想要研究和记录，但这些想法最终都因为千难万难而没能走向实践。今天，我们迈出了第一步，哪怕有许多不完善的地方，哪怕有许多不能让读者满意的地方，但我们终究踏出去了，从此以后，我们人大中共党史系有其自身的历史书了，人大前辈们筚路蓝缕开创中共党史学科的学术史也已经有了基本的脉络了，甚至中共党史系走出的各位前辈后辈们也都可以有一本珍藏留念的书籍了，从这些层面上看，我们还是深感欣慰的。

后 记

　　如今，我们有了一个蓝本，相信各位阅读此书的同仁，都会有多多少少自己的意见，我们也竭诚欢迎各位党史领域的专家学者、中共党史系走出的系友们为我们提出宝贵的意见，我们也坚信，未来这本书将会越来越完善，此刻，它作为建党百年的献礼，庆祝我们伟大的中国共产党百年华诞，而明天，它将会是我们中共党史系的珍贵材料，成为我们每个人的精神寄托。我们写下自己院系的发展史，映照党史学科的学术史，也将一同创造我们中共党史人未来的辉煌史！此书不是中共党史系故事的结束，相反，它正是党史党建大学科历史的开始，此书提笔写下了第一篇章，未来，也希望和各位一起，写完最终的篇章！历史和人民不会忘记，中共党史系的诸位同仁，请勠力同心、众志成城，继续走好我们中共党史人的路，把我们中共党史党建的辉煌之笔写在祖国大地！

王　东

2024 年 2 月 21 日

图书在版编目（CIP）数据

红色学脉：中国人民大学中共党史学的溯源与开新 / 王东等著. -- 北京 : 北京人民出版社, 2025. 1.
ISBN 978-7-5300-0646-7

Ⅰ. D23

中国国家版本馆 CIP 数据核字第 20246TR414 号

总 策 划：高立志		责任编辑：侯天保	
责任印制：燕雨萌		责任营销：王绍君	
封面设计：田　晗			

红色学脉

中国人民大学中共党史学的溯源与开新
HONGSE XUEMAI

王东　喻伟　董昊　蒋慧敏　著

出　　版	北京出版集团
	北京人民出版社
地　　址	北京北三环中路 6 号
邮　　编	100120
网　　址	www.bph.com.cn
发　　行	北京伦洋图书出版有限公司
印　　刷	北京华联印刷有限公司
开　　本	710 毫米 ×1000 毫米　1/16
插　　图	162
印　　张	27.5
字　　数	330 千字
版　　次	2025 年 1 月第 1 版
印　　次	2025 年 1 月第 1 次印刷
书　　号	ISBN 978-7-5300-0646-7
定　　价	108.00 元

如有印装质量问题，由本社负责调换
质量监督电话　010-58572393